KB133348

토론의 전사 5 - 학교 마을과 만나다

학교와 집, 지역사회에서 토론하기
도란도란 토론카페

토론의 전사

5

DEBATE

학교, 마을과 만나다

한결하늘

우리가 꿈꾸는 토론

한국 교육계에서 토론과 마을교육공동체라는 화두가 본격화되고 있습니다. 민주시민교육과 창의성 교육의 일환으로서 토론은 매우 유의미합니다. 가족과 학교라는 울타리를 넘어 교육은 마을교육공동체로 확장되고 있습니다. 이러한 상황에서 『토론의 전사 5, 학교 마을과 만나다』가 독자 여러분을 만나 뵙게 된 것을 큰 기쁨으로 생각합니다.

이 책은 토론과 마을교육공동체라는 두 가지 맥락에서 매우 의미가 있습니다. 저자들은 토론교육을 하고 있고, 다양한 마을교육공동체와 협동조합에 참여하고 있습니다. 이 책은 강원지역에서 토론교육을 실천하거나 강원토론교육협동조합에서 활동한 경험을 엮은 것입니다. 지난 2014년부터 강원지역에서 토론교육 연수를 거친 사람들이 지역강사로 성장하는 성장기이기도 합니다. 도서관 연계 토론수업, 학교로 찾아가는 토론수업, 여름방학과 겨울방학 중 이뤄지는 토론캠프, 폐광지역 토론교육 등 다양한 경험이 책에 녹아 있습니다. 지역적으로도 화천에서부터 동해까지 여러 지역의 경험을 소개하고 있습니다. 때로는 학교 수업과 교과서 분석까지 담고 있으니 토론교육을 실천하는 분께 큰 도움이 될 것입니다.

이 책은 글의 성격에 따라 3부, 22개의 장으로 구성했습니다. 1부는 '토론의 풍경'이라는 제목을 붙였습니다. 토론을 해야 할 이유와 함께 학교, 가족, 마을 이야기를 담았습니다. 우리가 지향해야 한다고 생각하는 토론의 모습도 소개하고 있습니다. 1부는 이 책의 총론 성격으로 토론교육 이론과 철학을 담고 있습니다. 이론적인 부분은 초등학교 교사인 최고봉이, 실천적인 부분은 전경애, 김현숙, 김희녀, 김광진 등의 저자가 나누어 집필했습니다.

2부는 구체적인 실천 사례를 담고 있기에 '토론의 실천'이라는 제목을 붙여보았습니다. 가족 독서 토론, 학교 연계 토론, 방과후 학교 수업, 청소년 토론캠프, 폐광지역 토론캠프, 진로수업, 그리고 지역 강사로서 성장하는 좌충우돌 성장기가 2부에 해당합니다. 2부는 강원도 곳곳에서 열린 토론 연수에 참여하고, 지역강사로 활동 중인 여러 저자들이 나누어 집필을 했습니다. 그래서 보다 생생한 현장 이야기가 펼쳐집니다.

3부는 토론교육의 미래와 나아갈 방향에 대해 담고 있습니다. '미래를 열다'라는 제목은 토론교육이 우리의 미래와 연결되어 있다는 의지를 담았습니다. 작은 도서관, 그림책 독서 토론, 토론수업 커리큘럼 짜기, 마을교사가 되기 위한 6가지 자세는 각 분야의 전문가가 쓴 글입니다. 초등학교 교사로 근무하고 있는 저는 독서 토론의 경험과 이론에 대해 나누는 '얼렁뚱땅 독서 토론' 부분을 집필했습니다. 아무쪼록 3부 '미래를 열다'에서 토론교육의 확장과 발전 방향을 읽어 주시기 부탁드립니다.

지난 2014년에 강원도 홍천을 시작으로 강원지역 곳곳에서 학부모 토론 연수가 열렸습니다. 카페처럼 자유로운 분위기 속에서 이루어졌는데, 2016년에는 '토론카페'라는 명칭으로 토론 연수를 했습니다. 찬반 대립 토론을 넘어 마치 카페에 있는 것처럼 수다를 떨어보자는 의미가 담겨 있습니다. 100회가 넘는 토론 연수를 통해 강원지역에는 학교 밖 토론교육이 자리를 잡고 있습니다. 이미 학교 토론교육에서 두각을 나타내고 있는 교사모임인 강원토론교육연구회가 있으니 몇 년 후에는 학교 안팎의 연계를 기대할 수 있지 않을까 싶습니다.

『토론의 전사 5, 학교, 마을과 만나다』 집필에 함께 한 18명의 저자는 강원지역 곳곳에서 토론교육을 실천하는 강사입니다. 저자 중에는 초등학교와 대학에서 강의를 하고 있는 사람이 있고, 또 지역기관에서 활동하고 있는 강사도 있습니다. 대부분은 강원토론교육협동조합에서 활동하며 토론교육의 철학과 가치를 공유하고 있습니다. 그래서 집필진은 여러 명이지만 어느 부분을 읽어도 일관된 가치가 녹아 있습니다.

홍사단 김전승 사무총장과 〈한결하늘〉 측에 감사의 말씀을 드립니다. 흥사단 김전승 사무총장은 강원지역 토론교육이 성장하도록 아낌없이 지원해 주셨습니다. 수많은 토론카페 연수에 먼 거리를 마다하지 않고 찾아 강의를 해주신 김전승 사무총장께 깊은 감사의 인사를 전합니다. 흥사단은 협성회, 독립협회, 만민공동회를 계승하여 우리나라에서 최초로 토론을 실시한 단체 중 하나입니다. 흥사단이 오늘날까지 100년이 넘는 동안 민주시민교육의 일환으로 토론교육을 지원하고 있는 점을 무척 다행으로 여깁니다. 더불어 앞으로도 토론교육이 발전할 수 있도록 역할을 해주기를 기대합니다.

이 책은 2016년 초부터 기획했지만 집필진의 사정으로 다소 늦게 출간되었습니다. 이 책은 다행히 〈한결하늘〉에서 지원해 주셔서 빛을 봅니다. 민주시민교육, 토론교육에 큰 관심을 갖고 출판을 지원한 〈한결하늘〉에 감사의 말씀을 드립니다. 앞으로도 다양한 토론교육 단행본이 〈한결하늘〉을 통해 출간되기를 기대해 봅니다.

2017. 3.
저자를 대표하여 최고봉 씀

추천의
글

토론이 꽃피는 마을을 기원하며

　내가 최고봉선생님을 만난 것은 2015년 12월 하순 제1회 흥사단 전국중고등학생 토론대회에서 심판을 맡아달라는 요청을 한 후였다. 물론 그 전에 내가 운영하는 흥사단디베이트연구회 카페에 '산골쌤'이라는 닉네임으로 가입하면서 범상치 않다는 느낌을 받았다. 그 때 최선생님은 강원토론교육연구회를 이끌고 있으며 〈이야기가 꽃피는 교실토론〉이라는 책을 출간했다. 그러면서 흥사단은 비영리단체로 사교육 영역은 아니기에 2016년부터 강원토론연구회와 협력하여 학부모 대상의 토의토론지도사 양성을 함께 해보지 않겠느냐고 제안했다. 나는 처음 만났음에도 최선생님의 제안에 흔쾌히 동의했다. 초면인데다 많은 얘기를 하진 않았지만 강한 신뢰감이 전해져왔다. 그 만남 이후 최선생님은 2016년 초부터 내게 강원도 홍천교육지원청을 시작으로 매월 한두 차례씩 강원도에 와줄 것을 요청하였다. 그렇게 지난 1년을 숨가쁘게 강원도 전역을 누비면서 토의토론지도사 양성과정을 진행했고 약 300여명의 학부모를 지도사로 변화시켰다.

최고봉선생님과 의기투합했던 이유는 두 가지다. 하나는 디베이트가 가진 장점과 단점을 서로 공유했으며 다른 하나는 교실 수업에서 학생들의 다양한 참여식 수업이 가능해야 한다는 점이었다. 이 책에도 언급되어 있지만 디베이트는 경쟁식 학습 모델이다. 이 때문에 학생들에게 동기부여를 할 수 있다는 장점이 있는 반면 지나치면 과정보다 결과에 집착하는 단점이 있다. 그런 문제점이 2016년 12월에 열린 제2회 흥사단 전국중고등학생 토론대회에서도 나타났다.

최고봉선생님이 이끄는 강원토론교육연구회가 처음 지은 〈이야기가 꽃피는 교실토론〉에서 다양한 참여식 수업 모델을 제시하고 있는데 이를 "협력적 토론"으로 명명한 것은 의미심장하다. 즉, 토론은 학습자의 준비 정도에 맞게 운영되어야 하고 그 방법과 내용뿐만 아니라 준비, 과정, 결과까지 민주적이고 협력적으로 운영되어야 한다는데 공감한다는 것이다. 이 책은 그런 철학과 가치에 입각한 두 번째 책이며 글을 쓴 대부분의 필자들이 학생들을 학습의 주체로 세워 학습을 진행했다는 점과 온전히 자신의 경험을 바탕으로 정리했다는 점이 강점이다.

이 책의 필자 18명 대부분은 토론 공부를 시작한지 얼마 되지 않은 분들이다. 물론 오래 전부터 학교에 강의를 해왔던 분들도 있지만 토론 학습과 교육은 최근 2~3년 내에 배우고 익힌 실력을 바탕으로 학교나 교실에서 수업한 내용을 정리하고 있다. 최선생님을 제외하고는 교사가 아닌 신분으로 학교와 지역사회를 이어주는 가교 역할을 자임하고 있다. 그래서 〈학교, 마을을 만나다〉라는 제목은 신선하다. 지금 이 시대의 학교교육의 중요한 과제 중의 하나인 마을과 학교의 통합적 교육, 그 일환으로 진행되는 강원도 토론교육은 전국의 모델이 되기에 충분하다. 학부모로서 지역사회에서 학교교육을 바라보는 관점을 갖고 있는 많은 분들에게는 하나의 모범을 만날 수 있는 기회가 되기에 충분하다고 느끼기에 그런 분들에게는 일독을 권한다.

　마지막으로 제게 늘 영감을 갖게 해주고 이 책을 감수해주신 〈토론의 전사〉 유동걸 선생님에게도 고마움을 전하고 싶다.

　　　　　　　　　　　　　　　　　　김전승(흥사단 사무총장)

토론의전사 차례 5권

1 토론의 풍경 ... 15

2 토론의 실천 ... 103

1부

토론의 풍경

1장 왜 토론을 해야 하나요?

최 고 봉

초등교사로 강원지역에 토론교육의 씨앗을 뿌리기 위해 노력하고 있다.
학교와 학교 밖 토론교육의 연계에 관심이 많다.
강원토론교육연구회를 결성해 교사 토론교육 연구에 힘썼고,
강원청소년토론대회 심사위원장, 흥사단 전국 중.고등학생 토론대회 심사위원 등을 역임했다.

토론이 꽃피는 학교

화로구이라는 양지말 먹거리촌으로 유명한 강원도 홍천군 홍천읍 외곽의 오안초등학교. 오안초는 매년 11월말이면 학생들이 월드카페를 이용해 학교생활 1년을 평가하고 제안하는 토론으로 분주합니다. 올해 행사 중 무엇이 좋았는지, 우리 학교의 장점은 무엇인지, 부족한 것은 무엇인지를 토론합니다. 또 내년에 수학여행을 어디로 가면 좋을지, 급식에 어떤 음식이 나오면 좋은지를 이야기합니다. A1 전지로 만든 보고서는 포스트잇을 이용해 분류한 것으로, 학생들의 다양한 의견이 담겨 있습니다. 오안초는 언제부터, 어떻게 이런 토론이 자리를 잡게 되었을까요?

오안초는 2012년경부터 매달 다모임을 운영해왔습니다. 다모임은 말 그대로 '다 모이는 자리'라는 뜻을 가진 학생총회입니다. 교직원도 같이 모이면 더 좋겠지만, 60~70여 명의 학생이 모이는 것

만 해도 쉽지 않은 일이라 학생총회로 운영을 해왔습니다. 오안초의 다모임은 생일 축하, 이달의 교육활동 영상 감상, 건의사항, 회의 등 다양한 프로그램이 운영됩니다. 이 중에서 학생들이 가장 좋아하는 시간이 바로 '이달의 교육활동 영상 감상'입니다. 이 시간은 한 달 동안 있었던 교육활동 사진이나 동영상을 편집하여 학생들과 감상하는 자리입니다. 매달, 학생들은 자신들이 어떻게 학교생활을 했는지 추억합니다. 1~2학년 학생들은 영상에 얼굴이 나오면 '와!' 하는 소리가 자연스럽게 나올 정도로 반응이 좋습니다.

그러나 다모임 활동의 핵심은 바로 건의사항과 회의입니다. 건의사항 시간에는 학교생활을 하면서 불편했던 일, 함께 나누고 싶은 일을 이야기합니다. 학생들은 3월에 있는 다모임 건의사항 시간에 ▲문을 잘 닫고 다니자 ▲화장실에서 볼 일을 보고 물을 잘 내리자 ▲복도에서 뛰어다니지 말자 ▲축구골대의 그물을 바꾸어 달라 ▲동아리 활동을 할 때 간식을 달라 등 다양한 의견을 내놓습니다. 그럼 다모임 시간이 끝날 무렵, 담당 교사가 어떻게 조치를 취하겠다는 이야기를 학생들 앞에서 밝힙니다. 물론 학교에서 받아들이기 어려운 부분이 있다면 왜 그렇게 할 수 없는지도 이야기합니다. 이러한 과정을 통해 학생들은 '민주적이다', '존중받고 있다'는 느낌을 받습니다.

다모임 회의는 학생들이 스스로 학교와 사회의 중요한 구성원이며, 학교운영에 참여한다는 느낌을 받고 있음을 확인하는 자리입니다. 오안초 다모임 회의 안건은 전교학생회 집행부들이 스스로 준비합니다. 매월 두 번 정도 열리는 전교학생회 집행부 회의는 학생인권이 침해되고 있지 않은지, 학생 의견을 반영해 학교 행사를 어떻게 추진할지, 다모임을 어떻게 진행할지 등을 의논합니다. 오안초의 전교학생회 집행부는 직접선거를 통해 선출된 세 명의 회장단, 그리고 스스로 집행부로 활동하겠다는 '학생인권지킴이' 약간 명으로 구성되어 있습니다. 오안초의 집행부는 부서가 따로 없습니다. 초등학교에서 학예부, 봉사부, 총무부 등으로 나누는 것 자체가 큰 의미가 없다는 판단에서입니다. 예산도 없는데 총무부가 무슨 필요가 있고, 학술 행사를 기획하지 않는데 학예부를 둬야 하는 이유가 없다고 판단했습니다. 대신 모두가 함께 다모임을 준비하고, 학생 의견을 최대한 반영하도록 봉사합니다. 수업을 마치고 오후에 모여 회의를 하는 것만으로도 이 학생들은 충분히 봉사를 하는 셈입니다.

학교 규칙 개정을 할 때는 학생들의 참여가 더욱 두드러집니다. 오안초는 1년에 한 번씩 학교 규칙을 설명하고, 학교 규칙을 개정하는 기회가 있습니다. 대부분의 학교는 학적, 교육과정 등 기본적인 내용을 담은 학칙과, 학생과 직결되는 내용을 담은 '학생생활규정'이라는 규정이 있습니다. 학생들은 아무래도 학생생활규정에 더 많은 관심을 갖습니다. 학생들은 자신의 생활과 직결된 사안-휴대전화를 비롯한 전자기기를 어떻게 사용할지, 염색이나 화장은 어떻게 할지 등-에 의견을 내놓습니다. 이 과정에서 여러 가지 토론을 하는데 터무니없는 주장, 근거가 없는 주장은 거의 걸러집니다.

물론 오안초도 처음부터 이렇게 학생자치가 활발했던 것은 아닙니다. 교직원이 학생의 권한을 존중하고, 학생들도 책임감 있게 논의에 참여하면서 학생자치 문화가 형성되었습니다. 오안초의 특징은 논의 초반부터 학생들이 참여한다는 겁니다. 상당수의 학교에서 학생자치를 할 때 교직원이 허락한 범위 안에서 제한적인 권리를 행사하는 경우는 있습니다. 그러나 오안초는 교직원의 범위를 정하지 않고, 학생들이 상상력을 발휘할 때가 많습니다. 논의 초반부터 학생들이 참여하기 때문에 제안하거나 함께 할 거리가 많을 수밖에 없습니다.

2010년을 전후하여 혁신학교가 확산되고, 배움중심 수업이 도입되고, 또 자유학기제가 시행되면서 학교 풍경이 서서히 변했습니다. 전통적인 수업과 함께 거꾸로교실이니, 하브루타나 토의·토론 수업도 교실 수업의 일부를 차지했습니다. 프로젝트 수업의 일환으로 계절학교를 운영하는 경우도 있고, 교환수업을 하는 경우도 많습니다. 고등학교를 중심으로 인문학 중심의 독서교육이 자리를 잡고, 다양한 자율독서동아리가 활동하는 경우도 종종 만날 수 있습니다. 이렇게 수업이 달라지는 밑바닥에 토의·토론이 있습니다.

토론의 이해

일반적으로 토론의 세부 갈래에는 토의, 토론, 회의, 문답을 꼽습니다. 토의는 말 그대로 문제해결을 위한 협의의 성격이 강하고, 토론은 찬성과 반대 입장으로 명확히 구분되는 논쟁, 회의는 여럿이 모여 의논하는 것을 가리킵니다. 우리말은 토론이 토의와 회의를 포괄하지만 영어에서는 토의를 뜻하는 'discussion'이 토론을 뜻하는 'debate'를 포괄하고 있다고 합니다. 토론을 규모로 나눠보면 짝토론(1:1 토론), 모둠 토론, 대집단 토론 등이 있습니다. 이중에서 모둠 토론은 주로 '집단 토의'라고 부르는 방법입니다. 대집단 토론은 1990년대 중반부터 등장한 새로운 토론 방법입니다. 기존의 토론 방법은 참여하는 인원이 30~40명을 넘기 어려웠습니다. 그런데 시민사회의 발달로 더 많은 사람들이 회의와 토론에 참여할 필요가 있었습니다. 이에 따라 1천여 명도 토론에 참여할 수 있는 새로운 형태의 토론 방법이 등장합니다.

그러나 토론에 대한 오해는 아직도 많습니다. 한쪽에서는 토론을 연설 또는 스피치로 이해하는 분들을 종종 봅니다. 그러나 토론과 연설은 개념적으로 상당히 다릅니다. 연설은 한쪽 방향으로 이뤄지는 의사전달입니다. 즉, 연설하는 사람이 듣는 사람에게 메시지를 전달하는 언어행위입니다. 연설자는 자신의 의사가 청중에게 얼마나 잘 전달될 수 있는지를 생각합니다. 그러나 토론은 상대가 있는 의사소통 방법입니다. 토론에서 의미하는 말은 한쪽으로 향하지 않고 서로 주고 받습니다.

왜 토론이 필요할까요? 사람이 사람을 대할 때 발생하는 갈등은 피할 수 없습니다. 일시적으로는 항상 좋을 수도 있겠지만, 어울리는 시간이 길어지면 갈등을 관리해야만 합니다. 어느 조직이나, 어떤 공간에서나 여러 사람이 있으면 갈등이 발생합니다. 우리는 갈등이 발생하지 않게 노력해야 하지만, 갈등 발생을 근본적으로 막을 수는 없습니다. 그래서 다른 한편으로 갈등을 잘 해결하고, 원만한 타협에 이르도록 하는 방법을 익혀야 합니다. 교사라면, 학생들이 갈등을 잘 관리하고, 잘 해결하도록 안내해야 합니다. 이러한 갈등을 경험하고, 잘 해결해 나가는 교육방법으로 토론은 매우 유효합니다. 토론은 갈등, 협상, 타협, 협력 등 여러 요소가 골고루 녹아 있습니다. 토의 중심의 '협력 토론'에는 협력과 타협, 협상이라는 요소가 많이 포함되어 있습니다. 찬성/반대 의견 중심의 '찬반 대립 토론'은 갈등과 타협이 중요한 요소입니다. 회의에서는 갈등, 협상, 타협, 협력이 역동적으로 펼쳐집니다.

생각을 다시 생각하다

우리가 살고 있는 한국, 그리고 더 넓게 보아 동아시아는 지성사적 관점에서 근대를 바르게 경험하지 못했습니다. 안타깝게도 한국이 경제적으로 산업자본주의를 뒤늦게 경험했듯, 지성이라는 측면에서도 근대를 뒤늦게 경험했습니다. 문제는 분단이라는 상황으로 인해 '의심'이 제대로 이뤄지지 못했다는 점입니다. 죽음이 난무하는 시대에, 평화통일 주장조차 친북용공이라는 죄목으로 사형장의 이슬로 사라지던 시기에 과연 '합리적 의심'이 가능했을까요? 제가 교사생활을 시작했던 2004년에도 "정부가 하는 일에 반대하지 마라. 잡혀간다."는 이야기를 부모님께 들었습니다. 이런 이야기를 들은 분들이 한 둘은 아닐 겁니다. 비슷한 경험과 기억이 우리 주변에 자리잡고 있습니다. 이렇듯 합리적인 사회라고 할 수 없는 기억들이 우리 사회에는 너무 넓게 존재합니다. 저는 이러한 경험이야말로 한국사회가 제대로 된 근대로 이행하지 못했음을 보여주는 증거라고 봅니다.

그런데도 대부분의 사람은 자신의 사고가 합리적이고 보편타당하다고 여깁니다. '내 생각이 상식'이라고 보는 겁니다. 그러나 상식이 무엇인가, 상식이라 여기는 부분이 타당한가에 대한 검토가 필요합니다. '부당한 상황을 목격해도 침묵하는 것이 낫다'는 생각은 과연 타당할까요? 처세의 관점에서는 분명 타당합니다. 그러나 정의의 측면에서도 타당할까요? 이렇게 다양한 각도에서 문제를 접근해야 '타당'이라는 말을 쓸 수 있습니다. 즉, 자신의 생각과 다른 사람의 생각을 비교하고, 토론하며 오류를 정정하는 과정이 반드시 필요합니다. 저는 이때 사용하는 방법이 바로 '토론'이라고 생각합니다.

그 생각은 어떻게 자신의 생각이 되었을까요? 아마도 부모님이나 가족의 생각과 말, 그리고 자신이 읽은 책, 학교나 종교에서 접한 배움, 친구의 말과 행동 등 다양한 요소가 자신의 생각에 영향을 미쳤을 것입니다. 교육 분야에서는 가까운 친구나 이웃집의 놀라운 정보에 귀가 솔깃해지는 경우도 잦습니다. 그래도 천운이 따른다면, 우리는 매우 건강한 생각을 가질 수 있습니다. 다만, 안타깝게도 우리는 대부분의 사안에서 대해 정보를 철저히 검토하고 입장을 결정하지는 않음을 기억해야 합니다. 자신이 가진 성보를 철저히 검토하지 않음은 물론이고, 그 정보조차 굉장히 제한적입니다. 따라서 '내 생각이 옳으니 옳지 않은 쪽과 토론해서 내 쪽으로 끌어오겠다'고 생각하기에 앞서 '내 생각이 과연 옳은가?' 의심해 볼 필요가 있습니다. 더 나아가, 내가 무엇을 알고 무엇을 모르는지 파악해 보아야 합니다. 이것이 바로 생각을 생각하는 '메타인지'입니다.

협력적 토론의 필요성

많은 분들이 '왜 기존 방식대로 혼자 열심히 공부하기보다 협력적으로 토론을 해야 하는가' 이유를 묻습니다. 물론 그 이유는 다양합니다. 학습효율, 심리, 관계, 그리고 설명능력에 이르기까지 협력적 토론교육은 효과가 큽니다.

오늘날 교육에서 학생이 접하는 지식의 양과 질 모두 중요합니다. 더 나아가 함께 정보를 찾아 나누며, 다양한 의견을 조율하는 능력이 미래사회에서 요구됩니다. 이에 따라 수도권을 중심으로 '창의공감교육', '토론 교육', '프로젝트 학습' 등이 추진되었습니다. 이런 교육은 기존 지식을 바탕으로 새로운 지식을 만들거나, 집단지성으로 더 나은 방향을 제시하는데 초점이 맞춰져 있었습니다.

이제 우리 교육도 4지선다, 5지선다에서 벗어나 말과 글로 자신이나 집단의 생각과 정보를 표현하는 시대에 접어들었습니다. 이미 중학교는 서술형 평가가 절반을 차지할 만큼 변화했습니다. 대학, 대학원은 더욱 그렇습니다. 프로젝트 학습, 논문이나 서술, 의견을 간단히 작성하는 이른바 '페이퍼' 쓰기가 일반적입니다. 더군다나 자기 생각을 말과 글로 표현하는 것이야말로 오늘날 평가방법의 핵심입니다. 그런데 말로 표현할 수 없는데 글로 쓰는 것이 쉬울까요? 그냥 글도 아니고, 하나의 일관된 흐름을 유지하며 논리적으로 조직하는 글을 쓰는 것은 생각보다 굉장히 어렵습니다.

변화는 이미 초등학교에서도 시작되었습니다. 새로운 교육과정이 2014년에 3·4학년에, 올해는 5·6학년까지 모두 적용되었습니다. 새로운 초등학교 교육과정에 따르면 전체 학습내용의 20% 가량이 토의토론 수업으로 이루어집니다. 짝토론, 모둠 협력학습을 적용하는 경우도 점차 늘고 있습니다. 혼자 학습하는 것보다 여럿이 함께 학습하는 것이 학습효과나 관계형성, 역할훈련 등 다양한 측면에서 낫다는 것이 밝혀졌기 때문입니다. 지금 주요 선진국은 협력적인 교육을 통해 초중등교육을 개혁하기 위해 노력 중입니다.

유대인들은 '하브루타'라는 독특한 짝토론 교육과 '쉬우르'라는 전체 토론을 통해 창의성과 논리력, 설명 능력을 키우고 있습니다. '말(그리고 글)로 표현하지 못하면 아는 것이 아니다'라는 유대인 격언이 있다고 합니다. 진정한 지식은 어렴풋이 아는 것이 아니라 설명 가능해야 합니다. 실제로 오늘날 전문가로 성장하기 위해서는 다른 사람에게 말과 글로 정보를 전달하는 능력이 중요합니다. 이것이 바로 협력적 토론 교육이 각광받는 또 하나의 이유입니다.

앞으로 사회는 학생을 '지식을 배우기만 하는 학습자'에서 '배움과 지식을 함께 생산하는 존재'로 변하길 요구합니다. 이러한 존재의 변화로 인해 초등학교는 물론 중학교, 고등학교 교육도 계속 바뀌어야만 합니다. 집단적 지식창조자라는 측면에서 핵심적인 역할을 수행할 사람은 '여러 사람과 어울려 민주적, 합리적, 공감적 리더십을 발휘하는 사람'이 될 가능성이 커졌습니다. 초등학생이 우리 사회의 주역으로 성장할 15~20년 후라면 그런 사회가 성큼 다가올 것입니다.

시대가 변하면 사회가 원하는 인재상, 교육관도 변합니다. 과거의 인재상은 '백과사전형 인재'였습니다. 지식을 잘 암기하고, 필요할 때 지식을 꺼내는 사람이 지식인이었습니다. 물론 이러한 백과

사전형 인재가 지금이라고 불필요한 것은 아닙니다. 그러나 현재, 그리고 미래사회는 이러한 지식을 바탕으로 다른 사람과 소통하고 문제를 해결하는 능력을 요구하고 있습니다. 그래서 공무원 임용 시험에도 '집단 토의'가 포함되고, 교원임용시험에서도 '문제해결식 집단 토의'가 도입되고 있습니다. 이른바 국제사회가 요구하는 '핵심역량'도 마찬가지입니다. 앞으로 한국교육은 미래사회를 전망하며 변화에 부응하도록 최선을 다해야 합니다. 과잉경쟁의 그늘을 걷고 모두가 성장하는 아름다운 교육을 디자인해 봅시다.

토론교육의 과정

요즈음 초등학교 교과서를 살펴본 분들은 토론이 얼마나 많이 교육과정에 도입되었는지 확인할 수 있습니다. 초등학교 3,4학년 교과에는 주로 토의, 협력적 토론이 등장합니다. 토의는 기본적으로 우리 편끼리 하는 토론, 우애로운 대화방법입니다. 토의에 참여하는 사람들은 우리, '같은 편'이라는 인식이 있기 때문입니다. 그래서 좋은 분위기 속에서 많은 대화가 오고 갑니다. 물론 이때의 대화는 '일정한 형식을 따르는 대화'입니다. 그래야 토론이라 부를 수 있기 때문입니다.

그러다 초등학교 5학년에 이르면 찬반토론을 만납니다. 초등학교 5학년 2학기 국어교과서에 찬반토론, 대립토론이 등장합니다. '주장 펼치기 - 반론하기 - 주장 다지기 - 판정하기'로 이어지는 토론방법은 대회식 토론을 따르고 있습니다. 그런데 그 이전까지 주로 협력적 토론을 하던 학생들과 교사는 이 대목에 이르면 혼란을 느낍니다. 갑자기 경쟁적이고 호전적인 토론을 만난다는 느낌을 받기 때문입니다. 이런 느낌을 받는 이유는 바로 찬반 대립 토론이 갖는 원리 때문입니다. 토의는 '우리끼리' 하는데, 찬반 대립 토론은 '나'와 '너', '우리'와 '상대'가 히기 때문입니다.

상당수의 학급, 학교에서는 '찬반 대립 토론을 하다 친구 간의 분위기가 나빠졌다'고 이야기합니다. 저도 토론교육을 하다 보니 실제로 그런 경우가 많습니다. 토론을 할 때는 진심을 담아, 마치 자신의 주장처럼 발언하라고 하니 감정을 과몰입하여 상대방을 공격하는 경우가 있습니다. 반대로 날카로운 질문, 공격을 받은 사람은 당황하기 쉽습니다. 판정단계가 없다고 해도 거친 토론은 감정을 상하게 하기 쉽습니다. 그런데 이런 토론을 학교에서는 왜 가르칠까요? 찬반 대립 토론은 교육적으로 부정적인 효과가 더 큰 걸까요?

저는 찬반 대립 토론이 '중심'이 되는 토론교육은 반대하지만, 찬반 대립 토론 자체는 교육적 의미가 있다고 생각합니다. 우리는 항상 내부자와 토론하여 문제를 해결할 수는 없습니다. 때론 외부자와 쟁점을 갖고 토론할 수도 있습니다. 그때는 어떻게 말을 해야 할까요? 감정을 다 드러내놓고 무례한 공격만 일삼을까요? 저는 토론교육을 통해 상대방과 자신이 치명적인 상처를 입지 않고 토론할 수 있도록 가르쳐야 한다고 생각합니다. 이 과정에서 자신이 내뱉은 거친 말에 상대방이 다치기도 하고, 상대가 말한 비난에 자신이 상처받기도 하지요. 상대방을 배려하며 토론하려면 '오류'를 거치고, 그 오류를 돌아볼 기회를 가져야 합니다. 그리고 소모적인 논쟁을 피하려면 '효율적인 토론'에 대해 배우고 연습해야 합니다. 어쩌면 소모적인 논쟁을 거치는 것도 당연한 수순입니다.

누군가는 문답, 토의, 토론을 모두 토론이라고 적었습니다. 가장 기초적인 토론은 문답입니다. 그런 점에서 우리는 누구나 토론을 하고 있고, 토론교육을 접했습니다. 그러나 문답으로는 한계가 있습니다. 보다 높은 수준의 토론까지 도달해야 합니다. 그래서 교육과정에서 여러 가지 토의토론을 소개하고 있습니다. 토의는 주로 문제해결을 위해 실시하고, 주체는 평등합니다. 토론에서는 쟁점이 드러나고, 의견 차이를 밝힙니다. 토론을 하면서 힘으로 상대를 누르거나 무리하게 봉합하면 민주주의는 멀어지고 독재가 도래합니다.

초등학교 3~4학년이 토의 중심의 '협력적 토론'이 주로 이뤄진다면, 초등학교 5학년 2학기부터는 찬반 대립 토론, 회의가 등장합니다. 중학교는 발명토론 등 '협력적 토론'과 찬반 대립 토론, 회의가 공존합니다. 고등학교에서는 주로 찬반 대립 토론을 많이 다룹니다. 그렇다고 해서 고등학교에서 협력적 토론이 불필요한 것은 아닙니다. 초등학교에서는 '협력적 토론'의 비중이 훨씬 높다면 중학교, 고등학교로 가면서 그 비중이 조금씩 낮아집니다. 그리고 낮아진 비중만큼 찬반 대립 토론과 회의의 비중이 높아집니다. 이것은 연령의 변화에 따라 필요로 하는 토론요소, 토론방법이 다르기 때문입니다.

왜 토론을 해야 하나요?

다시 이야기를 처음으로 돌려 봅시다. 왜 우리는 오늘날 토론, 그리고 토론교육의 필요성을 이야기할까요? 토론의 필요성은 참 다양하지만, 각설하고 저는 세 가지 측면에서 말씀드리려 합니다. 첫 번째 이유는 지식의 종합-분석-비판을 위해서입니다. 사람들은 오랫동안 지식의 이해와 암기를 중요하게 여겨 왔습니다. 그러나 이해와 암기에 머무는 순간, 우리는 앵무새가 되고 맙니다. 지식을 종합하고 분석하며, 더 나아가 비판하는 능력이 우리에게 점점 중요합니다. 그것은 인문정신, 즉 휴머니즘과도 맞닿아 있습니다.

두 번째 이유는 바로 토론이 민주주의의 핵심이고, 토론교육이 민주시민교육의 중요한 축이 되어야 하기 때문입니다. 여러 사람이 살아가는 공동체 안에서는 다양한 문제가 발생합니다. 이러한 갈등을 해소하기 위해서는 토론이 필요합니다. 입장의 차이를 밝히는 것도 필요하지만, 해결책을 찾는 것도 중요합니다. 자신의 생각과 이유를 설득력 있게 전하고, 다른 사람의 입장을 수용하는 자세 자체가 민주사회에서는 높이 평가받습니다. 이러한 노력은 성인이 되기 전부터, 어쩌면 가족 내에서부터 학교와 지역사회에서 다양하게 이뤄져야 합니다. 시행착오를 줄여, 사회에서 민주적인 문화와 풍토를 만들기 위해서는 일찍부터 토론을 배워야 합니다.

마지막으로, 토론을 통해 정신세계가 풍부해지고 논리가 정교해지기 때문입니다. 고도의 정신적 세계는 말과 글로 표현됩니다. 말은 고등정신, 사고를 가능하게 하는 도구입니다. 많은 사람들이 다른 사람과 대화를 나누면서 자신의 생각이 정리되고, 논리가 정교해지는 것을 경험합니다. 좋은 글을 쓰기 위한 조건도 다른 사람과 이야기를 많이 나누는 것입니다. 토론 자체가 배움에 매우 유용하다는 것을 우리는 경험적으로도 알고 있습니다.

최근 토론은 학교 안에서도, 그리고 밖에서도 이뤄지고 있습니다. 찬반토론 중심의 흐름도 많이 변해 다양한 토론이 선을 보이고 있습니다. 특히 도서관 등 지역기관과 연계한 프로그램이 상당히 많이 펼쳐지고 있습니다. 물론, 여전히 토론교육의 한 축에는 사교육도 자리하고 있습니다. 그리고 다른 한 축으로, 공교육과 지역사회 교육을 통해 토론을 펼치자는 흐름도 있고 말입니다. 자 그럼 이제 학교, 지역사회에서 토론을 공부하고 나누는 이야기를 만나보도록 합시다.

▲ 2016년 한 해 학교에서 좋았던 부분, 부족한 부분, 2017년 수학여행지, 2017년에 급식에 나오기를 바라는 음식 등의 주제로 평가 토론을 하고 있는 오안초 학생들. 대집단 토론인 월드카페로 평가 토론을 진행했다.

▲ 2016년 학부모 공개수업에서 모의법정 토론을 선보인 오안초 6학년 학생들

2장 찬반 토론의 빛과 그림자

최 고 봉

찬반 토론과의 만남

보통 사람들이 '토론'이라고 하면 먼저 생각하는 것이 바로 '찬반 토론'입니다. 찬성과 반대 입장을 가진 동일한 수의 토론자가 절차에 따라 토론하는 바로 방식, 그게 바로 찬반 토론입니다. 찬반 토론은 초등학교 5학년 2학기부터 중학교, 고등학교, 그리고 어른이 되면서 자주 접하는 토론입니다. 초등학교 5학년 2학기 국어 교과서 60쪽에서는 "어떤 문제에 대한 의견이 찬성과 반대로 나누어질 때에 토론을 하면 문제를 깊이 있게 이해하여 합리적인 해결 방법을 찾을 수 있습니다."라고 설명합니다. 그리고 61쪽에서 "의견이 서로 다를 때에 상대를 설득하려면 어떻게 해야 할까요?"라는 학습 문제를 제시합니다.

흔히 디베이트(debate)로 표현하는 찬반 토론은 찬반 대립 토론, 대립 토론, 디베이트 등 다양한 이름으로 불립니다. 물론 저는 영어로 토론이라는 뜻의 '디베이트'라고 부르는 것에 반대하는 입장입니다. 그럴 거면 그냥 '토론'이라 부르지, 군이 '디베이트'라고 할 필요가 없다는 생각입니다. 오히려 박보영 씨 등의 토론전문가들이 부르는 '찬반 대립 토론' 또는 '대립 토론'은 나름의 합리적 이유가 있다고 봅니다. 저는 이 책에서 우리 사회에서 주로 표현하는 찬반 토론이라는 용어를 사용하겠습니다.

찬반 토론은 대회식 토론의 대명사입니다. 사실 월드카페, 비경쟁 독서 토론, 기타 협력적인 토론을 하면서 승패를 가르는 것은 바람직하지 않습니다. 승패 가르기에는 엄격한 과정과 평가기준이 필요합니다. 찬반 토론은 일정한 형식이 있고, 단계가 있으며, 토론대회를 통해 쌓아온 기준이 있습니다. 찬반 토론은 토론의 여러 영역 중 형식 토론을 대표합니다. 그래서 사람들은 토론이라 하면 '찬반 토론'을 가장 먼저 떠올립니다. 그런데 그런 만큼 토론이 갖는 그림자, 그러니까 문제점도 있습니다. 가장 큰 문제는 '과잉경쟁'입니다. 상당수의 한국 청소년들은 토론대회에서 이기기 위해 오로지 이기는 기술에 집중합니다. 감점 당하지 않으면서 상대의 발언을 차단하는 기술에 집중하는 토론은 재미가 없습니다. 토론을 통해 양쪽의 주장과 근거를 검토해 보고, 자신들의 논리를 검증하는 것이 아니라 오로지 '승리'만을 꿈꾸면 찬반 토론의 의미가 퇴색됩니다. 그래서 일각에서는 찬반 토론 무용론이 나타나기도 합니다. 그러나 저는 모든 것에는 양면성이 있다고 생각합니다. 그래서 찬반 토론도 그림자를 줄여나가고 빛을 키워나가는 것이 좋지 않을까 제안합니다. 그러기 위해서는 교육적인 토론, 일상에서의 토론, 협력적인 토론부터 시작하는 지혜가 필요합니다.

초등학교에서 '찬반 토론'하기

초등학교에서 찬반 토론은 엄격한 형식을 따르기 때문에 저학년에서는 다루지 않습니다. 토론의 출발은 아무래도 서로 대화하고, 협력하고, 합의하는 것이므로 3~4학년에는 토의 중심의 토의·토론이 이뤄집니다. 찬반토론이 처음이자 제대로 다뤄지는 것은 5학년 2학기 국어 3단원 '토론을 해요'입니다. 토론을 해요는 토의와 토론을 구분하고, 토론 절차를 소개합니다. 62쪽, 63쪽에서는 '급식 순서를 어떻게 줄 것인가?'라는 토의 상황과 '급식 순서를 번호순으로 하자.'는 토론 상황을 제시한 후 '서로 어떤 점이 다른지 생각하며…(이하 생략)'라는 활동을 주문했습니다. 63쪽 하단에서는 염소 선생님의 '토의를 하여 어떤 문제를 해결해야 할 때도 있고, 토론을 하여 찬성과 반대 의견 가운데에서 선택을 해야 할 때도 있어요.'라는 설명을 담고 있습니다.

71쪽에는 토론의 절차와 방법을 제시하고 있습니다. 초등학교 국어 5학년 2학기 3단원에서 소개하는 찬반 토론 방법은 흔히 '초등찬반토론'이라 불리는 방법입니다. 이 방법은 '주장 펼치기→반론하기→주장 다지기→판정하기' 등 네 단계입니다. 여기서 반론하기는 반론과 질문이 결합된 형식입니다. 질문하기는 질문과 답변을 명확히 구분하는 교차조사 방식과 질문과 답변을 주고받는 교차질의 방식이 있습니다. 초등학교 5학년 2학기 국어 교과서에서 채택한 것은 교차조사 방식입니다. 마지막 판정하기 단계에서는 판정단(심사위원)이 '각 단계에서 잘한 점과 부족한 점을 평가하고 판정'합니다.

72~73쪽에서는 주장을 뒷받침하고 자료를 조사, 평가하는 방법을 다룹니다. '초등학생의 인터넷 사용 시간을 제한하여야 한다'는 토론 주제를 놓고 근거 생각하기, 자료 조사 방법 정하기, 자료 조사하기, 자료 평가하기 등을 설명합니다. 74~75쪽에서는 '개인의 경험'과 '전문가와의 면담' 자료를 제시한 후 "토론의 근거 자료로 더 적절한 것은 어느 것"인지 묻습니다. 76~78쪽에는 설문 조사 결과를 근거 자료로 사용하는 것, 설문 조사 결과를 해석하는 방법 등을 제시합니다. 정리 활동은 '토론의 절차와 방법을 지켜 토론을 해 봅시다.'입니다. 문제는 3단원 '토론을 해요'의 정리 활동을 2차시만에 끝내기 어렵다는 점입니다. 토론 주제를 정하고, 주장과 근거를 쓰고, 토론 준비표를 작성한 후 실제 토론을 하려면 적어도 3~4차시가 필요합니다. 또 인원이 많을 경우, 토론을 더 경험해 보려면 더욱 많은 시간이 필요할 겁니다. 이 모든 시간을 국어 교과에서 확보하기가 쉽지 않습니다. 그래서 도덕이나 사회, 실과 등 토론으로 재구성할 수 있는 단원과 차시를 만들어야 합니다. 물론, 교육과정 재구성을 통해 토론 시간을 확보한다는 것은 그만큼 노력이 많이 필요하고 시간 투여를 전제로 합니다.

이렇게 교과서에서 찬반 토론을 다루지만, 실제로 이런 경험을 충분히 한 학생들은 그리 많지 않습니다. 아무래도 선생님들이 찬반 토론을 부담스러워 하고, 또 찬반 토론에 대해 제대로 알지 못하는 경우가 꽤 있기 때문입니다. 그렇다고 그 모든 책임을 선생님께 돌리는 것은 타당하지 않습니다. 토론을 가르치고 토론교육을 할 수 있는 교사를 길러내는 교사양성기관, 교사연수 등이 제대로 갖춰져 있지 않습니다.

초등학교 국어는 『국어』 교과서와 『국어 활동』 교과서 등 두 종의 교과서가 있습니다. 『국어 활동』은 일종의 보조 교과서이자 워크북으로, 국어 교과서에서 배운 내용을 내면화하고 실천하는 데 초점을 맞추고 있습니다. 5학년 2학기 3단원 국어 교과서에서 찬반 토론을 다루고 있다면, 국어 활동 46쪽에서는 원탁 토론을 소개하고 있습니다. 1차 발언부터 4차 발언까지 총 4회의 발언을 다루고 있습니다. 46쪽에서는 원탁 토론의 특징에 대해 '원탁 토론은 찬성과 반대로만 나누지 않고 비교적 자유로운 분위기에서 주어진 문제를 분석하여 그에 대한 해결 방식을 찾아보는 토론 방식이다.' 라고 밝히고 있습니다. 또한 '원탁 토론에서는 토론에 참여한 모두가 동등하므로 사회자가 따로 없고, 발언 기회도 한 차례에 한 번씩 주어진다.'는 설명을 합니다. 그러나 실제로는 다른 토론보다 원탁 토론에서 사회자의 역할은 굉장히 중요합니다. 모든 토론자가 토론에 익숙하고 절차를 잘 지킬 것이라는 전제를 하지 않는다면 말입니다.

5학년 2학기 국어 활동 62쪽에서는 '인터넷 언어가 적절한가'에 대해 원탁 토론을 제시합니다. 원탁 토론에서 토론 주제를 제시하는 방식은 '~인가'와 같은 닫힌 질문이 아니라, 열린 질문 방식입니다. 원탁 토론을 실습할 주제로 '인터넷 언어'에 주목한 것은 초등학생의 흥미를 끌 수 있기 때문입니다. 제가 참여한 강원청소년토론대회에서도 2016년 중학생 논제로 '인터넷 언어를 국어사전에 등록해야 한다.'를 다룬 바 있습니다.[1] 인터넷 언어는 언어가 끊임없이 변화한다는 점과 바람직한 언어와 그렇지 않은 언어에 대해 비판적으로 검토해야 한다는 입장에서 늘 화제가 됩니다. 원탁 토론까지 실습해 보면 찬반 토론의 장단점에 대해 생각해 볼 수 있습니다. 찬반 토론은 선택지가 찬성과 반대 밖에 없다는 점에서 한정되지만 엄격한 절차에 따라 논증이 가능하다는 점에서 중요합니다. 원탁 토론은 시민사회에서 널리 사용하는 방법으로, 선택지가 토론자의 수만큼 늘어날 수 있습니다.

1) 강원청소년토론대회는 2013년에 시작하여 2016년에 4회를 맞은 초~고등학생 대상의 강원지역 토론대회이다. 강원토론교육연구회 등이 진행했고, 강원도교육청이 후원했다. 2016년에는 춘천흥사단이 주최하고 강원지역의 주요 토론단체와 강원도교육청이 후원했다. 정규 학교 및 같은 또래의 청소년이 참여할 수 있다.

6학년 때 다시 만난 찬반토론

5학년 이후 찬반토론은 회의로 이어집니다. 토론의 주요 영역 중 회의가 언급되는 것은 회의에서는 제안 설명 이후에 안건에 대한 찬성반대 토론이 반드시 이뤄지기 때문입니다. 그리고 6학년 2학기 국어 교과서에서 찬반 토론이 다시 소개됩니다. 6학년 2학기 국어 9단원 '생각과 논리'에도 찬반 토론이 수록되어 있습니다. 저는 이미 찬반 토론을 해보았을 거라는 기대로 학생들에게 '작년 2학기 국어 시간에 찬반 토론을 했지요?'라고 물어보았습니다. 그러나 학생들은 찬반 토론을 잘 기억하지 못했습니다. 어쩌면 안 해

보았을 수도 있고, 책만 읽고 넘어갔을 수도 있기 때문입니다. 그래서 저는 몇 번에 걸쳐 찬반 토론을 해보기로 마음을 먹었습니다.

국어 교과서 230~231쪽에는 '신약 개발을 위한 동물 실험'과 '누구를 위한 동물 실험인가'라는 제목의 글이 수록되어 있습니다. 두 글은 각각 신약 개발을 위한 동물 실험을 지지한다, 동물 실험에 반대한다는 상반된 내용을 담고 있는 글입니다. 교육과정에 따르면, 수업 시간에 이 글을 읽고 양 측 주장과 근거를 찾는 활동을 합니다. 그리고 동물 실험을 계속해야 하는지, 아니면 중단해야 하는지에 대해 찬반 토론을 합니다. 물론 이와 다른 주제의 글을 읽고 찬반 대립 토론을 해도 무방합니다.

오안초등학교 6학년 학생들은 토의 중심의 토론, 질문 만들기 등 주로 협력적인 토론을 진행했습니다. 아무래도 교육과정에 찬반 토론이 나오지 않아서 그런지, 6학년 학생들은 찬반 토론을 할 기회가 많지 않았습니다. 찬반 토론이라고 해도 긴장감을 낮추기 위해 터부 토론 형식으로 찬반 토론을 한 경우는 있지만, 6학년이 되어 본격적인 의미의 찬반 토론을 시도한 것은 2학기 국어 9단원이 처음입니다. 그래서인지 찬반 토론을 한다고 하니 학생들은 조금 낯설어 합니다. 무엇보다 그전의 토론과 달리, 사전 준비가 많이 필요하다는 사실에 부담감을 느낍니다.

2016년 오안초 6학년 학생들은 총 9명. 주로 3명씩 세 모둠을 만들어 수업을 합니다. 학생들은 교과서에 수록된 글을 읽고 모둠별로 개요서를 작성한 후 찬반 토론을 경험했습니다. 저는 주제와 관련된 신문기사를 찾아 참고자료로 제공했습니다. 학생들은 주장

3가지, 그에 따른 근거를 잘 찾아 토론을 했습니다. 한 모둠은 찬성, 한 모둠은 반대 입장을 취하고 나머지 한 모둠이 사회와 판정단을 맡아 9명이 한 명도 쉬지 않도록 토론 수업을 실시했습니다.

최대한 토론 기회를 많이 주기 위해 리그 방식으로 토론 수업을 설계했습니다. 학생들은 교과서와 신문 기사를 참고하여 토론 개요서를 작성했습니다. 실제 토론처럼 모둠별로 자료를 준비하고, 원고를 마련해야 제대로 토론을 할 수 있기 때문입니다. 총3라운드에 걸쳐 찬성과 반대 입장을 모두 경험하여 토론을 진행했습니다. 토론을 하지 않는 모둠에서 사회자와 심사위원(판정)을 맡아 토론에 참여하지 않는 사람이 없도록 했습니다. 판정표는 각 단계마다 두 팀의 장점과 단점을 분석하여, 심사위원이 긴장감을 갖고 토론에 참여하도록 계획했습니다.

1라운드 (찬성) 구데타마 Vs. 레인 (반대) - (판정) 밥도둑
2라운드 (찬성) 레인 Vs. 밥도둑(반대) - (판정) 구데타마
3라운드 (찬성) 밥도둑 Vs. 구데타마 (반대) - (판정) 레인

[토론 설계]
토론 주제: 신약개발을 위한 동물실험을 중단해야 한다.
형태: 3:3 찬반 토론(초등찬반토론)
토론 단계: 입론 → 반론 → 재반론 → 최종변론

'신약개발을 위한 동물실험을 중단해야 한다.'는 주제의 찬반 토론은 이틀에 걸쳐 실습을 했습니다. 세 팀으로 나눠 토론을 진행하

자 수업이 총90분 정도가 소요되었습니다. 첫날에는 토론 형식을 익히는데 노력을 했습니다. 입론-반론-재반론-최종변론이라는 용어가 부담스럽지만, 각 단계에서 무엇을 해야 하는지를 익혀야 했습니다. 첫날, 첫 번째 토론을 할 때에는 실수가 막 터져 나왔습니다. 입론에서 토론 개요서에 있는 내용만으로 하다 보니 어설프기 그지없었습니다. 반론을 할 친구들은 메모를 하지 않고 멍하니 상대를 보고 있는 경우도 있었습니다. 재반론을 할 때는 질문을 한두 가지밖에 만들지 못해 주도권이 상대방에게 넘어가고, 최종변론을 할 때는 상대나 판정인을 감동시키지 못했습니다. 첫 토론에서 담임 교사가 몇 가지 이야기를 해주니 뒷 토론은 조금씩 나아집니다. 판정인들도 판정을 할 때 도움이 될 활동지를 제공하니 조금 수월하게 두 팀의 장점과 보완할 점에 대해 이야기를 합니다.

이날 토론을 마친 후 '내일도 같은 주제로 토론을 합니다. 집에 가서 토론할 자료를 보완해도 됩니다.'라고 예고를 했습니다. 한 번으로는 찬반 토론의 묘미를 느낄 수 없고, 실력을 키우기에 역부족이라 한 번 정도는 더 해야 하겠다는 생각이 들었습니다. 그렇게 해서 다음날도 전날에 이어 찬반 토론 실습을 했습니다. 토론 주제는 어제와 같은 '신약개발을 위한 동물 실험을 중단해야 한다.'였습니다. 몇몇 친구들은 부모님과 함께 참고자료를 검색하고, 공책에 기록을 해왔습니다. 그래서인지 둘째 날은 전보다 훨씬 발전한 모습을 확인했습니다. 어제는 입장과 세 가지 주장, 근거만 말하여 무언가 급작스럽게 마무리가 된다는 느낌이었습니다. 그런데 오늘은 토론에 들어가기 전에 툴민(Toulmin)의 6단 논법을 이용하는 방법에 대해 간단히 레슨을 해줬더니 금방 좋아집니다. 아무래도 6단 논법으로 주장을 펼치니 입론이 조금 더 자연스러워졌습니다. 또 어제보다 기록을 잘하고, 인용하기도 능숙합니다. 다른 친구가 맡은 부분을 할 때도 드러내지 않고 도와주는 모습이 보입니다. 주도권을 잘 행사하지 못하거나, 자신감 있게 표현하지 못하는 것은 경험 부족에서 옵니다. 이틀 만에 이 모두를 다 극복하기는 무리입니다. 그래도 효과가 크고, 무엇보다 찬반 토론에 대한 관심을 이끌어낸 것은 굉장한 성과입니다. 단지 공식적 말하기를 하려니 떨리는 것이 아니라, 찬반 토론의 묘미를 느끼기 시작했으니까요.

이틀 동안의 찬반 토론 수업을 통해 학생들은 찬반 토론 형식을 익혔습니다. 입론도 좋아졌지만, 가장 좋아진 것은 교차조사 형식의 재반론입니다. 재반론을 할 때 시간을 전혀 활용하지 못하고, 두 가지 정도에 그치던 질문이 늘어났습니다. 입론, 반론을 했던 같은 모둠원이 포스트잇에 질문을 적어 재반론을 맡은 토론자에게 전달하니 재반론이 쉬워진 모양입니다. 반론도 다른 모둠원의 도움으로 세 가지 주장과 근거를 반박하는데 주력합니다. 앞으로 3~4차시만 더 하면 정말 잘할 것 같은데, 시간이 너무 부족합니다. 학기말을 이용해서 보완하면 더 많이 발전하리란 생각을 해봅니다. 이틀 간의 토론을 다 마친 후 학생들의 반응도 참 좋습니다. 학생들은 '찬반 토론은 처음 해봤는데, 스릴이 있고 재미있다.'며 가슴이 두근거리는 모습을 보였습니다. 협력적 토론은 함께 문제를 해결하는 뿌듯한 느낌이 있지만, 찬반 토론에서는 논리적인 주장을 펼치고, 상대방의 논리적 오류에 이의를 제기한다는 지적 만족감도 존재합니다. 2학기 교육과정이 적당히 마무리 될 때에 찬반 토론을 한 번, 두 번 정도 더 해볼 생각입니다.

흥사단 토론대회를 다녀와서

2016년 12월에는 2015년에 이어 두 번째로 흥사단 주최의 전국 중·고등학생 토론대회가 열렸습니다. '퍼블릭 포럼 디베이트'라는 형식의 토론으로 열리는 토론대회인데, 전국 곳곳의 중·고등학생이 참여하는 상당히 규모가 있는 대회였습니다. 흥사단 관계자들이 주로 대회 심판을 보는데, 저도 2년 연속으로 심사를 보았습니다. 흥사단은 비영리적으로 토론을 확산하려는 노력을 하고, 그곳 관계자들이 강원지역 토론교육 발전에 물심양면 지원을 해주기 때문에 보은의 뜻으로 심판 요청을 수락했습니다.

이번 토론대회도 중학교부가 고등학교부보다 많이 참여했습니다. 대회는 중학교 7개 조, 고등학교 4개조로 나뉘어 오전에 리그별로 진행한 후 8강과 4강 진출팀을 가리는 방식이었습니다. 2016년 토론대회에는 실력 있는 팀이 상당히 많이 참가했습니다. 특히 두 팀이 참여한 ○○여중은 동생들인 1학년도 상당한 실력을 갖추고 있었습니다. 그러나 ○○여중 팀은 리그식 토론대회의 장점인 '대회를 하면서 진화한다'는 점을 제대로 못 살린 것이 아쉬웠습니다. 준준결승을 거쳐 준결승, 결승까지 심사를 하면 든 생각이 있었습니다. '앵무새처럼 달달 외워서 어떤 팀을 만나도 그대로 말하는 것은 과연 토론일까'라고 말입니다. 토론을 하다보면, 출발은 매우 좋은데 발전이 없는 팀이 있고, 반면 출발은 부족하지만 회를 거듭할수록 빠르게 발전하는 팀이 있습니다. 저는 다소 부족하지만 신속하게 대처하고, 내용이 진화하는 팀을 높게 평가하는 편입니다.

그 극적인 순간은 결승전에서 발생했습니다. 한 팀은 지난 대회에서 전국 중·고등학생 토론대회 우승을 한 팀이었습니다. 이에 맞서는 또 다른 팀은 힘차기는 하지만 다듬어지지 않은 팀이었습니다. 그래서 결승 초반에는 입안을 제외하면 우승 경험이 있는 팀이 앞서 나갔습니다. 그 팀의 토론자들은 세련된 토론 기술을 갖고 있었고, 상대를 공략하는 방법도 잘 알고 있었습니다. 무엇보다 교차질의에서 강점을 보였습니다. 그런데 요약과 전원교차질의 단계에서 반전이 일어났습니다. 패기 있는 팀은 2분 간의 요약을 매우 훌륭하게 해냈습니다. 다음 단계인 전원 교차질의에 들어가자 앞서나가던 팀이 상대방의 발언을 봉쇄하기 위해 질문 퍼레이드를 퍼부었습니다. 뒤쫓던 팀이 질문하려 하자 '저희 질문이 아직 안 끝났는데요.'라며 공격적인 모습을 보이기도 했습니다.

전원 교차질의가 끝나고 뒤쫓던 팀이 '마지막 초점' 단계에 들어갔을 때였습니다. 앞서 요약을 훌륭히 해냈던 세 번째 토론자가 마지막 초점도 하러 자리를 잡았습니다. 그런데 '본론에 앞서 말씀드릴 것이 있다. 상대 측이 전원 교차질의 때 저희의 발언을 막았다. 이점을 심사위원과 청중은 감안해 달라.'는 취지로 항의를 하고 마지막 초점을 시작했습니다. 그 마지막 초점도 매우 감동적이었습니다. 장내는 술렁이고, 변화의 조짐이 있었습니다. 앞서 나가던 팀의 마지막 초점도 훌륭했지만, 준준결승과 준결승에서 했던 내용과 큰 차이가 없는 것이 흠이었습니다. 모든 발언이 끝나자 심사위원은 별도의 공간에서 협의를 했습니다. 심사위원들은 패기가 넘치고 다소 다듬어지지 않았던 팀이 초반의 열세를 딛고 후반으로 가면서 역전을 했다는 평가를 했습니다. 무엇보다 앞서 나가던 팀이 전원 교차질의에서 상대의 발언을 봉쇄하기 위해 무리하게 공격적인 질문을 한 것이 패착이었습니다. 그리고 심사위원들은 마지막 초점에 앞서 적절하게 지적한 토론자의 순발력에 대해 높이 평가했습니다.

영화와 함께 토론을

그러고 보니 지난 2016년 7월에 영화를 보고 회전목마 토론을 했던 기억이 납니다. 6학년 학생 전체가 인근에 있는 작은 영화관에서 영화 '봉이 김선달'을 보고 '김선달이 악인에게 사기를 친 것은 정당하다.'는 주제로 회전목마 토론을 나눴습니다. 임의로 찬성, 반대로 반반씩 나눈 후 토론 개요서를 써서 토론을 했습니다. 개요서를 더디게 쓴 학생이 사회를 보고, 나머지 8명이 1:1로 앉아 3분짜리 미니 찬반 토론을 했습니다. 찬성 입론 1분, 반대 입론 1분, 질의응답 1분씩 토론을 진행한 후 찬성 쪽이 옆 칸으로 이동해서 같은 방식으로 토론을 하는 형식이었습니다. 본격적인 찬반 토론과는 차이가 있지만, 그래도 찬반 토론의 핵심을 배우는 기회였습니다. 학생들에게 이런 경험이 있었으니 2016년 12월 초에 경험한 찬반 토론이 어색하지 않았을 것입니다.

영화는 토론 교육을 할 때 매우 좋은 매체입니다. 지난 2016년

12월에 오안초 6학년 학생들은 사회 시간을 이용해 인근의 작은 영화관에서 영화 '판도라'를 함께 보았습니다. 6학년 2학기 사회 2단원과 3단원은 세계의 문화와 지리를 배우는 단원입니다. 교과서에서는 일본을 다룰 때, 후쿠시마 대지진과 핵발전소 폭발이 나오지 않지만, 교사로서 이 부분을 가르치지 않을 수 없습니다. 그런데 일본인이 어떤 위기감을 갖고 있는지 뉴스와 다큐멘터리로 보여주기가 충분하지 않습니다. 그런데 때마침 핵발전소 사고가 나온 영화 '판도라'가 개봉된 겁니다. 저는 학교 예산을 확인하고 인근의 작은 영화관에 좌석을 예약했습니다. 영화를 본 후에는 '핵발전을 중단해야 한다.'는 논제로 찬반 토론도 해봤습니다. 입론, 반론, 재반론, 최종변론으로 이어지는 전형적인 초등찬반토론 형식이었습니다. 이튿날에는 툴민의 6단 논법을 이용해 조금 더 정교하게 자신의 주장을 전달하는 방법도 공부했습니다. 사회도 학생들이 직접 보고, 심사평도 학생들이 했습니다. 담임교사가 봐도 너무 훌륭한 토론이라 보는 내내 뿌듯했습니다. 학교에서도 이런 토론교육이 가능하다는 것을 내 눈으로 확인했으니 말입니다.

토론교육은 학교에서, 그리고 도서관이나 청소년수련관 등 다양한 공간에서 이뤄져야 합니다. 교육과정이라는 측면에서 가장 중요한 곳은 학교입니다. 학교 선생님들이 토론을 이해하고, 수업 시간에 하는 교육이 필요합니다. 그러나 토론을 학교에서만 담당할 수는 없습니다. 지역사회에서 일정 부분을 맡아줘야 합니다. 또한 찬반 토론이 토론의 전부는 아니라는 인식이 필요합니다. 그렇다고 찬반 토론을 포기해서는 안 됩니다. 찬반 토론은 엄격한 형식에 따라 나와 상대의 논리를 검증하는 과정입니다. 따라서 앞으로 사회에서 치열한 토론이 이뤄질 때에 반드시 요구되는 과정입니다. 다만 저는 협력적이고 부드러운 형식의 토론부터 시작해서 찬반 토론까지 어울려 가자는 주장을 합니다. 그리고 무엇보다 토론을 접하는 순서가 중요합니다. 대회식 토론, 경쟁적인 토론부터 시작하면 '승리'를 유일한 목적으로 하는 부작용이 큽니다. 2016년 흥사단 전국 중·고등학생 토론대회에서 목격한 장면도 그렇습니다. 앞으로의 토론교육에서는 이런 찬반 토론의 그림자를 줄여나가야 하지 않겠습니까?

3장 학교에서 마을로 배우다, 체험하다, 소통하다

전 경 애

동해에서 학생상담 자원봉사자로 오랫동안 활동해왔다.
도서관에서 놀기를 즐기며 초등학교 독서논술강사로 활동하고 있다.
토론에 입문한 후 전국토론대회 심사도 맡았다.
학부모진로코칭, YWCA 청소년 운영교사로 청소년 꿈드림에 관심이 많다.
시 낭송을 즐기고, 청소년과 함께 시읽기와 시쓰기에도 열심인 낭송가이기도 하다.

나의 일상

"알려드립니다. 오늘은 마을에서 밥상공동체로 함께 식사 하는 날입니다. 어르신들은 한 분도 빠짐없이 마을회관으로 점심 드시러 오시기 바랍니다. 다시 한 번 알립니다.…"

이장님의 또랑한 목소리가 신선한 아침 공기를 가르고 마을 곳곳에 울려 퍼졌습니다. 처음에는 어색했던 소리, 새벽 단잠을 깨우는 방송 소리가 이제는 친근합니다. 저도 방송 소리를 들으며 자리에서 일어났습니다. 오늘은 봉사 가는 마을 학교가 두 곳이라 서둘러야 했기 때문입니다.

제가 사는 동해시 약천마을은 매달 하루 마을회관에서 어르신들을 모시고 점심식사를 대접합니다. 약천마을은 도시화된 동해에서 흔치 않은 농촌 마을입니다. 오늘은 이장님이 메기 매운탕을 끓여 내오기로 하셨습니다. 이 마을로 이사를 온지는 2년이 되었습니다.

아직 어르신들을 찾아뵐 기회가 없었기에 오늘 배식 당번을 자원했습니다. 요리 문외한이자 배식 초보인 저는 '무조건 시키는 대로 하겠다'고 선언하고는 앞치마를 두르고 선배님들이 시키는 대로 콩콩 뛰어다녔습니다. 점심식사 시간이 가까워지자 어르신들이 속속 마을회관으로 찾아 오셨습니다. 저는 따뜻한 김이 퍼지는 메기 매운탕을 한 그릇, 한 그릇 가득 담아 부지런히 날랐습니다. 마을 회관을 찾은 어르신들은 '메기 매운탕이 구수하고 맛이 있다.'며 흐뭇해 하셨습니다.

점심 식사가 끝나자 장기자랑 순서가 펼쳐졌습니다. 우리 마을의 장기자랑은 흔히 보는 춤과 노래가 아닙니다. 팔순이 넘으신 어르신들의 시 짓기가 장기자랑입니다. 어르신들은 미리 지어온 시를 읽으셨습니다. '메늘아 보아라. 이곳에서 살림 살며 출근하느라 힘들겠구나.', ' 영감님에게', '나는 공부가 좋다.' 등 다양한 제목으로 띄엄띄엄 시를 읽는 모습이 제게는 마치 '하늘의 천사'처럼 보였습니다. 지난 1년이 넘는 시간 동안, 어르신들은 한글교실에서 잠시 쉬고 있던 글을 다시 꿰어 왔습니다. '이 나이에 한글 배워서 뭐해.'라고 빼지 않으시고 부지런히 글공부를 했기에 여기까지 오셨습니다. 이번에는 사물놀이를 배웠던 장년 어르신들이 장기를 뽐내는 시간입니다. 백발이 성성한 어르신들이 연주하는 풍물 소리가 마을회관에 가득합니다. 저는 풍물 소리를 뒤로하고 다른 마을학교를 가기 위해 아쉽지만 곧장 동해 YWCA 회관으로 발걸음을 옮겼습니다.

동해 YWCA 마을 공동체는 제가 삶의 길에서 서성이고 있을 때 다시 돌아갈 수 있는 길잡이 역할을 해준 곳입니다. 저는 이사로 활동 하던 중 지난 2년간 회장직을 맡아 세상을 살리는 다양한 프로그램을 진행 했습니다. 그 가운데는 2015년에 여성개발 프로그램으로 디베이드 코치 과정을 신설하여 연수를 진행했습니다. 면접을 거친 20명 수강자들을 1년 과정으로 혹독한 훈련을 시켰습니다. 책을 선정하여 읽고 발제를 하고, 논제를 찾았으며, 치열하게 토론을 했습니다. 치열하고 경쟁적일 것만 같던 토론은 생각과 달리 다름을 인정해주는 과정이었습니다. 늦은 시간까지 모둠 스터디를 하고, 뜨거운 여름을 책과 함께 보낸 우리는 성장해 있었습니다. 혹독한 과정을 모두 이수하고 시험까지 마친 후 디베이트 코치 자격증을 받았습니다.

자신감을 가진 선생님들 중에는 각 기관과 학교로 문을 두드려 토론 강사로 활동하는 기회를 만나기도 했습니다. 외부에서 열리는 토론대회에 심판의 역할을 맡기도 하고, 드디어 '온동네'라는 토론 동아리를 결성했습니다. 그저 내 울타리만 생각하던 마을 사람들은 닫힌 문을 열고 토론이라는 나무를 심고 지속적으로 물을 주어 키워온 셈입니다. 그렇게 하여 '토론으로 여는 아름다운 세상'이 제 곁으로 훌쩍 다가왔습니다.

동해, 마을에서

지난 2016년 8월, 동해에서는 '제1회 지역시민을 위한 대토론회'가 열렸습니다. 꾸준히 토론을 공부하던 '온동네' 선생님들은 대토론회의 코치를 제안받고 리더를 맡았습니다. 대토론회날은 여름장

마가 계속되는 8월의 어느 날 아침에 막을 열었습니다. 추적추적 쏟아지는 비를 바라보며 '시민이 얼마나 올까'라는 생각이 들어 어깨가 축 처져 있을 때였습니다. 그런데 우리보다 훨씬 높은 연배이신 어른에서 초등학생까지 다양한 계층의 시민들이 빼곡히 모여들었습니다. '토론회장이 텅 비면 어쩌지' 하는 생각은 기우였습니다. 문화, 복지, 교통, 경제 등 자신이 현재 관심 있는 분야에 모둠을 만들고 토론을 시작했습니다. 먼저 아이스 브레이킹으로 마음열기를 한 다음 각자의 생각들을 쏟아내는 토론이 펼쳐졌습니다.

대토론회의 하이라이트는 동해시에서 개선해야 할 일을 이야기하는 시간이었습니다. 애정이 있어야 비난이 아닌 비판이 담긴 이야기가 나옵니다. 이날 토론에서는 애정 어린 이야기들이 많이 오갔습니다. 시민들은 단기간에 고쳐야 할 부분과 장기적으로 고쳐야 할 부분을 이야기했습니다. 잘된 점, 잘못된 점, 그리고 앞으로의 해결 방안 등도 논의했습니다. 각 모둠에서는 포스트잇에 자신들의 의견들을 써서 붙이고 발표를 했습니다.

오후 시간에야 대토론회를 마무리하고, 어느덧 피드백 시간이 되었습니다. 처음이지만 한 목소리를 내어주어 좋았다는 평가가 나왔습니다. 또한 '한 번에 그치지 않고, 지속적인 관심과 애정이 있어야 한다.'는 이야기도 있었습니다. 동해시에서 처음 개최한 대토론회는 기대 이상의 성공을 거두었습니다. 대토론회에서 리더를 맡은 '온동네' 회원들은 호흡을 맞추며 성공의 디딤돌 역할을 했습니다.

그리고 얼마 후 YWCA 마을 공동체에서 '온동네'로 연락이 왔습니다. '청소년 와이틴(Y-teen) 지도 운영자가 필요하다'는 말이었습니다. 겁도 없이 성큼 설레는 마음을 안고 운영교사가 되었습니다. 와이틴은 한 달에 두 번 중·고 청소년들이 모여 스스로 하고 싶은 일을 찾아하는 틴틴 학교입니다. 휴일에도 학교에 가야하는 고된 날들도 있지만 아이들은 틈틈이 모여 자유롭게 의사결정을 하고 다음 달에 하는 활동들을 논의하고 역할분담을 하여 자신이 할 일들을 찾아내어 함께 이루어가는 공동체입니다.

　얼마 전에는 위안부 할머니 돕기 바자회와 캠페인을 열어 모금액을 전달하기도 했습니다. 겨울을 녹이는 따뜻한 정을 나누는 연탄 나르기에 직접 용돈을 모아 산동네까지 연탄을 배달하는 체험을 통하여 싱싱하고 풋풋한 감동을 주기도 했습니다. 때로는 의견이 달라 마음을 닫고 돌아서는 아이들도 있었지만, 아이들 스스로 이야기하여 서로 어깨를 부대끼며 손잡고 가는 모습에 절로 미소가 번졌습니다.

　올해에는 관심 과제인 탈핵과 평화운동을 전개해 보고 싶었습니다. 동해 남쪽에는 핵발전소 건설이 시도되는 삼척이 자리하고 있었습니다. 그래서 핵발전소 문제가 동해에서는 남의 일이 아닙니다. 몇 해 전 김익중 교수님을 초청하여 탈핵강연을 들을 때도 아이들은 본인들의 피부로 체감하지 못했습니다. 핵발전소 건설이 얼마나 무서운 현실인지, 후손에게 절대 물려주어서는 안 되는 일인지 몰랐습니다. 가까운 이웃 지역에 원자력 발전소가 세워진다는 소식을 접하자 아이들과 인근 지역까지 반대캠페인을 펼치고 백만인 서명운동에 나섰습니다. 돌아보면 참 많은 일들이 우리를 하나로 묶어주었습니다. 함께 배우고 체험을 통하여 소통하니 기적 같은 일들도 일어났습니다. 아이들이 전국 청소년 탈핵 캠프에 참가하게 된 것이었습니다. 각 지역을 대표하는 아이들과 탈핵에 대한 열띤 토론을 하고 서명운동을 받기도 했습니다. 저녁시간에는 탈핵노래 가사 공모시간이 있었는데, 우리 지역 한결(가명)이 만든 가사가 채택되어 전국 우수상을 받는 기쁨도 누렸습니다.

한결이는 한창 국민가요로 많이 불려졌던 '챔피언'이라는 곡에 가사를 입혔습니다. 한결이가 만든 탈핵노래 가사는 지금 생각해도 아주 기발하고, 날카롭습니다. 여기서는 가사 전반부만 소개해 보겠습니다.

"진정 아낄 줄 아는 여러분이 이 나라의 챔피언입니다/서로 낭비하지 않는 것이 숙제/ 전기 못 아끼는 사람은 술래/ 다 같이 빙글빙글 강강수월래/ 가슴을 활짝 펴고/전기 아끼는 네가 챔피언/힘을 길러 절제를 길러/자유로운 전기사용 요금이 하늘을 찔러/우리는 발전소 킬러/ 아껴볼까 더 많이/ 없애볼까 발전소/주먹을 불끈지고 소리 질러/ 환경에 미친 내가 챔피언(이하 생략)"

평화를 꿈꾸다

아이들의 달라지는 모습과 행동을 보고 오히려 내 배움의 키가 더 자라고 있었습니다. 전국 청소년 탈핵 캠프를 마치고 나니 마을에서 이뤄지는 각종 활동이 성공하려면 지속적인 활동이 필요해 보였습니다. 나는 다시 돌아와 탈핵과 연결되는 평화캠프를 계획했습니다.

열대야로 잠을 이룰 수 없었던 날이 계속되던 여름. 저는 "이번 캠프는 철원 평화학교로 가려고 합니다. '학마을'이라고도 하는 그곳은 굉장히 시원한 곳인데 첫날, 노동당사, 월정리, 평화학교를 견학하고 저녁에는 토론회, 둘째 날에는 소이산을 보고 리프팅하고 돌아오면 좋겠는데 어떻게 생각하나요?"라고 물었습니다. 이 재미없는 일정에 아이들의 반응은 당연히 싸늘했습니다. 철원은 아이들이 가보지 않은 낯선 땅이었고, 월정리는 아이들에게 아무런 의미가 없는 땅이었습니다. 아이들은 지난 해 갔던 곳에서 행글라이더도 타보고 싶다고 말했습니다. 그러나 올해 논의되고 있는 탈핵과 평화운동을 아이들과 꼭 체험해 보고 싶었습니다. 여러 시간 논의하여 드디어 의견을 모아 태양을 이고선 8월 한가운데 날, 총 28명을 태운 평화버스는 철원으로 평화캠프를 떠났습니다.

철원의 넓은 평야를 지나면서 아이들은 눈을 동그랗게 뜨고 신기해하는 표정을 감추지 못했습니다. 산이 많은 강원도에 이런 바둑판처럼 정돈된 평야지대가 있을까 함성을 질렀습니다. 일행과 동행한 해설사 선생님도 '이곳은 정말 소중한 곳입니다. 백마전쟁이 있었을 때 북한이 이곳 절반을 내어주고 통곡했다는 전설이 있을 정도로 중요한 곳입니다.'라며 북한에도 철원의 반쪽이 있다고 자세히 설명해주셨습니다. 고개가 절로 끄덕여질 정도로 끝없이 펼쳐진 평야 위에서 생명의 벼가 자라고 있었습니다. 비무장지대(DMZ)에서 가정 먼저 찾은 곳은 서태지와 아이들의 뮤직비디오에 등장해 더욱 유명해진 '철원노동당사'였습니다. 한국전쟁이 일어나기 전까지 북한은 이곳을 철원 인근 지역까지 관할하는 가장 중요한 노동당사로 이용했다고 합니다. 철원에는 한국전쟁 기간에 중국군 사령부가 주둔했었기 때문에 근대 건축물들도 폭격 대상이 되었습니다. 그래서 한때는 강원도에서 가장 많은 인구가 밀집해 살았던 구 철원읍 시가지는 더 이상 흔적을 찾기 어려웠습니다. 이제 몇 개 남지 않은 근대 건축물과 건물 곳곳에 남은 포탄과 총탄 자국은 전쟁이 얼마나 참혹했는지를 말해줍니다. 아이들 역시 돌아보면서 절로 고개를 끄덕였습니다.

우리는 철원노동당사에 이어서 월정리 역과 평화전망대를 돌아봤습니다. 월정리 역은 서울에서 금강산 가는 길에 있었던 역으로, 한국전쟁이 일어나 분단이 된 후부터는 역할을 할 수 없는 폐역이 되었습니다. 끊어진 철로위에 누운 녹슨 열차와 '철마는 달리고 싶다'라는 글귀에 마음이 아팠습니다. 오후 시간에는 하루에 관람할 수 있는 인원이 제한된 평화전망대에 올랐습니다. 평화전망대에서는 태봉국의 성터와 북한 쪽 철원의 모습을 눈에 들어왔습니다. 불과 얼마 떨어지지 않은 북쪽 땅을 보며 이념이 달라 서로 맞대응하는 모습에 마음이 아렸습니다. 식을 줄 모르는 한낮의 여름 태양은 우리들의 열정을 더 뜨겁게 했고, 걸음을 옮겨 '국경선 평화학교'까지 돌아보았습니다.

피스메이커(평화지킴이)를 양성하는 이 학교는 정지석 목사님이 개교하여 1, 2학기 평화학교를 운영합니다. 세계 여러 나라사람들이 입학하여 평화이루기 활동을 한다고 했습니다. 2시간 정도 강의를 듣자 아이들의 질문이 이어졌습니다. '저쪽은 평화를 원하지 않는데, 우리만 하면 되나요?', '북한은 아이들이 굶주리고 있는데 무기만 만들어 내면 언제 평화가 오나요?' 같은 질문이 쏟아졌습니다. 아이들은 평화학교 관계자들과 질의응답을 하고 숙소로 돌아왔습니다.

저녁 식사 시간은 어찌나 먹성이 좋은지 삼겹살 파티에 고기가 동이 날 정도였습니다. 여럿이 모여 활동을 하니 식성이 더 좋은가 봅니다. 저녁 식사 후에는 강당에 모여 모둠별 평화 골든벨을 진행했습니다. 골든벨 시간에는 하루 종일 강행군을 했음에도 아이들은 지치지 않고 협동심을 발휘했습니다. 2차시는 각 모둠별로 평화에 대한 나무 개념지도(what, why, how tree)를 만드는 워크숍을 하고 모둠 발표를 했습니다.

마지막 시간에는 빈 칸 채우기 활동을 해봤습니다. '평화는 ○○이다.'라는 종이에 빈 칸을 채우는 활동이었습니다. 빈 칸 채우기는 정리활동에 참 좋습니다. 이 시간이 되면 모두가 고요하고 신중합니다. 이날 빈 칸 채우기에서는 '평화는 바다다.', '평화는 노래이다.', '평화는 거울이다.', '평화는 달콤이다.', '평화는 소통이다.' 등 다양한 의견들이 나왔습니다. 한 학생은 '평화는 슬픔 속에서 건져내야하는 생명이다'는 이야기를 썼습니다. 그 이유가 무엇인지 물으니 '평화가 있으면 분단이라는 슬픔과 죽음이 되풀이 되지 않을 것 같아서요'라고 말했습니다. 이 학생의 표현에 아이들은 힘찬 박수로 격려하고 칭찬해 주었습니다. 한 모둠은 플래시몹(불특정 다수인이 정해진 시간과 장소에 모여 주어진 행동을 하고 곧바로 흩어지는 것)으로 역동적인 표현을 해주었습니다.

활동을 마친 후에는 토론을 통해 생각을 나누었습니다. 이날 토론 시간에는 ▲내가 생각하는 평화란 무엇인가? ▲평화 통일하면 좋은 점은 무엇인가? ▲평화로 가는 길에 내가 할 수 있는 것은? 등의 주제로 늦은 밤 시간까지 아이들은 이야기꽃을 피웠습니다.

모든 활동을 마치고는 모둠별 시상식을 했습니다. 평화상, 통일상, 믿음상, 사랑상을 만들어 시상을 했습니다. 경쟁적인 활동이 아니니 상을 주지 않아도 좋았지만, 격려의 의미로 모든 모둠에게 시상을 했습니다. 플래시 몹을 표현해준 모둠에게는 평화상을 주었습니다.

다음 날, 아침의 싱그러움을 맞으며 그리 높지 않은 소이산에 올랐습니다. 소이산은 일명 '침묵의 산', '봉수대산'이라고도 하는데 이곳을 오를 때는 침묵하며 자신과 대화하는 시간이기도 했습니다. 소이산은 고려시대부터 봉수대가 설치되어 있던 교통의 요지라고 합니다. 산에 오르면 산 주변의 철원 일대가 잘 보입니다. 평화를 찾아가는 이 길을 걸으며 '나는 누구인가, 나는 이곳에 왜 있는가, 나는 무엇을 위해 사는가.' 등 아이들은 자신에게 묻고, 자신에게서 해답을 찾았습니다. 점심시간과 한탄강 래프팅까지 마치고 1박 2일 평화캠프의 막을 내렸습니다.

학교에서 마을로

와이틴 회원들은 지금 평소 자신이 다니는 학교로 돌아갔습니다. 저 역시 약천마을과 동해 YWCA, 그리고 강원토론교육협동조합 등에서 바쁘게 생활을 하고 있습니다. 학교 밖 경험과 공부의 내용이 아이들에게는 무척 소중합니다. 자신이 사는 곳, 자신이 살아갈 곳에서 이뤄지는 배움과 실천은 학교 공부와 또 다른 의미가 있습니다. 아이들은 탈핵 캠프에서, 평화학교에서 나눈 기억을 가슴에 담고 또 다른 내일을 열어가고 있습니다. 어른들도 저마다의 일상에서 살아가겠지요. 그러나 마을이 커가면서 우리가 살아갈 세상은 조금 다를 겁니다. 아이를 오로지 학교에 의지해 키우던 사람들도 이제는 '학교 밖' 세상을 알게 될 겁니다. 아마도 이 아이들은 세상을 바라보는 마음을 키우고, 나와 또 다른 나를 인정하며 자신을 키워 갈 것입니다. 다양한 씨앗에 물을 주고 응원하면서 서툴렀던 나도 성장할 것입니다. 아니, 벌써 훌쩍 성장했습니다.

마을에서 아이들과 마음을 나눌 때 토론은 큰 도움이 되었습니다. 특히 협력적 토론은 여러 명이 참여하는 토의에 아주 유용합니다. 아직 어른들은 토론을 낯설어 하지만, 그 유용성에는 공감합니다. 최소한 '우리는 살아가는 것이 바빠서 마음을 여는 토론이 무엇인지 몰랐지만 우리 아이들이 살아갈 세상은 달라야 하지 않겠냐.'며 토론을 응원해 줍니다. 한 해, 한 해가 갈수록 토론에 대한 인식이 달라지는 것을 느낍니다. 아마도 올해보다 내년에, 그리고 그 다음해가 되면 평등한 위치에서 토론을 해나갈 기회가 많아질 겁니다. 그런 기회에 저도 마을 사람들과 함께, 제가 함께 하고 있는 동해지역 청소년과 함께 가슴 따뜻해지는 토론으로 아름다운 꿈이 열리기를 희망합니다. 마을은 더 많은 사람의 참여로 만들어지는 우리들의 공동체니까요.

▲ 〈전국 틴틴 청소년 대회〉에 참여하여 플래시몹을 선보이고 있는 Y-틴 회원들. 평화와 협력의 메시지를 담고 있다.

▲ 동해 Y-틴은 롯데시네마 앞에서 '일본군 위안부'문제를 알리는 캠페인을 두 차례 진행했다. Y-틴 회원 9명과 함께 일본군 위안부 문제해결을 위한 전 세계 1억명 서명운동과 기부금 모금을 위한 의식 팔찌 판매를 진행했다. 인원이 차면 찬반 토론을 한 번, 두 번 정도 더 해볼 생각이다.

4장 교실에서 집으로

김현숙

젊은 시절 해외유학의 경험으로 25년째 영어강사로 살고 있지만,
춘천지역에서는 놀이 지도사, 자원 활동가,
책놀이 선생님으로 활동하고 있다.
아이들이 안전하고 즐겁게 잘 놀 수 있는 사회를 꿈꾼다.

마음을 열고

태양계 어느 한 행성에 물이 있고 산소가 풍부한 공기가 있어서
많은 동물들이 살고 있었습니다. 어느 날, 이 곳 동물들 모두가 모
여 리더를 뽑기 위해 회의를 하였는데 뱀장어가 리더가 되었다고
합니다. 왜 뱀장어가 리더가 되었는지 같이 생각해보고 싶어서 글
을 시작하기 전에 이야기를 하나 들려드리고 싶습니다.

잭 캔필드와 마크 빅터 한센이 쓰고 류시화 시인이 번역한 『영
혼을 위한 닭고기 수프』라는 책에 '동물학교'라는 글이 실려 있습니
다. 옛날에 동물들이 모여서 회의를 했습니다. 그들은 다가오는 새
로운 문제들에 대처할 수 있는 어떤 큰 일을 시작해야 한다고 결론
을 내렸습니다. 그래서 우선 학교를 만들기로 계획했습니다. 먼저
달리기, 나무 오르기, 날기, 헤엄치기 등, 골고루 잘 짜놓은 교과 과
목들을 만들었습니다. 물론 편리한 교육 일정의 진행을 위해 모든

동물들은 예외 없이 과목을 공부해야만 했습니다. 과락을 면해야 진급을 시키는 제도가 있기 때문에, 이 학교의 동물들은 각자의 개성을 죽이고 그 대신 부족한 교과를 보충하는 일에 매달렸습니다. 보충수업을 하는 동안 대부분의 동물들은 본인들이 잘하던 실력들은 빛을 잃기 시작했습니다. 오리의 헤엄 실력, 토끼의 달리기 기술, 다람쥐의 나무 오르기 재주, 그리고 독수리의 날기 실력 등은 점점 빛을 잃고야 말았습니다. 심지어 달리기 연습하느라 오리의 물갈퀴는 너덜너덜 해지고, 물을 싫어하는 토끼는 수영을 배우려고 하다가 신경쇠약에 걸립니다. 안타깝게도 이 학교에서는 자기만의 방식으로 학습하는 것이 허용되지 않았고 교사가 가르치는 방식대로 따라야 했습니다. 수시로 수준평가를 하고 일제고사를 치르고, 평균점수와 총점으로 학업 성취도를 평가하는 학교활동이 꾸준히 이어졌습니다. 결국 여러 교과를 고르게 잘한 뱀장어가 최고의 성적으로 졸업을 하여 상을 받는 해프닝이 벌어집니다. 다양한 지식과 만능을 요구하는 시험을 통과하기 힘들었던 다른 동물들은 어떻게 되었을까요? 안타깝게도 그들은 각자의 재능을 살리기 위해 개인지도를 받거나 학원을 가는 것으로 글은 끝을 맺습니다.

전 세계 47개 언어로 번역 출판된 이 책은 한국에서 처음에는 인기가 별로 없었습니다. 그런데『마음을 열어주는 101가지 이야기』라는 제목으로 출간된 후 1990년대 최고 베스트셀러가 되었습니다. 닭고기 수프는 영어권 나라에서는 아프면 먹는 음식으로 알려져 있습니다. 우리에게는 죽 같은 것입니다『영혼을 위한 전복

죽』으로 제목을 정했더라면 인기가 있었을까 잠시 생각해 봤습니다. 어쨌든 병이 들면 몸도 치유해야하겠지만, 상처받은 영혼을 치유할 수 있다면 더 이상 바랄 것이 없겠죠?

남의 틀에서 벗어나기

사교육에 인생의 대부분을 종사했던 저였지만 늘 관심은 사회교육, 그리고 평생교육에 있었답니다. 출산 전에도 한국의 교육현실이 안타까웠었는데, 아이를 키우고 있는 현재의 교육 시스템이 상대적 등급으로 서열화되는 사실이 너무 안타까운 학부모 중 한 명입니다. 지금의 교육 시스템 안에서는 수직이 아닌 수평으로 이루어지는 학습, 많이 생각하고 나누며 호기심을 불어넣어 주는 학습, 각자의 개성과 적성을 살리는 교수 학습이 불가능합니다. 그런 교육이 이루어지는 그 날이 올 때까지 부모들은 어쩔 수 없다는 이유로 사교육에 매달리고 있습니다. 우리 아이들을, 학교를, 사회를 다시 한 번 생각해 볼 필요가 있다고 생각하고 이 이야기를 함께 나누고 싶었습니다.

그러면 사회가 같은 미래를 바라보며 바른 길을 가고, 학교가 제 역할을 한다는 가정에서 '학교에서 집으로'의 이야기를 하겠습니다. 부모들은 그 누구보다 자신의 아이들이 무엇을 좋아하고 잘하는지, 무엇을 싫어하고 못하는지 잘 알고 있습니다. 그래서 더더욱 집에서 아이들을 어떻게 도와야할지 많은 고민을 합니다. 그러나 슬프게도 현 경쟁위주의 교육 시스템 안에서 제일 쉬운 선택지는 학원입니다. 게다가 부모 모두가 일을 갖고 있는 경우라면 학교를 포함해서 학원, 학습지, 과외 등의 모든 교육활동은 돌봄이 되어 버리는 게 실정입니다.

우리 아이들에게 가장 필요한 것은 아이들을 따스하게 보듬어 주는 가정(Home)입니다. 꼭 부모가 아니어도, 집이 아니어도 좋습니다. 우리 개개인이 다르듯, 아이들도 다릅니다. 각 가정의 문화나 생활양식 등도 많이 다릅니다. 하물며 공부하는 방식이나 습득 방법, 공부하는 속도는 당연히 다르겠지요. 물론 이런 다양한 아이들을 잘 아는 사람은 가까이에 있는 식구들입니다. 당연한 말이지만 대개의 경우는 부모님이 그러할 것입니다. 학교에서는 어쩔 수 없이 각각 다른 아이들에게 기본이 되는 같은 방법을 가르친다 하더라도, 우리의 아이들을 잘 알고 있는 부모는 아이에게 맞는 방법으로 소통하고 지식을 나누어야 합니다. 학습을 떠나서 먼저 아이들의 상태와 마음을 알아줘야 합니다. 설령 아이와 얼굴을 보며 이야기하지는 못하고 전화로만 통화할 상황이더라도, 오늘 하루는 또 어떠했는지, 무슨 일이 있었는지, 왜 그랬는지 그리고 나서 무엇을 했는지, 나아가 무엇을 배웠는지 등을 대화하기를 권해봅니다. 이런 질문들을 통해 아이의 학교생활과 기분이 어떤지를 믿을 만한 어른이 먼저 알아준 다음에야 아이들은 또 다른 활동과 학습을 받아들일 몸과 마음의 상태가 되기 때문입니다. 보충교육의 기회는 이 후에도 충분히 가능하기 때문입니다. 엄마가 집에 없으면 아이들을 교육할 수 없다고 하지만, 부모의 관심과 신뢰 아래 아이들은 무엇이든 해낼 수 있음을 믿어주시기 바랍니다.

여기까지 준비가 된 후에 우리는 잘하고 좋아하는 활동을 좀 더 강화해 주어야 하는지 아니면 반복을 통해서라도 부진한 부분을 잘 소화하게 도와 주어야 하는지, 학교에서 못하는 개인 취미활동을 하도록 뒷바라지를 할지 판단할 수 있습니다. 그러자면 몇 가지 구체적인 도움이 필요합니다. 아래에 언급되는 내용들을 다 하려면 보는 것만으로도 어깨가 무거워질 수 있습니다. 한 주에 하나라도 테마를 정해 아이들과 조금 더 시간을 함께하는 것을 지침으로만 삼아주시기 바랍니다. 우리 아이들에게 필요한 건, 자신감과 학습의욕과 동기, 행복감과 즐거움이기 때문입니다. 아이들은 즐겁게 활동했는데 그것이 학습으로 이어졌다면 그 이상 바랄 것이 없습니다.

일단은 학교에서 담임선생님이 매주 작성해 보내주는 주간학습안내장(주간교육계획표)을 잘 이용하는 것이 도움이 됩니다. 일주일 동안 담임선생님이 학급을 어떻게 운영할지, 어떤 내용을 학습하며, 준비물이 무엇인지, 모든 학습 과정이 자세히 설명되어 있기 때문입니다. 부득이한 사정이 있는 경우가 아니라면, 교과과정에 벗어나지 않고 교육목표에 따라 그대로 수업이 진행되기 때문에 부모가 새로운 프로젝트를 따로 하지 않고 교과와 함께 연결이 되면 교육효과는 상당히 높습니다. 사실 교육 목표를 정하고 교육과정을 짜는 과정이 홈스쿨(Homeschool: 학교를 다니지 않고, 집에서 공부하는 대안교육)을 하는 부모에게는 가장 힘든 작업이랍니다.

학교에서는 담당 교사가 학생에게 목표에 도달하는 방법을 가르치고, 부모는 아이들이 일단 기본 개념을 갖고 있는지 확인해보고,

스스로 그 방법을 찾도록 도와주는 방법을 사용하면 더 좋겠습니다. 같은 개념을 가르치더라도 아이가 즐겨 하는 다른 방법을 이용한다면 아이들은 새로운 내용과 활동을 배우는 신선함 속에 반복학습을 한다는 것을 인지하지 못한 채 학습에 몰두합니다. 아이가 여러 가지 이유로 통신문을 집으로 잘 가져오지 않는다면 학교나 학급 홈페이지를 참고하는 센스를 발휘해보시길 바랍니다.

요즘은 초등과정에서 '실과'를 배우고 중고등학교에서 '기술·가정'을 통합교과로 배우지만 아직도 한국 사회는 성에 따라 다른 역할을 하는 구조를 갖고 있습니다. 놀이나 복장에서 보면 실감합니다. 여자 아이든 남자 아이든 주위의 모든 것들을 탐구하고 관찰하고 실험하는 경험을 해봐야합니다. 우리의 딸이 철인3종 선수가 되기도 하고, 우리의 아들이 발레리노가 되기도 하니까요. 이 또한 이 사회에서 적극적으로 지지받지 못하는데 가장 가까운 사람인 부모에게서 받는 지지가 아이들에게는 큰 힘이 됩니다. 내 아이를 남의 틀에 가두지 말고 가정에서 먼저 우리 아이들 기를 살려주면 참 좋겠습니다.

집에서 토론하기

우리는 모든 배움을 학교에서 해결하려는 경향을 갖고 있습니다. 그리고 학교에서 배움을 해결하지 못하니 사교육을 한다는 주장을 펼치기도 합니다. 배움의 공간이 결코 학교와 사교육 공간-학원, 과외, 학습지 등-만 있는 것은 아닙니다. 가장 큰 공간으로 가족이 있습니다. 영국을 비롯한 서구에서는 학업성취에서 학교의 영향을 10% 내외로 분석하고 있습니다. 반면, 부모를 비롯한 가족의 영향은 80~90%로 보고 있습니다. 저는 어쩌면 우리는 이 간단한 사실을 외면하고, 학교에 너무 많은 의무를 부과하는 것이 아닐까 반성을 해봅니다.

공부에 대해 조금 더 자세하게 과목별로 이야기 해보도록 하겠습니다. 자녀가 초등학생이라면 기초지식과 개념정리가 얼마나 되어 있는지 먼저 관찰해서 판단하시고 각자 아이의 실력과 관심에 맞게 도와주어야합니다. 모국어인 국어는 듣고 말하기와 읽기는 쉽게 하는데, 쓰기와 발표하기는 많이 힘들어 합니다. 주의해볼 점은 말하기와 발표하기는 다른 분야라는 사실입니다.

제가 관찰해 보았을 때, 한국 학생들은 발표를 힘들어 하기보다는 어색해하고, 정답을 말해야 한다는 강박관념 때문에 입을 열기를 두려워하는 경우가 더 많습니다. 가르치려 하기보다는 일단 들어주려는 노력이 필요하고, 고학년이라면 아이와 함께 고른 책을 함께 읽고 프로젝트를 만들어 실행해보는 방법을 권합니다. 국어과는 다양한 토론 방법을 익히는 기초가 됩니다. 어린 시절에 함께 책을 읽은 경험은 훗날 자녀의 언어발달과 감수성 형성에 큰 영향을 줍니다. 더 나아가 자신의 생각을 밝히고 이유를 이야기하는 문화를 형성하는 것은 국어사용능력을 키우는데 도움이 됩니다.

토론은 학교에서 기본적인 교육을 해야겠지만, 집이라고 손을 놓고 있을 수는 없습니다. 유럽이나 미국 등 여러 나라에서 명사들이 어린 시절에 식사 자리에서 토론을 했다는 이야기를 들어봤을 것입니다. 유대인식 교육인 하브루타가 한국에서 인기를 모았지만, 정작 우리는 '그건 유대인들이니까 가능한 거야. 우리는 안돼.'라고 생각하고 있는 것은 아닌지 돌아봅니다. 우리 나라에서는 밥을 먹으면서 이야기를 하는 분위기가 아니었습니다. 우리는 '밥 먹을 때 이야기를 하면 상놈'이라는 이야기를 듣고 자랐습니다. 어른이 된 지금도 많은 분들이 집에서 토론을 하면 얼굴을 붉힌다는 이야기를 건너서 듣습니다. 그만큼 현재의 어른 세대는 토론을 할 준비가 더 필요해 보입니다. '내 편이 아니면 적이다.', '내 생각과 같지 않으면 너를 공격하고 말테다.'는 식의 대화는 대화가 아닙니다.

집에서 토론을 한다는 것은 민주적으로 의사결정을 하자는 의미입니다. 자녀들과 토론을 할 때 나이나 부모의 권위로 윽박지르거나, 용돈을 무기로 위협하지 않는 것이 중요합니다. 토론 없는 의사결정은 민주주의가 아니며, 오류를 범할 가능성이 크다는 것을 인정해야 합니다. 최선을 다해 가족을 위해 살았지만, 자녀와의 거대한 벽을 절감하는 장년의 모습을 볼 수 있습니다. 가족과 시간을 보내고, 서로를 존중하며 사랑하는 모습을 보여주는 것이 부모의 권위를 높이는 길이기도 합니다. 자녀를 무시하고, 자녀의 의견을 외면하고 나중에 내가 존중받기를 기대하는 것은 불가능한 욕망입니다. 가족 내에서도 서로 최선을 다해 설득하려는 노력, 타협하려는 노력이 있어야 부모의 결정도 마음 속에서부터 존중받을 수 있습니다. 부모의 권위로 결정을 강행하면 결국 부모와 자녀의 대화 단절이 빚어집니다.

공부의 방향

수학의 경우 과목의 특성상 연산과 개념 이해를 빼놓을 수는 없습니다. 역시 예전과 달리 수학동화나 소위 스토리텔링이나 이야기 논리 등 서술형 문제풀이 방식을 많이 도입하기는 했습니다만, 기본적인 개념 이해와 연산 없이는 다음 단계로 나아가기 어렵습니다. 특히 저학년의 경우는 구체물을 통한 개념이해를 기본으로 접근해야 합니다. 기본 연산 능력도 매우 중요하지만 그로 인해 흥미를 잃는 경우도 많으니 간단한 연산도 게임이나 퀴즈식으로 함께하면 좋습니다. 구구단을 그대로 외우거나 쓰는 것도 좋지만 '369게임'이나 '구구단 게임'(구구단을 외자~)을 함께 하면 더 재미나게 익힐 수 있습니다.

영어는 한국 내에서는 사용할 기회가 거의 없기 때문에 국제화 사회에 꼭 필요하면서도 아이들에게는 큰 부담이 되는 과목입니다. 그나마 초등학교는 3학년에 시작하여 듣기 말하기 중심으로 학습이 이루어지기 때문에 부담스럽지 않지만 문법과 독해를 근본으로 하여 중요한 시험과목이 되는 순간 정말 하기 싫은 과목중의 하나로 전락합니다. 최근에는 영어권의 외국 동화 대다수가 한글판이 있기 때문에 비교하면서 읽어주면 흥미를 가집니다. 뒤에 언급될 많은 비경쟁적인 토론 방법들을 이용해 핵심 단어 찾아 이야기 만들기나 그림책 삽화를 이용하여 이야기를 재구성해보는 기법들을 응용한다면 국어와 함께 더불어 언어실력을 향상시킬 수 있습니다. 영어 발음이 영국과 미국 원어민과 같을 필요는 전혀 없습니다. 정확한 발음으로 읽어주는 당당함이 아이들에게도 큰 교훈이 됩니다.

아이들과 소통하기 위해 제2외국어를 함께 공부해보는 것도 좋습니다.

　사회, 과학, 역사, 컴퓨터 그리고 예체능 등 모든 과목들이 다 중요합니다. 더 중요한 것은 잘 먹고 잘 자고 잘 노는 것입니다. 요즈음의 분위기는 놀이 자체가 공부라는 것입니다. 놀이교육 전문가인 편해문 선생님은 자신의 저서에서 "아이들은 놀이가 밥"이라고 말합니다. 공부에는 적당한 시기가 있기 때문에 그 이전에 무리해서 가르친다고 긍정적인 효과가 나타나지 않습니다. 아이들은 놀면서 배웁니다. 재미가 있으면 반복하고, 반복하다보면 경험과 능력이 쌓이는 겁니다. 아이들이 이 모든 학습들을 놀이로 받아들일 수 있으려면 부모들 또한 많이 노력해야합니다. 간단하게 학교와 비교해 봐도 상대적으로 적은 시간을 보내는 가정에서 아이가 더 하고 싶은 그리고 더 해야 하는 과목과 활동을 중심으로 프로젝트를 짜는 부모가 되려면, 부모 스스로가 아이들에 대해 잘 알고 있어야합니다. 부모도 상상력이 풍부해야 하고, 신선한 매체들을 이용할 수 있어야 합니다. 조금 더 욕심을 부려보자면, 구체적인 지식 전달보다는 학습 동기와 열망을 자극하고 호기심을 일깨워 주는 방법을 연구하면 도움이 됩니다. 사물과 현상을 깊이 바라보고, 부끄럼 없이 질문하는 분위기가 만들어진다면 우리 아이들의 논리, 분석, 비판, 창의력은 발전할 수 있습니다. 그것은 학교도, 지역사회도 대체하기 어려운 부모의 영역입니다.

　멀지 않은 미래에 우리 아이들이 사는 세상에는 지금의 우리 세대가 알지 못하는 무한한 영역의 직업들이 생길 것입니다. 우리 아이들을 그 시장으로 보내려면 아이들도 부모들도 많이 대비하고 있어야 합니다. 사실 지금도 인터넷을 통해 우리는 아주 많은 것들을 배우고 경험할 수 있는 현실 속에 살고 있습니다. 똑같은 잣대에 맞추기 보다, 아이가 좋아하는 활동으로 프로젝트 수업을 함께 해보길 다시 한 번 권해봅니다. 서두르지 말고 하나씩 접목해 보면 재미와 함께 생각하는 힘이 커간다는 느낌을 받을 겁니다.

▲ 토론 수업과 질문하기(질문 만들기)의 핵심인 무엇을, 어떻게, 왜를 형상화한 그림.

5장   학부모, 토론을 만나다

김 희 녀
서울교대를 졸업한 뒤 초등교사가 되지 않고,
배우자와 함께 철원 민통선 북쪽마을인 마현리에 자리를 잡았다.
현재는 화천의 작은 마을에서 살면서 느리게 배우는 아이들,
책을 읽는 아이들과 함께 하고 있다.
살아가는 지역에서부터 토론교육을 확산하는 것을 목표로 노력하고 있다.

토론을 만나다

제가 사는 곳은 산천어 축제로 유명한 고장, 화천입니다. 지금은 '토론'이라는 말이 그다지 생소하지 않습니다. 텔레비전 프로그램 중에 '토론'이라는 단어가 사용되는 프로그램도 많습니다. 중고생 자녀를 둔 학부모라면 학교에서 토론대회를 한다는 말을 들어보았을 것입니다. 그러나 학부모가 직접 나서서 토론을 배워야겠다는 생각을 하기는 쉽지 않은 일입니다. 요즘은 KBS 개그콘서트의 〈민상토론〉, JTBC의 〈썰전〉 등 텔레비전에서 여러 가지 유형의 토론을 볼 수 있습니다. 편안한 마음으로 별 부담없이, 때로는 웃어가며 볼 수 있는 변형된 토론이 참 많습니다. 하지만, 불과 몇 년 전만해도 토론이라고 하면 굉장히 전문적이고 따분하며 어렵다는 느낌을 참 많이 주었습니다. 혹 토론에 관심이 많아 토론을 배우고 싶어도 어디로 가서 배워야 할지 막막하기도 합니다.

강원도 화천에서 처음 학부모 토론 연수가 시작된 것은 2015년 가을이었습니다. 나는 강원도화천교육지원청 학부모지원센터에서 학부모동아리 교육의 일환으로 토론연수를 한다는 공지를 우연히 보았습니다. 자세히 읽어보니 9월부터 11월까지 총 8회차 24시간 교육을 받는다는 내용이었습니다. 사실 저는 평소 토론에 관심이 많지는 않았습니다. 주변에서 토론을 쉽게 접할 기회도 없었고, 텔레비전에서 하는 토론 프로그램은 주로 심야에 방송이 되니 잠이 많은 나로서는 시청할 수가 없었습니다. 선거철이 되면 후보자 선거토론을 보다가 짜증을 내며 텔레비전을 꺼버렸습니다. 하지만 큰 아이가 중학생이 되어서였을까요. 이제 부모인 저도 토론을 알아야겠다는 생각이 들었습니다. 내가 먼저 토론이 무엇인지 알고 있어야 내 아이에게도 권할 수 있겠다 싶어서 토론 연수를 신청했습니다.

도대체 이런 용기는 어디서 나온 걸까요? 아는 사람 한 명 없는 교실에 들어설 생각을 하다니! 사실 나는 토론 연수 이전까지 강원도화천교육지원청에서 실시하는 학부모 연수에 참여한 경험이 없었습니다. 그러니까 지역 학부모와 함께 공부를 하는 것은 2015년 가을에 있었던 토론 연수가 처음이었습니다. 대부분 학부모 연수에 참여하는 사람들을 보면, 학부모회 임원이거나 이웃과 함께 가거나 지인의 손에 이끌려 온 경우가 많았습니다. 하지만, 나는 토론을 배워야겠다는 생각으로 큰 용기를 냈습니다. 나중에 안 사실이지만, 토론 연수에 참여한 사람들 중에는 이미 학부모지원센터에서 운영하는 동아리나 단체에서 활동하는 분들이 많았습니다.

학교 독서동아리 회원이거나 학부모 기자단으로 활동하는 분들이 었습니다. 그 중에 한 사람이라도 아는 사람이 있었다면, 편안한 마음으로 쉽게 학부모 연수에 참여할 수 있었을 것이라는 아쉬움이 들었습니다.

찬반 대립 토론을 배우며

연수 첫날 교육 장소에 가보니 가슴이 콩닥거렸습니다. 모집인 원은 16명이었는데, 막상 가보니 20명의 학부모들이 모여 있었습니다. 연수 내용의 핵심은 찬반 대립 토론이었고, 강사는 한 독서 논술 프랜차이즈에서 파견나온 분들이었습니다. 연수에서는 먼저 신호등 토론, 육색사고모자 토론을 간단히 공부했습니다. 그리고 회전목마토론, 원탁토론, 퍼블릭포럼, CEDA 토론, 독서토론에 이르기까지 여러 가지 내용을 배웠습니다. 그런데 연수에 참여한 사람들의 출석률이 떨어지고 있었습니다. 내가 보기에는 연수에 조금의 문제가 있어 보였습니다. 매 시간마다 주어지는 과제나 자료 조사가 큰 부담으로 다가온 것입니다. 토론을 시작한지 1년 6개월이 더 지난 지금이야 토론에 대해 알고 익숙해졌기 때문에 당연한 일이라 생각이 듭니다. 그러나 토론을 처음 접한 그때는 견디기 힘들었습니다. 실제로 연수 초반부터 연수를 포기하고 나오지 않는 학부모들이 있었습니다. 학부모지원전문가를 통해서 들어보니 나뿐만 아니라 많은 사람들이 연수를 진행하며 많이 힘들었다고 합니다. 토론 경험이 없는 사람이 대부분이니 당연했습니다. 자료는 어디에서 어떤 내용을 찾아야 하는지 막막하고, 함께 모여 입론서를 써야했기 때문에 시간을 내는 일도 쉽지 않았습니다.

자료 준비만 힘들었던 것이 아닙니다. 실제 토론을 진행하면서 찬성 혹은 반대의 입장에서 상대방을 설득하거나 반박하는 일이 심리적으로 많이 부담스러웠습니다. 사람들 앞에서 말하기도 힘들어서 목소리는 기어들어갔습니다. 힘들게 준비해서 내 주장을 펼쳤는데 상대방이 반박을 하면 가슴부터 콩닥콩닥 뛰었습니다. 때로는 토론이 과열되어 서로 얼굴을 붉혔습니다. 나중에 생각해보니 찬반 대립 토론을 처음 배울 때 흔히 겪은 어려움이었습니다. 자격증 과정이다 보니 여러 가지 토론을 익혀야 하고, 깊이 있게 습득할 시간이 부족했습니다. 우여곡절 끝에 총24시간의 토론 연수를 무사히 마쳤을 때는 뿌듯했습니다. 토론에 대해 조금 안다는 생각도 들었습니다. 토론지도사 2급 자격증을 취득한 사람은 모두 17명이나 되었습니다. 힘들게 마친 연수였기 때문에 서로에게 큰 박수를 보냈던 기억이 납니다.

협력적 토론을 접하며

그렇게 11월에 연수를 마치고 토론에 대해 잊고 지내던 때에, 교육청 홈페이지에 새로운 학부모 토론교육 연수에 관한 공지가 올라왔습니다. 제목은 '이야기가 꽃피는 교실토론'이었습니다. 화천 지역 학부모 연수생 20명을 모집한다고 했습니다. 강사는 홍천 오안초등학교 최고봉 선생님이었습니다. 2월 말, 학교 봄방학 기간을 이용해서 5일 동안 15시간 동안 이뤄지는 강의였습니다. 첫 번째 토론연수를 힘들게 마쳤지만, 뭔가 채워지지 않은 갈증을 해소하고 싶어 바로 신청했습니다. 토론의 맛을 보았는데, 토론을 안다고 말하기에는 부족하다고 생각했습니다. 다행인 것은 토론의 불씨가 꺼지기 전에 다시 공부할 수 있는 기회가 생긴 점이었습니다. 어쩌면 순간적으로 피어오르다 그냥 꺼져버릴 수도 있는 불씨였습니다.

3개월 만에 첫 번째 토론 연수에서 만났던 학부모들을 다시 만났습니다. 어떤 분들은 보이지 않았지만, 새롭게 만난 분들도 있었습니다. 몇 주 동안 동고동락을 하던 사람들을 다시 보니 정말 반가웠습니다. 몇 개월 전 아는 사람 하나 없던 강의실에 들어서던 때와는 사뭇 다른 기분이었습니다. 더군다나 강사로 오신 최고봉 선생님은 큰 아이가 철원에서 초등학교를 다닐 때, 3학년 때 담임 선생님이셨습니다. 5년 만에 연수 강사와 수강생으로 다시 만나니 정말 반가웠습니다. 민간인통제선 북쪽 마을에 살 때부터 알고 지냈으니 얼굴을 본지 10년이 넘는 사이였습니다.

그 당시 연수생 모집 공고문을 보면 이번 토론연수는 리더십과 합리적 문제해결능력 함양, 통합적 언어능력 함양, 논리적 사고력 함양 및 건전한 공동체를 만들어가는 인성교육의 일환으로 마련했다고 기록되어 있었습니다. 전에는 들어본 적이 없는 '협력적 토론'을 배운다고 했습니다. '협력적 토론은 무엇일까?', '찬반 대립 토론과 다른가?' 등 나를 비롯한 사람들은 호기심과 기대감으로 새로운 토론 연수에 임했습니다.

협력적 토론 연수는 '하얀 거짓말'로 시작해 편안한 분위기에서 진행되었습니다. 한 번 모일 때마다 3시간씩 수업을 했는데, 언제 시간이 이렇게 지났는지 모를 정도로 재미있었습니다. 첫날 강의에서는 세 단어 소개, 공통점 찾기 등 처음 만난 사람들이 서먹한 마음을 없애고, 서로를 조금씩 알아가는 활동을 했습니다. 연수는 약간의 이론에 대부분은 실습으로 이루어졌습니다. 이날 접한 피라미드 토론은 정말 신선했습니다. 서로의 생각을 주장하면서도 합의점을 찾기 위해 상대방의 주장을 받아들이는 과정이 충격적이었습니다. 일종의 타협, 협상 과정은 찬반 대립 토론에서는 찾아볼 수 없는 과정이었습니다. 연극 기법을 접목한 '두 마음 토론'은 정말 재미있었습니다. '오늘 점심에 짜장면을 먹을 것인가, 짬뽕을 먹을 것인가'라는 주제로 진행했는데, 흥미진진했습니다. 대부분의 사람들이 일상생활 속에서 사소한 갈등상황을 참 많이 경험합니다. 그러나 이러한 갈등에서 합리적으로 생각하고 결론을 내리는 경우는 드뭅니다. 이 토론은 배운 즉시 집에 가서 가족들이 함께 해보았습니다. 아이들도 참 즐거워했습니다.

그 외에도 모서리 토론, 프로젝트 토론, CF 활용 토론, 협상토론, 월드카페까지 많은 토론을 실습했습니다. 모두 자신의 생각을 말하고, 상대방의 주장을 경청하고 합리적으로 문제를 해결해 나가는 과정이었습니다. 하지만, 서로 감정을 상하고 얼굴을 붉히는 일은 거의 없었습니다. 때로는 주어진 과제가 간단해 보일 때도 있었으나, 막상 깊은 생각을 하지 않고는 해결하기 힘들었습니다. 반대로 '과연 이것을 할 수 있을까?'라고 의심되는 토론 주제도 있었습니다. 하지만, 여럿이 머리를 맞대고 생각과 의견을 모으다보면 기대 이상의 훌륭한 결과물을 얻었습니다. 협력적 토론은 소외되는 사람이 없이 적극적인 참여를 이끌어 내는 것이 특징입니다. 물론 이런 적극적인 토론을 위해서는 하나 둘 벗어던져야 할 무거운 짐들이 있습니다.

즐거운 마음으로 연수에 참여하다보니 5일 동안 진행된 연수가 너무 짧게만 느껴져 마지막 날이 다가오는 것이 아쉬웠습니다. 그런데 그 무렵에 학부모 토론 동아리를 시작하자는 의견이 나왔습니다. 지금까지 배운 것들을 잊지 않고 지속할 수 있을 것 같았습니다. 매월 둘째, 넷째 월요일에 정기적으로 모여 토론 실습을 하기로 했습니다. 개인적인 사정으로 참석이 어려운 분들을 제외하고 모두 12명의 동아리 회원이 모집되었습니다.

배움의 실천

2016년 3월에 시작된 학부모 토론 동아리는 '맛·수다(맛있는 수다)'라는 이름으로 일 년 동안 꾸준히 활동을 했습니다. 매 시간마다 토론을 진행할 사람을 선정하고 토론연수에서 배운 내용을 실습했습니다. 미흡한 부분은 다른 지역에 한 달에 한 번씩 요청해서 협력적 토론을 먼저 배운 강사가 와서 지원을 해주었습니다. 동아리 활동 덕분에 여러 가지 토론 기법을 잊지 않았고, 더 나아가 토론수업을 진행해 봄으로써 강의 능력이 향상되었습니다. 여름방학에는 초등학생들을 대상으로 토론캠프를 마련하고 재능기부도 했습니다. 그림책 수업이나 미디어 수업 등 토론이 아니더라도 토론 방법을 접목해 강의가 풍성해진 것도 빼놓을 수 없는 성과입니다.

화천에서 학부모 토론이 시작된 과정을 가만히 돌아보니 아쉬움이 있었습니다. 지금까지 강원도화천교육지원청에서 진행한 학부모 토론 연수는 총 세 번 있었습니다. 첫 번째 연수는 찬반 대립 토론을 배우는 것이었고, 두 번째 연수에서는 협력적 토론을 배웠습니다. 마지막은 춘천홍사단의 지원으로 '학부모 인식개선 교육' 차원에서 이뤄진 연수였습니다. 세 번 모두 20명의 학부모들이 참여했고, 두 번째 연수를 마친 후에는 학부모 토론 동아리가 결성되었습니다. 만약 찬반 대립 토론을 배우기 전에 협력적 토론 연수를 먼저 배웠다면 어땠을까요? 토론에 대해 잘 알지 못했던 학부모들이 모여서 처음 만난 토론이 찬반 대립 토론이었습니다. 자신의 기질이나 능력에 따라 큰 어려움 없이 수업 내용을 잘 따라가는 학부모들도 있었지만 대부분의 학부모들은 심리적인 부담과 준비 부족으로 어려움을 겪었습니다. 연수를 모두 마치고 자격증 취득까지 이뤄냈지만, 토론은 즐겁고 유익한 것이라고 느끼기에는 부족했습니다. 나중에 협력적 토론을 알고 나서 토론에 대한 생각이 많이 바뀌었습니다. 토론이 즐거울 수도 있다는 사실을 알았습니다. 막혔던 말문도 트이고 상대방의 주장을 들을 수 있는 경청의 자세도 배웠습니다. 토론을 계속해도 좋겠다는 생각이 들어서 학부모 토론 동아리까지 만들었습니다. 만약에 협력적 토론을 먼저 배우고 이후에 찬반 대립 토론 과정을 했더라면 큰 부담을 느끼지 않고 쉽게 받아들였을 것입니다. 아마도 그럼 토론의 지평이 조금 더 넓게 펼쳐졌을 것이라는 생각이 듭니다.

나중에 강원도화천교육지원청 관계자에게 '어떻게 협력적 토론을 알았는가' 물어보았습니다. 강원도 학부모지원전문가 연수에서 최고봉 선생님이 협력적 토론으로 강의를 진행했다고 합니다. 화천 학부모지원전문가도 이 연수를 받고나서 저처럼 큰 충격을 받았다고 했습니다. 협력적 토론을 학생들이 배우면 얼마나 좋을까요? 그 전에 먼저 학부모가 배우고, 가정에서 실천하고, 학교에 협력적 토론교육을 건의하고, 교육기부까지 할 수 있다면 정말 좋겠다는 생각을 했다고 했습니다. 그런데 최고봉 선생님은 현직교사이기 때문에 학기 중에 연수계획을 잡을 수 없어서 찬반 대립 토론을 먼저 배운 것이었습니다. 연수생의 입장에서 볼 때, 최고봉 선생님이 교사여서 자주 만날 수 없다는 점은 살짝 아쉬운 대목입니다. 하지만 협력적 토론과 찬반 대립 토론을 모두 배울 수 있어서 감사합니다. 결과적으로 두 가지가 완전히 다르지 않고 토론의 영역이 굉장히 넓다는 것을 알게 되었습니다. 또 대부분의 지역에서는 두 가지 중 한 가지만, 또 어떤 지역은 토론교육에 대한 연수 자체가 개설되지 않았던 것에 비한다면 화천은 행복한 편입니다.

토론은 아무래도 다른 주제의 교육보다 진입장벽이 높습니다. 토론을 공부한다고 하면 '아니 ○○네 엄마가?'라는 반응이 앞섭니다. '함께 토론을 공부하자'고 제안하면 손사래를 치는 사람들이 많습니다. 토론은 어렵고, 딱딱하고, '내가 할 것이 아니다'는 인식이 지배적입니다. 지금 강원도 11개 지역에서 학부모를 대상으로 협력적 토론 연수가 이루어졌다고 합니다. 각 지역에서 학부모 토론동아리가 정기적으로 모이고, 강원토론교육협동조합을 만들어 활동을 해나가고 있습니다. 혼자 가면 갈 수 없는 길을 강원에서는 여럿이 모여 함께 가고 있습니다. 이제 강원도의 더 많은 곳에서,

강원을 넘어 다른 시도에서도 학부모들이 토론을 직접 경험하면 좋겠습니다.

▲ 여름캠프를 진행했던 화천 강사들과 함께. 여름방학을 알차게 보낼 수 있도록 화천교육지원청이 주최한 여름캠프에서 '협력적 토론'으로 프로그램을 진행했다.

▲ 더 많은 배움과 실천을 위해 만든 '토론 동아리' 연수 모습. 격주 모임을 통해 책도 읽고, 토론방법도 실습하며 전문성을 쌓아왔다.

6장 지역 강사를 향하여

김 광 진

안정된 직업군인의 길에서 벗어나 토론교육과 미디어교육 강사의 길을 걷고 있다.
사회적경제와 협동조합에 관심이 많아 맹글협동조합과 강원토론교육협동조합에 참여하고 있다.
토론교육이 확산되기를 바라는 마음에 뛰다보니 강원토론교육협동조합 사무처장까지 맡았다.

강사란 무엇일까

강사(講師)는 수많은 이들에게 지식, 정보, 즐거움, 교훈과 가르침, 그리고 진한 감동을 선사하는 일을 하는 사람입니다. 강사는 강의를 듣는 학생들에게 직·간접적으로 영향을 끼칩니다. 강의란 사람의 성장을 위해 조력하는 중요한 과업입니다. 그 중요한 과업을 수행하는 사람이 바로 강사입니다. 사람이 성장할 수 있도록 돕는다는 것은 그 사람의 '인생의 스승'이 됨을 의미합니다. '인생의 스승'이란 누구일까요? 어떤 사람을 인생의 스승이라 할 수 있을까요? 나보다 더 일찍이 세상을 살고 더 많은 삶을 경험하면서 더 많은 지식, 정보, 경험과 노하우(Know-how)를 가진 사람일 겁니다.

평범한 학부모가 직장인에서 지역강사로 거듭나기에는 몇 가지 걸림돌이 있습니다. 어제까지 수다 떨고 식사도 함께하던 사람이 어느 날 강사라고 남들 앞에 서서 강의를 한다고 했을 때 강의 효과가 있을까요? 또 '이모', '삼촌', '~네 엄마'라고 부르던 사람이 강의를 한다는데, 우리 아이를 그 수업에 참여시킬까요? 더 나아가서, 수업에 참여했다 해도 '누구네 엄마', '누구네 아빠'가 아니라 '선생님'이라 부르는 것이 무척 어색할 것입니다. 친해서 쉽게 말을 할지는 모르겠지만, 수업의 집중도나 효과, 권위는 약해질 겁니다.

지역 강사로서의 삶을 선택한 후 저 역시 이런저런 어려움에 놓였습니다. 저를 비롯해, 이제 지역강사로 성장하는 사람들이 시행착오를 줄이고 시간과 비용의 낭비를 막으려면 돌아봐야 할 부분이 있습니다. 먼저, 자신에게 필요한 자질과 재능이 있는지부터 냉정하게 평가해봐야 합니다. 그런 다음, 강사로의 길로 나아갈 투지와 열정, 헌신적 태도가 자신에게 있는지 점검해야 합니다. 그저 '현실(회사, 학교, 가정 등)만 박차고 나오면 무조건 잘 될 거야.'라는 환상에 사로잡혀 있는 건 아닌지 진지하게 자문해봐야 합니다.

물론 주변 사람들에게 혹평을 듣고 꿈을 지레 포기할 필요는 없습니다. 대신 그런 혹평을 가뿐히 받아들일 만큼의 마음가짐과 태도는 갖춰야 합니다. 그런 것도 없이 '그래도 누군가는 되잖아!'라고 외치는 건 로또를 사면서 '그래도 누군가는 매주 되잖아!'라고 말하는 것과 비슷한 생각입니다. 이런 지나친 낙관은 자칫 화를 부를 수 있습니다.

지금 당장은 학부모이고, 주부이고, 어쩌면 최종학력이 고등학교 졸업 정도인 처지가 부끄럽게 느껴질지도 모릅니다. 하지만 나중에 지역강사로 성공한다면 불행하다고만 생각했던 당시 환경이 오히려 드라마틱한 성공 요인이 될 것입니다. 짧은 준비 기간조차 견디지 못하고 곧장 뛰쳐나온다면 매력적인 스토리를 구성하기 어렵습니다. 그러니 먼 미래를 내다보고 하나하나 준비해 나가 봅시다. 비록 시간이 걸리더라도 반드시 해낼 수 있다는 믿음을 계속 다지면서 말입니다. 그러기 위해서는 자신의 행동을 바로잡아야 합니다.

당신이 집안일을 하거나 아이를 돌보고, 평소 업무 시간을 제외하고 활용할 수 있는 모든 시간을 꿈을 이루기 위한 노력에 투자해야 합니다. 어쩌면 스마트폰 게임을 만지작거리고 있을 시간이 없습니다. 지역 강사는 경력을 쌓으면서 내용의 전문성과 수업 전문성, 교육철학을 같이 쌓아야 합니다. 강사는 강의력과 경력으로 인정받기 때문에 강사로서 경력을 쌓고 전문성을 갖추는 것이 중요합니다. 그런데 강의력은 한 번에 드러나지 않습니다. 그래서 많은 학교와 기관이 경력을 보는 비중이 높습니다. 경력이 많다는 의미는 학생을 많이 가르쳤고 그 만큼 학생들을 대하는 노하우가 있다는 뜻이기 때문입니다.

지역강사로 거듭나는 방법

평범한 학부모가 지역강사로 거듭나기 위해서는 몇 가지 조건이 필요합니다. 첫째, 교육 과정과 결과에 대한 책임이 최종적으로 자기 자신에게 있음을 인정하는 것입니다. 우리는 TV에 나오는 유명한 스타강사의 한 마디 한 마디에 감동받고 즐거워합니다. 그래서 '나도 스타강사처럼 될 수 있다.'는 근거 없는 자신감을 갖고, 지붕부터 그리는 실수를 범합니다. 무슨 일이든지 그 일의 기본부터 행해야 제대로 합니다. 그런데 성급한 마음이 앞서 인터넷 강의도 신청하고 수업도 신청한 후 강사가 되었다고 생각하면 그야말로 사상누각(沙上樓閣)입니다. 지역강사로 거듭나기 위해서 가장 중요한 부분은 강의할 내용에 대해 충분한 알고, 풍부한 강의 경험을 가지고 있어야 합니다. 지식이 없으면 강의에 깊이가 없고, 경험이 없으면 수업에서 발생하는 돌발 상황에 대처하지 못합니다. 또한 학습자가 재미있게 몰입하고, 배움을 실현하도록 강의하지 못합니다.

어떤 분야든 경험만으로는 전문가가 될 수 없습니다. 전문적인 지식과 교수법, 철학을 부지런히 공부해야 합니다. 석·박사 학위가 필요하다면, 또는 대학을 졸업해야 한다면 생업을 하는 동안 학위 취득도 병행해야 합니다. 그러려면 짧게는 2~3년, 길게는 5년 이상의 세월이 걸릴 수도 있습니다. 단순히 자신이 알고 있는 얕은 지식으로 이야기 하는 사람을 나는 '전기수'에 비유합니다. 전기수는 조선 후기에 소설을 읽어 주고 일정한 보수를 받던 직업적인 낭독가를 일컫습니다. 전기수가 소설의 확산에 큰 역할을 했을지 모르지만, 이 사람들에게 작가의 의도와 깊이 등은 중요하지 않았습니다. 자신이 알고 있는 범위 내에서 이야기를 재미있게 읽어주기만 하면 되었던 겁니다. 자칫 지역강사도 이러한 함정에 빠지기 쉬워 보입니다. 자신이 말만 잘할 것인가, 아니면 그 분야에 깊이를 위해서 끊임없이 공부하여 노력할 것인가 선택해야 합니다.

처음 토론을 접해서 기초연수를 받으면 모두가 토론 전문가가 된 듯 자신감이 생겨서 자기 자녀에게 해보고 싶은 엄청난 욕구가 생깁니다. 하지만 막상 토론을 진행해 보면 '어떤 말을 해야 하나?', '이렇게 진행하는 게 맞는 건가?', '학습자가 이 말을 많이 안하는 이유는 뭘까?' 하는 고민이 듭니다. 어설픈 진행으로 재미있어야 하는 토론이 목적 없이 떠들고 노는 수다 시간이 됩니다. 지역강사로 시작하면 매주 3시간 이상 토론에 대해 공부하고, 다양한 분야의 책을 읽으며, 이미 배운 내용을 복습하는 시간이 필요합니다. 어느 정도의 기초가 쌓이면 보조 강사로 학습자를 만나고, 일정 수준에 도달하면 주강사로 독립합니다.

그런데 지식이 많은 것과 가르치는 능력은 다릅니다. 강사는 모름지기 자신의 지식을 상대에게 이해시키는 기술 또는 기능을 갖추고 있어야 합니다. 그런 의미에서 볼 때, 수업진행 능력을 익힐 필요가 있습니다. 특히 수업 초반 10분은 전체 수업의 성패를 좌우할 만큼 중요한 시간입니다. 여성 분들이 많이 참여하는 강의에서는 대체적으로 10분 안에-긍정적이든 부정적이든-어떤 반응이 나타납니다. 그런데 남성들이 많은 수를 차지하는 강의, 특히 아버지 대상 강의의 경우 반응을 확인하기까지 시간이 많이 걸립니다. 아버지 강의는 일단 분위기부터 무겁고, 팔짱낀 자세로 '무슨 강의를 하러 왔나 평가해 볼까?' 하는 심사위원의 마음가짐으로 연수에 임하기 때문에 진행이 어렵습니다. 이럴 때는 어색한 분위기를 깨는 '아이스 브레이크'를 충분히 하는 것이 필요합니다. 토론에는 다양한 아이스 브레이크 방법이 있습니다. 별명 만들기, 번개토론, 한 줄 글쓰기, 구인광고, 창문열기, 공통점 찾기 등의 방법을 이용해서 강의를 진행 한다면 더 효과적입니다.

수업을 듣는 상대방은 오직 말에만 귀를 기울이는 게 아니라 강사의 모든 부분을 관찰합니다. 미국 캘리포니아 대학의 심리학자 앨버트 메러비안의 연구에 따르면, 수업 만족도와 집중도에 미치는 비중에서 목소리 38%, 표정 30%, 태도 20%, 말은 7% 정도를 차지한다고 합니다. 말뿐만 아니라 몸짓 언어 또한 대화의 일부분이므로 수업을 진행할 눈맞춤은 중요한 요소입니다. 눈맞춤을 잘 하지 못하면 학습자는 강사를 신뢰하지 않고, 수업 집중도도 떨어집니다. 먼저 시선을 한 곳에만 두지 말고 수업하는 공간 전체의 구역을 나누어서 학생들을 고루 봐야 합니다. 강사라면 학생들의 시선을 피하지 말고, 학생들을 두려워하지 말고, 따뜻한 시선으로 강의하기를 추천합니다.

학습자와 강사의 공명

둘째, 강사의 이야기는 수면제 아닌 잠재능력을 깨우치는 자극제여야 합니다. 무엇보다 성공한 강의는 강사와 학습자의 마음이 잘 맞아야 하므로 강사는 인간적인 매력과 호감으로 친밀한 분위기를 조성해야 합니다. 일상 속에서 마주치는 상황 상황마다 학생들과 소통하는 몸과 마음이 준비 되어야 합니다. 아무래도 강사는 지역기관이나 학교 등에서 학습자와 마주치는 일이 많습니다. 이럴 때는 나름 반갑게 인사하는 것이 필요합니다. 인사도 크게 두 종류가 있습니다. 툭 치면 반사적으로 나오는 '기계적 인사'와 진심이 묻어난 '진심어린 인사'가 그것입니다. 매일 학교에서 아이들을 만날 때 어떻게 인사하는지 되돌아봅시다. 그리고 자신은 어떻게 학습자와 마주치고 있는지가 강사로서의 첫 만남을 좌우한다는 사실을 기억합시다.

수업에서는 리듬감, 흐름도 매우 중요합니다. 종종 처음부터 끝까지 큰 변화 없이 강의를 하는 분을 볼 수 있습니다. 이런 경우에는 학습자의 집중력이 흐트러져 졸음에 빠져들기 쉽습니다. 수업은 도입부, 전개, 정리 등 최소한 3~4개의 영역으로 나뉘어 전개합니다. 도입부에서는 수업에 관심을 집중하고, 주제를 이해하도록 유도합니다. 전개 부분은 2~3개의 활동으로 나누어 너무 지루하지 않으면서도 학습목표에 도달하도록 합니다. 그리고 그날 배운 내용을 짝에게 설명하거나 다시 한 번 떠올리도록 하면 좋습니다. 수업이 너무 밋밋하면 재미가 없고, 너무 화려하면 주의를 집중하기 어려워집니다. 적절한 흐름 변화가 필요한데, 이것은 강사 개인의 능력인 경우가 많습니다.

사람의 최대 집중력은 18분이라는 연구 결과도 있듯, 수업에서 전하고 싶은 내용이 있다면 간결하고 효과적으로 전달해야 합니다. 설명식 수업은 18분 이내에 마무리해야 하지만, 액션 러닝이나 워크숍이라면 조금 더 긴 시간을 집중합니다. 우리가 하는 토론식 수업에서는 학습자가 생각보다 긴 시간 동안 집중하는 것을 볼 수 있습니다.

강사는 교육철학도 중요합니다. 협력적 토론 강사는 배움 중심의 교육철학, 협력적인 원리 등을 이해하고 있어야 합니다. 저는 협력적인 토론을 접한 후 혼자 공부하는 것보다 함께하는 수업이 더 잘 배운다는 생각을 갖게 되었습니다. 그렇다고 토론식 수업이 다른 방법보다 무조건 좋다는 것은 아닙니다. 설명식 수업이 전제가 되어야 토론식 수업도 가능합니다. 실제로 토론식 수업은 설명식 수업과 조화를 이룰 때 효과가 큽니다. 토론식 수업을 강조한다고 다른 수업방식은 불필요하다고 말하는 것은 '오만'입니다. 이런 오만함이 교육을 망칩니다.

토론식 수업에서 가장 중요한 한 가지는 '질문'입니다. 과거에는 무조건 잘 받아쓰고 정리 잘하고 대답을 잘하는 사람을 높이 평가했습니다. 그러나 이제는 대답을 잘하는 것보다 좋은 궁금증을 품는 사람, 질문을 잘하는 사람을 더 높게 평가하는 분위기입니다. 질문을 잘 하는 학생이 학급에서도 리더가 되고 인정을 받습니다. 토론에 있어 중요한 목표중 하나가 사고력 향상입니다. 이를 위해 특히 '남과 다른 나만의 생각'을 중요시하고 '그 생각을 잘 표현'하는 것을 강조합니다. 남과 구별되지 않은 생각은 차별화되지 않으며, 표현하지 못하는 것을 결국 알지 못한다는 것으로 통하기 때문입니다. '말로 할 수 없으면 모르는 것이다'는 말을 유대인들은 좋아합니다. 질문의 중요성은 아무리 강조해도 지나치지 않지요. 어쩌면 책을 많이 읽는 것도 더 좋은 질문을 많이 만들기 위함이라고 말해도 좋습니다.

유연한 대처

셋째, 강사가 살아가는 환경은 언제나 문제점들이 지뢰처럼 주변에 흩어져 있습니다. 문제 상황이 발생했을 때 '왜 이런 일이 생기게 내버려 뒀니?', '친구들이 이렇게 될 동안에 뭘 하고 있던 거니?' 등 과거의 잘못에 초점을 맞추고 잘못의 이유를 파고들면 대화는 발전하지 않습니다. '그게 말이 되니?'와 같이 학생을 무시하는 말도 삼가야 합니다. 똑같은 말이라도 '하지만'이라는 부정적인 표현 대신, '그런데'라는 단어를 사용하는 것이 낫습니다. '상황은 알겠어. 화가 난 이유가 뭐니?'라는 식으로 대화하면 학생이나 가족 등과 견해 차이가 있을 때 유용합니다.

학생들과 대화를 하면서 지나친 자랑만큼이나 피해야 할 것이 바로 상대방을 과도하게 배려하는 일입니다. 이러한 태도는 오히려 학생들을 불편하게 만듭니다. 사람은 누구나 적정한 거리가 있습니다. 강사와 학생도 너무 멀거나, 지나치게 가까우면 문제가 발생합니다. 적당한 칭찬은 상대방의 경계심을 풀어주는 효과가 있습니다. 감사의 마음을 표하고 싶다면, '선생님 수업 잘 듣고 열심히 참여해 줘서 고마워.', '선생님이 친구 덕분에 수업이 너무 즐거웠어.' 식으로 부담스럽지 않은 선에서 마무리하면 좋습니다.

수업을 하다보면 수업에 소극적이거나 수업을 방해하는 학생이 있습니다. 강사 입장에서는 이런 상황이 발생하면 당황스럽고 기분도 좋지 않습니다. 하지만 참가자들과 계속 수업을 진행해야하는 상황이라면 아무리 화가 나도 감정적으로 대응하는 것은 금물입니다. 마음속에 있는 말을 아끼고, 다소 부족한 듯할 때 멈추어야 합니다. 수업을 모두 마치고 이야기를 나누는 것도 방법입니다. 만약 화가 누그러지지 않는다면, 일단 학생들이 하는 얘기를 모두 듣고 난 뒤 입장을 전달해도 됩니다. 청학동 훈장으로 알려진 이정석 씨의 책 『몸으로 가르치니 따르고, 말로 가르치니 반항하네』

가 떠오릅니다. 이 책 제목은 후한서에 나오는 "이신교자종(以身敎者從) 이언교자송(以言敎者訟)"이라는 말을 번역한 것입니다. 무릇 강사라면 가슴에 새기면 좋을 자세가 아닌가 싶습니다.

지식 나눔

마지막으로, 강사가 되기 위해서는 '지식 나눔'에 헌신해야 합니다. 성공으로 향하는 길은 흐르는 물처럼 신선하고도 역동적으로 살아가는 삶의 자세입니다. 힐 마골린이 쓴 『공부하는 유대인』을 보면 유대인 부모가 자녀들이 도달하기를 바라는 인간상에 관한 내용이 나옵니다. 유대인들이 '멘쉬(mensch)'라고 부르는 인간상은 '인격이 고매한 사람', '훌륭한 사람' 정도로 번역할 수 있습니다. 마골린에 따르면, 멘쉬는 '주위로부터 완전한 신뢰를 받는 사람', '타인과의 관계에 있어 정직하고 반듯한 윤리적인 인간'입니다. 즉, 멘쉬는 자신보다 어려운 사람을 도와줌으로써 행복을 느끼고 좀 더 나은 관점에서 자신을 돌아볼 수 있는 인간, 쉬운 길을 버리고 어려운 길을 택하더라도 올바른 일을 하면서 정직하게 살아가는 인간, 자신이 갖고 있는 지식과 돈, 시간 등을 사회에 환원함으로써 다른 사람에게 필요한 행동을 하는 인간 등을 뜻합니다. 유대인들은 멘쉬를 성공, 부, 명예와는 상관없고 대기업 회장이나 대통령보다 더 위대하다는 생각을 갖고 있다니 부럽기까지 합니다.

내가 누군가의 나눔으로 이렇게 성장하였다면 또 다른 누군가에게 나도 나누어주는 사회를 꿈꿉니다. 강원도에 토론교육의 씨앗이 퍼지기까지는 이런 활동이 있었습니다. 수도권에서 수십만 원을 하는 교육이 강원에서는 무료로 이뤄지는 경우가 많습니다. 토론교육 연수에 참여할 때 주제 도서와 점심식비, 간식만 준비하면 됩니다. 강의를 맡은 사람들은 그 동안 이런 식의 연수를 통해 성장한 사람들입니다. 그 근간에 몇 년 동안이나 교육기부로 강의를 해온 최고봉 선생님이 있었습니다. 지금은 그런 활동이 뿌리를 내려 서로가 지식과 교육을 나눠주는 협력적인 분위기가 상당히 확산되었습니다.

저에게는 소박하지만 큰 꿈이 하나 있습니다. 모든 사람들이 자신만의 콘텐츠를 가지고 강의 나눔을 하는 꿈입니다. 옆집에 나이 많은 할머니는 바느질 잘하는 방법을, 뒷집 아주머니는 살림 노하우를, 앞집 고등학생은 자신의 춤 솜씨를 가르쳐 주는 수업을 열면 어떨까요? 주제나 분야가 다르지만 일정 인원 이상이 되면 강의가 개설되고 누구나 무료로 배울 기회가 있다면 좋겠습니다. 교육을 통한 재능기부가 이뤄진다면 획일적이지 않은 교육을 통해 사소한 것도 배울 수 있는 기회가 열립니다. 그리고 이런 꿈의 출발이 마을교육공동체, 마을학교가 아닐까 생각해 봅니다.

급변하는 사회 속에서, 날마다 수많은 지식들이 쏟아져 나오고 있습니다. 오늘 배운 지식은 유효기간이 몇 년일까요? 학교에서 배운 지식은 얼마나 오랫동안 의미가 있을까요? 세상을 살아가면서 우리는 몇 번이고 새로운 지식과 경험을 쌓아야 합니다. 때론 배움의 과정에서 누군가에게 나눠줄 만큼 역량이 생기기도 할 겁니다. 굳이 그 역할을 맡을 의향이 없는 분에게 전하고 싶습니다. 조동화 시인의 시처럼 '나 하나 꽃 피어 풀밭이 달라지겠냐?' 체념하지 않고 '네가 꽃 피고, 나도 꽃 피면 결국 풀밭이 온통 꽃밭이 되는 것 아니겠느냐'고 말입니다.

7장 독서 – 토론 – 글쓰기의 융합

최 고 봉

나도 글쓰기가 어렵다

조금의 여유가 있는 학기말이면 저는 영화를 감상할 시간을 갖습니다. 홍천읍내에 작은 영화관이 하나 있어 학생들과 영화를 볼 때도 있습니다. 학생들은 영화를 보고 나서 토론을 하자고 조릅니다. 협력적 토론을 경험한 학생들에게 토론은 접하기 싫은 공부가 아니라, 즐거운 배움입니다. 어쩌면 놀이에 가깝습니다. 그런데 이렇게 토론을 좋아하는 학생들도 글쓰기는 싫어합니다. 글쓰기를 연습하는 과정 자체가 고통스러운 걸까요.

오랫동안 우리는 듣기, 말하기, 읽기, 쓰기, 문학, 문법을 국어의 6대 영역이라 배워 왔습니다. 그 중에서 기능적인 언어사용능력으로 듣기, 말하기, 읽기, 쓰기를 이야기해왔습니다. 다행히 최근에는 듣기 · 말하기를 하나의 영역으로, 읽기와 쓰기를 별도의 영역으로 구분합니다. 그런데, 언어가 꼭 이렇게 순서 있게, 한 방향으로 발달하는 것은 아닙니다. 누군가는 듣고 말하기를 잘 하지만 읽기가 안 되는 경우도 있고, 쓰기를 어려워하기도 합니다. 쓰기야 가장 고차원적인 기능이니 그렇다 치더라도, 왜 듣고 말하기를 잘 하는 데도 읽기를 못하는 경우가 있을까요?

읽기라고 통틀어 부르기는 하지만, 읽기에는 사실적 읽기, 추론적 읽기(맥락적 읽기), 비판적 읽기 등이 있습니다. 사실적 읽기는 글과 그림을 있는 그대로 읽고, 사실을 파악하는 읽기입니다. 줄거리를 파악하거나, 단순한 사실 관계를 파악하지 못하는 독자는 사실적 읽기부터 막히는 경우입니다. 사실적 읽기는 비문학적 영역에서 더 중요하지만, 문학을 온전히 이해하기 위해서도 필요합니다. 그런데 사실적으로만 읽어서는 제대로 읽지 못하는 부분이 있습니다. 글 내에 명시적으로 내용이 나오지 않는데, 얼핏 얼핏 그림자가 보이는 내용은 어떻게 파악할 수 있을까요? 마치 탐정처럼 일부를 꿰어맞춰야 하는 이런 읽기 방법을 우리는 '추론적 읽기'라고 부릅니다. 비판적 읽기는 글과 그림에만 의존하지 않고, 경험과 배경지식을 고려하여 읽는 방법입니다. 비판적 읽기를 할 때는 독자가 저자나 화자와 대화를 하기 때문에 가장 높은 수준의 읽기로 평가합니다.

많은 사람들이 독서와 토론, 글쓰기를 완전히 구분되는 서로 다른 영역으로 생각합니다. 물론 세 가지가 구별되는 측면이 있습니다. 그런데 이 세 가지는 서로 긴밀히 연결되어 있습니다. 사실 독서-토론-글쓰기가 융합되어야 한다는 점을 먼저 직감한 곳은 사교육 시장입니다. 2000년을 전후해 대입 시장의 강자는 논술학원이었습니다. ㅊ논술, ㅇ논술 등 당대의 유명 논술학원은 본원, 가맹점 등을 포함해 비수도권 지역으로 확장했습니다. 얼마 후 대학별 본 고사 형태의 논술이 축소되거나 사라지면서 논술학원은 토론을 수 용하며 논술-토론으로 변모합니다. 그래서 현재는 독서-토론-논술 을 융합하는 교육을 표방하는 곳으로 살아남았습니다. 사실 어지간 한 강남 논술학원의 커리큘럼은 대학생 수준보다 높습니다. 대학원 생 정도가 읽어보았을 책을 고등학생 시절에 읽습니다. 저는 과연 그런 식의 독서가 도움이 될까 의문이지만, 제대로 읽고 토론을 한 다면 한 개인의 발전에 큰 도움이 되리라는 생각은 합니다.

또한 최근 인문학 열풍을 타고 상륙한 변형된 사교육으로 북클 럽이 있습니다. 사교육인 듯, 사교육이 아닌 듯 우리 주변에 자리 잡고 있습니다. 유치원과 초등생을 주독자으로 하는 출판사는 북클 럽을 통해 전집류의 매출 향상을 기대하는 것 같습니다. 북클럽은 함께 읽는 공간이므로, 약간의 의무적인 책 읽기가 이뤄집니다. 따 라서 북클럽이 자리 잡으면 기존의 가정용 전집보다 시장이 커지 기 마련입니다. 이러한 북클럽이 독서 저변을 확산시킨다는 생각은 들지만, 역시 사교육이라는 점에서 우려스럽습니다.

독서를 한 후 곧바로 글쓰기를 하면 어려움을 호소하는 사람이 꽤 많습니다. 밥을 먹으면 소화를 하는 시간이 필요하듯, 인간의 뇌 도 새로운 사상이나 감정을 접하면 이를 내면화 할 기간이 필요합 니다. 특히 기존의 인식을 넘어서는 사상이나 감정은 아주 복잡합 니다. 학교에서 글쓰기를 교육하고, 학교 밖에서는 글쓰기 연수도 진행하는 저 역시 글쓰기가 그리 쉽지는 않습니다. 특히 짧은 문장을 쓰고, 글을 간결하게 작성하는 것이 무척 어렵습니다. 다행히 좋은 글로 쓰여진 책을 반복해서 읽으면 제 글도 나아지는 것 같아 희망을 보기도 합니다.

국어 시간에 책 읽기 - 토론하기

얼마 전, 저는 국어 시간에 브레인 라이팅으로 '우리 안의 편견' 찾기를 해보았습니다. 2016년 12월 6일(화) 1교시였습니다. 저는 오안초 6학년 학생들과 교과서 글을 함께 읽고, 브레인 라이팅으로 토론을 했습니다. 초등학교 6학년 2학기 국어 교과서 9단원은 '생각과 논리'에 대해 배우는 시간입니다. 교과서 222쪽에는 '꽉 막힌 생각, 뻥 뚫린 생각'이라는 이어령 전 문화부 장관의 글이 수록되어 있습니다. 일상생활에서 볼 수 있는 여러 가지 '고정 관념'에 관해 다시 생각해보자는 글입니다. 글을 읽은 후에는 1) 어떤 생각을 고정 관념이라고 합니까? 2) 고정 관념이 좋지 않은 까닭은 무엇입니까? 3) 틀에 박히지 않은 생각이 좋은 까닭은 무엇입니까? 등 세 가지 물음에 답하게 되어 있습니다. 저도 글을 사실적으로 읽기 위해서는 이런 물음에 답해보는 것이 중요하다고 생각합니다. 그런데 문제가 있습니다. 고정 관념이, 편견이 나쁘다는 것은 알겠는데 교과서에 수록된 고정 관념은 몇 가지 되지 않았던 겁니다. 고정 관념에서 벗어나기 위해서 어떻게 하면 좋을지 묻는데, 저는 일단 우리 안의 고정 관념 또는 편견을 찾아야 벗어날 수 있다는 생각을 해봤습니다. 이 세상에 나와서 살아온지 13년째. 초등학교 6학년 학생이라도, 분명 많은 고정 관념, 편견을 느꼈을 것입니다. 그래서 저는 우리 반 학생들이 접한 편견을 알아보기 위해 브레인 라이팅 활동을 해봤습니다.

우선 3명씩 모둠별로 앉아 4절지와 포스트잇을 이용해 자신이 알고 있는 편견에 대해 적어 봤습니다. 학생들은 10분이라는 짧은 시간 안에 모둠별로 21~30가지나 되는 편견을 적어냈습니다. 그리고 각각의 의견을 비슷한 것끼리 묶는 분류 작업을 하고, 보고서를 만들었습니다. 다 만든 보고서는 칠판에 붙였고, 세 명이 협력해서 발표하기까지 해봤습니다. 발표를 마치며 학생들이 "맞아, 맞아. 우리 할머니가 많이 하던 말씀이야."라고 하는 말이 들려옵니다.

교과서 글 함께 읽기와 브레인 라이팅, 발표까지는 약 80분 정도가 걸렸습니다. 그런데 학생들은 그렇게 시간이 지나간 줄 모르더군요. 학생들은 브레인 라이팅에 대해 어떻게 생각할까요? 백진아 학생은 '브레인 라이팅은 말을 하지 않는데도 토론이 된다'며 '이제까지 토론은 다 말을 많이 사용했는데, 브레인 라이팅에서는 말을 많이 하지 않아서 색달랐다.'고 소감을 말했습니다. 김연우 학생은 '쪽지를 다 쓰고 다른 친구들 의견을 보는 것이 즐겁다.'며 '다른 친구와 똑같은 의견이 나오면 재미있기도 하고 즐겁다'고 웃음을 짓습니다.

이날 브레인 라이팅으로 나온 '우리 안의 편견'에는 무엇이 있었을까요? 세 모둠, 9명의 학생이 내린 결론을 종합해 보면 다음과 같습니다.

[여자]

여자는 연약해야 한다.

여자는 앉아서 바느질과 뜨개질을 해야 한다.

여자가 되어서 왜 안꾸미고 다니니?

암탉이 울면 집안이 망한다.

여자 교복은 치마가 대부분이다.

여자가 성폭력을 받는 이유는 파인 옷 혹은 짧은 옷을 입어서이다.

여자가 왜 칠칠 맞게 흘리고 먹니.

우유는 엄마가 아기에게 준다.

여자는 조용해야 한다.

여자는 손님이 오면 음식을 만들어야 한다.

여자가 무슨 축구니?

어디서 하늘 같은 서방님한테

여자가 담배 피면 이상하다.

여자들이 집안일을 다 알아야 한다.

모든 시어머니는 무섭다.

여자들은 남자 뒷바라지를 해야 한다.

여자가 집안일을 해야 한다.

여자가 운동을 잘하고 근육이 있으면 이상하다.

[남자]

간부는 남자가 해야 한다.

남자는 태어나서 세 번만 울어야 한다.

남자만 군대에 가야 한다.

남자가 화장하면 이상하다.

남자가 어린이집 교사를 하면 이상하다.

여자가 키가 크고 남자가 키가 작으면 이상하다.

[성별 분업]

남자는 전쟁 나가고, 여자는 주먹밥을 싸야 한다.

남자는 파랑, 여자는 핑크를 좋아해야 한다.

여자는 치마, 남자는 바지를 입어야 한다.

여자가 할 직업, 남자가 할 직업이 따로 있다.

여자가 험한 일(직업) 하면 안 된다.

남자 간호사는 이상하다.

[나이]

초등학생이 무슨 연애니?

나이에 맞게 옷을 입어야 한다.

[장애]

장애인은 무시받고 편견을 받아야 하는 존재이다.

시각 장애인은 일을 할 수 없다.

[기타]

남자와 남자, 여자와 여자가 사귀면 이상하다.

머리색깔이 유별나면 이상하다.

첫째는 동생에게 져줘야 한다.

이러한 토론 결과를 바탕으로 우리는 고정 관념이 무엇인지, 고정 관념이 왜 생기는지, 고정 관념을 넘어서려면 어떻게 해야 하는지 판단할 수 있습니다. 'Why tree - What tree - How tree'로 이루어진 개념 나무지도 활동을 하면 고정 관념이라는 실체가 입체적으로, 더욱 선명하게 다가옵니다. 읽기에 이은 토론 활동이 충분히 이뤄지면 자신의 생각을 충실하게 쓸 수 있습니다. 가장 쉬운 글쓰기는 평소 자신이 말하는 것처럼 쓰는 것입니다. 다들 어떤 주제에 대해 다른 사람과 이야기를 나눈 경험이 있을 겁니다. 굉장히 설득력 있고 훌륭하게, 때로는 창의적으로 말하는 경우도 종종 만납니다. 그럴 때면 저는 글을 써보라고 권합니다. 그런데 상당히 많은 사람들은 제게 되묻습니다.

"어떻게 말하는 대로 써요?" "지금 말한 것처럼 쓰면 돼."

녹음을 하여 다시 들려주면 좋겠는데, 보통 그런 대화는 녹음을 하지 않습니다. 그래서 저는 상대방이 방금 한 말을 그대로 복기해서 알려줍니다. 그럼 대화 상대는 '정말 글을 그렇게 써도 되는지' 물어봅니다. 아마도 말하기와 글쓰기는 다르다고 여기는 것 같습니다. 물론 창의적인 비유를 사용하거나 자신의 경험을 바탕으로 상대방의 관심까지 고려하여 흡입력 있게 글을 쓰면 가장 좋겠지요.

하지만 우리 주변에 그렇게까지 글을 잘 쓰는 사람이 과연 얼마나 될까요?

수업 시간에 글쓰기

6학년 2학기 국어 8단원은 '정보를 활용한 기사문'을 공부하는 차례입니다. 다양한 매체에서 조사한 내용을 바탕으로 기사문을 쓰는 것이 주활동입니다. 교사용 지도서에는 1~2차시에 기사문이 갖춰야 할 조건에 대해 공부하고, 3~4차시에는 기사문을 쓸 때에 다양한 자료를 활용하는 방법을 배웁니다. 5~6차시에는 자료를 활용해 기사문을 작성해보고, 7~8차시에 주제별, 모둠별 신문을 만드는 것으로 차시 학습이 안내되어 있습니다.

단원 앞부분의 '기사문의 조건'에 대해 공부하는 시간은 지식을 암기하는 것만으로 온전하게 공부가 이뤄지지 않습니다. 교과서에 실린 글을 먼저 읽은 후 신문을 갖다놓고, 앞서 만든 여러 신문을 보면서 기사문의 조건에 대해 알아봅니다. 간단하게 역삼각형 구조의 보도 기사(스트레이트 기사)에 대해 공부하고, 정리하는 시간을 마련했습니다. 만다라트의 일종인 '연꽃발상' 활동지로 공부한 내용을 정리하는 겁니다. 학생들은 한가운데에 '기사문'이라고 쓰고, 네 개의 핵심 낱말을 찾아냅니다. 연우, 동훈, 진아네 모둠이 찾아낸 네 개의 하위 주제는 '신문, 비문학, 육하원칙, 읽는 이'입니다. 신문은 '발행일, 제호, 매체, 바이 라인'이라는 내용이 들어갔고, 비문학에는 '기사문, 연설문, 논설문, 광고문' 등 비문학 글을 담았습니다. 육하원칙에는 '언제, 어디서, 무엇을, 왜', 읽는 이에는 '이해, 관심,

전달, 사실' 등을 제시했습니다. 기사문은 이 활동을 통해 나타난 16가지의 개념과 관련이 있는 대주제인 셈입니다. 다른 모둠도 이와 같은 방식으로 기사문의 요소를 밝히는 토론 활동을 합니다. 잘 모르겠으면 교과서를 펼치거나 신문을 살펴도 상관 없습니다. 그런데, 세 모둠이 같은 교과서를 읽고 신문을 직접 펼쳐 공부했음에도 결과는 조금씩 달랐습니다. 각 모둠이 '둘 가고 둘 남기' 방법으로 발표를 해보니 차이가 확연히 드러납니다.

공부한 내용, 기사문 개념을 정리했으면 이제 기사문을 쓰고 모둠별 신문을 만드는 수업을 할 차례입니다. 그런데 오안초 6학년은 이번 수업을 위해서만 모둠별 신문을 만든 것은 아닙니다. 미술 시간, 창의적 체험활동 시간 등을 활용해 매월 모둠별 신문을 만들어 왔습니다. 여름방학을 마치고 나서는 '여름방학 신문'과 같은 주제 신문을, 6학년 1학기 사회과 수업을 마칠 무렵에는 '민주화 역사 신문'을 만든 적도 있습니다. 이렇게 1년 내내 신문을 만들었으니 기사문을 쓰는 실력, 신문 편집 실력이 확실히 다릅니다. 선생님의 설명이 끝난 후 모둠별로 신문 기획을 하고, 기사를 나눠 씁니다. 기사에 넣을 말을 위해 다른 모둠 학생들에게 인터뷰를 청하는 모습은 예사입니다. 기사가 완성되면 제호 만들기와 가편집을 시작합니다. 제호에 맞는 디자인이 들어가고, 신문 만평을 넣거나 하단 광고를 만들기도 합니다.

약 80분 가량 걸려 완성한 모둠별 신문은 서로 돌려봅니다. 교육 활동이나 학교 행사로 신문을 만드는 편이니 대부분은 같이 경험한 내용입니다. 모두가 다 아는 내용으로 기사를 썼지만, 자기들이 보기에도 재미있나 봅니다. 키득거리기도 하고, 본인들이 생각 못한 기사를 작성한 신문에는 감탄을 하기도 합니다. 쓰기 못지 않게, 상대방의 글을 읽는 것은 굉장히 중요한 활동입니다. 이 과정이 있어야만 우리는 한 단계 성장합니다.

활동을 모두 마친 후, 한 친구는 '민철(가명)이는 실력이 엄청 늘었어요. 이제 긴 기사를 쉽게 써요.'라고 칭찬을 합니다. 올해 초에 만난 민철이는 한 문장, 한 문장을 쓰기가 쉽지 않았던 학생이었습니다. 책을 읽을 때도 발음이 부정확하고 자연스럽지 않아 어려움을 느꼈습니다. 그런데 가벼운 글쓰기를 지속한 결과, 지금은 기사문 쓰기를 능숙하게 해냅니다. 여전히 긴 글 쓰기를 어려워하지만, 과거처럼 아예 포기할 수준은 아닙니다. 지금은 시간 내에 과제를 수행하고, 삐뚤한 글이지만 상대방이 읽고 재미와 감동을 느낄 정도의 이야기를 만들기도 합니다. 특히 비문학 글쓰기 중에서는 기사문을 상대적으로 훌륭하게 써냅니다. 친구들은 민철이의 이런 변화에 주목하고 칭찬을 아끼지 않습니다.

융합은 기초 위에서 빛난다

일반적으로 말은 외향적인 사람이 더 자신 있고, 글은 내향적인 사람이 더 좋은 평가를 받습니다. 아무래도 상대방 앞에서 말을 자신 있게 하는 사람이 더 많이 말하기 때문일 겁니다. 그런데 글은 꼭 내향적인 사람만이 아니라, 다른 사람과 사상이나 감정을 많이 교류한 사람들이 더 잘 정리한다는 주장도 있습니다. 어떤 주장을 수용하든 많이 말하고, 많이 써본 사람들이 말과 글에서 뛰어난 면

모를 보이는 것은 분명합니다.

　말을 잘 하려면 주제에 대해 깊이 알고, 다른 사람의 공감과 흥미를 이끌어내는 방식의 말을 잘해야 하며, 상대방과 좋은 관계를 맺고 있어야 합니다. 글을 잘 쓰는 것도 마찬가지입니다. 독서-토론-글쓰기의 융합을 잘 하려면 세 가지를 골고루 잘 알고 있어야 하고, 각 과정에 맞게 읽고-말하고-글을 쓰는 방법을 익혀야 합니다. 그리고 이러한 과정을 다른 사람과 함께 해나갈 자세와 마음가짐이 필요합니다.

　튼튼한 집을 짓기 위해서는 무엇보다 기초가 튼튼해야 합니다. 독서-토론-글쓰기도 마찬가지입니다. 충분한 독서, 충분한 토론을 바탕으로 글을 쓰면 한결 글쓰기가 쉬워집니다. 이 과정을 혼자서 감내하면 그만큼 노력이 많이 필요합니다. 독서가 투입이라면 토론과 글쓰기는 표현입니다. 그런데 투입 없이 산출만을 바라는 것이 과연 정상일까요? 저는 다양한 독서 위에, 그리고 그 책 읽기를 통해 접한 사상이나 감정을 내면화 하는 과정으로 토론을 하며 글쓰기를 하는 것을 제안합니다. 그것이 사람의 내면에 튼튼한 기초를 만드는 활동이라 부르고 싶습니다.

　물론 한꺼번에 훌륭한 독서와 토론, 글쓰기를 위한 조건을 다 갖추기는 어렵습니다. 책 읽기와 토론, 글쓰기를 차근차근 해나가면서 서서히 융합을 해나가야 하지요. 서툴지만 진술한 글을 부족하다고 평가할 것은 없습니다. 그 사람이 서 있는 자리에서 진정성 있는 글을 쓰면 그것도 좋습니다. 바로 그 지점에서 독서와 토론이 결합됩니다. 아무리 생각해도 할 것이 너무 많다고요? 그렇게 너무

조급해 하지 않아도 됩니다. 100세 시대를 바라보는 지금은 끊임없는 공부와 노력이 가능하니까요.

▲ 오안초 6학년 학생들이 독도 관련 책을 읽고 독도에 관한 시를 썼다. 작성한 시를 바탕으로 시화를 만들어 학교에 전시했다.

▲ 책을 읽고 저자에게 질문하기. 인용하기를 포함하여, 두 문장 이내의 열린 질문을 만드는 것이 관건이다. 학생들은 『우리가 박물관을 바꿨어요!』, 『두근두근 한국사』 등을 쓴 배성호 선생님에게 질문할 것을 포스트잇에 써서 질문판에 붙였다.

2부

토론의 실천

8장 가족의 풍경

곽 은 숙

10년 이상 강사로 활동하고 있다.
아이들의 재능과 희망을 아이들만의 색깔로 빛날 수 있도록 융합하는 게 특기인 쌍둥이 엄마다.
2016년에 협력적 토론을 만나 하브루타 등 다른 토론교육과 협력적 토론의 접목에 관심을 갖고 있다.
현재 강원토론교육협동조합 동해모임에서 활동하고 있다.

죽음을 넘나드는 순간에

몇 해 전, 쌍둥이를 출산 후 제 건강상태는 말이 아니었습니다. 죽음의 문턱을 넘나들며, 생사를 오갔습니다. 그런데 병원에 있으면서도 저는 아이들 생각이 간절했습니다. 굳어져 가는 몸을 바로 세우면서 겨우겨우 한 달만에 퇴원을 했고 드디어 아이들을 만났습니다. 하지만 만났다는 기쁨도 잠시 퇴원 후 제가 바로 찾아간 곳은 산후조리원과 신생아집중실이었습니다. 친정과 시댁에서는 오로지 저를 살려야 했기에 아이들을 돌봐줄 여력이 없었습니다. 그래서 한 아이는 홀로 산후조리원 신생아실에, 다른 한 아이는 저체중에 심장병으로 대학병원 신생아집중실에 있었습니다. 아빠, 엄마 없이 홀로 산후조리원에서 지내던 아이를 품에 안고, 다른 아이가 있는 신생아집중실로 달려갔던 첫날을 생각하면 지금도 가슴이 아려옵니다. 정말 제 평생 잊지 못할 날이겠지요. 혼자서 그 작은 몸으로 표정 하나 없이 인큐베이터 속에 아이를 보면서 얼마나 많은 생각과 눈물을 흘렸는지 지금도 그때를 떠올리니 눈물이 고입니다.

인큐베이터에서 나온 아이가 간 곳은 순환기 내과 준중환자실이었습니다. 그런 그때 제가 아이에게 가지고 간 것은 카세트 속 여러 음악들과 동화 시디였습니다. 이런 제 모습을 보고 깜짝 놀라시는 담당 주치의에게 저는 간절하면서도 확고한 말투로 말씀드렸습니다. 그리고 그 말을 아직도 생생하게 기억합니다.

"선생님, 저희 아이는 괜찮을 겁니다. 건강할 겁니다. 아이에게 세상에는 '띠띠띠' 기계음만 있는 게 아님을 느끼게 해주고 싶습니다."

제게는 저만의 신념이 있었고 그것이 내 아이들을 위한 최선이라 생각했습니다. 그때부터 저는 아이를 배에 올려놓고 동화를 수없이 들려주었습니다. 열이 나면 응급실에서 바로 직통 입원을 해야 했던 순간에도 제 손에는 분홍색 보따리 속에 켜켜이 쌓인 책들이 들려져 있었습니다. 아픈 제 몸을 일으켜 세워가며 별난 부모의 길로 접어들어야만 했던 그때의 시간들, 그 소중한 시간이 있었기에 가능한 오늘을 저희 '가족의 풍경'을 말하기에 앞서 잠시 꺼내보았습니다.

저희 부부가 가장 중시하는 것은 '몸과 마음이 건강한 아이로 키우자.'입니다. 각자의 빛깔이 있는 쌍둥이를 키우면서 하브루타는 자연스레 생활이 되었습니다. 질문하는 공부법 하브루타에는 '하브루타란 짝을 지어 질문하고 대화하고 토론하고 논쟁하는 것이다. 쉽게 말하면 함께 이야기를 나누다가 그 이야기가 서서히 전문화되기 시작하면 질문과 대답이 되고, 대화를 하는 것이다. 그러다가 더 깊어지면 토론이 되고, 더 나아가 논쟁이 되는 것이다.'라는 말이 있습니다. 그래서 언젠가 아이들과 하브루타에 대해 빈칸 채우기를 해본 적이 있었습니다. 그때 아이가 적은 글 중에 하나를 소개하려 합니다.

"하브루타는 〈성장〉이다. 왜냐하면 소통을 하다 나와 다른 의견을 들을 수도 있고 새로운 생각도 떠오르기 때문이다. 다름을 인정하고 나를 성장시키는 하브루타."

똑같은 환경이지만 너무 다른 두 아이를 보면서 비교대상과 경쟁자가 아닌 다름을 인정하고 서로 소통하는, 서로의 장점을 닮아가는, 쌍둥이 부모의 길을 찾으려 했습니다. 그것이 하브루타로 가능함을 알고, 하브루타에 매료되어 수많은 책을 읽고 배우고 길을 찾았습니다. 그러다가 이렇게 토론공부까지 닿았습니다. 지금부터 쌍둥이네 가족의 풍경을 구체적으로 소개합니다.

쌍둥이네 가족의 풍경 하나: 샛길 탐구법 슬로 리딩

하시모토 다케시 선생님의『슬로 리딩』을 공부하며 아이들과 함께 슬로 리딩을 시작했습니다. 저는 〈EBS다큐프라임-슬로리딩, 생각을 키우는 힘〉에서 박완서 작가의「그 많던 싱아는 누가 다 먹었을까?」로 5학년 반학생들과 슬로리딩을 하는 모습을 보았습니다. 저는 우리집 쌍둥이들과 한참 재미있게 읽던 하이디(총 566페이지 2권으로 된 세계명작)로 슬로리딩을 시작했습니다.

슬로리딩은 꺼질 줄 모르는 호기심과 도전정신으로 자기 앞을 가로막는 '벽'을 '계단'으로 만드는 교육입니다. 저는 '아이들이 사회에 나간 뒤에도 길이 아닌 길을 풀피리 불며 유유히 걸어가고, 걸어가는 곳마다 탐스러운 열매가 맺힐 것'이라는 말이 참 좋았습니다. 이렇게 책을 읽으면서 찾은 슬로리딩 학습법을 몇 가지 정리해보겠습니다.

1. 표현이 아름답다고 느껴지는 그 부분을 그대로 써보자.
2. 의미하는 부분을 깊이 알고 샛길 학습을 할 수 있도록 도와주어라.
3. 수업을 할 때 가르치기보다는 폭을 넓혀주어라. 아이들 스스로가 마음껏 의문을 갖도록, 누구나 흥미의 대상을 찾도록, 그리고 거기에 빨려 들어가도록 도와주어라.
4. 단락마다 내용을 정리하고 감상하면서 자신이 아름답다고 생각하는 한 문장을 발췌해서 쓰도록 해라.
5. 자신이 정한 제목 붙이기. 그것을 발표하고 토론으로 한 가지 제목을 정하라.
6. 느린 속도로 단어와 문장을 꼼꼼하게 읽기. 전체 줄거리가 무엇을 말하고자 하는지를 알고 어떤 한 단어를 파고듦으로써 단어 이면에 크고 넓게 펼친 개념과 감각, 사고방식까지 이해할 수 있도록 도와주어라.

저는 이런 원칙을 지키면서 슬로리딩에서 찾은 방법을 꾸준하게 아이들과 나누며 실천해 보았습니다. 슬로리딩은 '천천히 책읽기 → 샛길로 빠지기 → 다양한 방법으로 탐구하기 → 프로젝트화 하기 → 발표하기'의 순서로 진행했습니다. 슬로리딩은 학습이 아니기에 샛길로 빠져도 되고, 그 샛길을 통해 재미를 느낄 수 있었습니다. 천천히 읽으며 자유로운 상상력을 발휘하고, 수다를 떨 듯 주제에서 살짝 벗어나 두런두런 이야기를 하면서 가족과의 유대를 더욱 강화했습니다.

쌍둥이네 가족의 풍경 둘: 다양한 매체를 통한 자아성찰

요즘은 많은 곳에서 다양한 정보를 얻을 수 있습니다. 이렇게 좋은 글과 동영상들도 정보의 홍수 속에서 흘러넘칠 뿐, 담을 줄 모르는 경우가 많습니다. 그래서 제가 찾은 방법은 그 중에서도 유용한 정보를 활용하여 자아성찰할 시간을 마련하는 것입니다. 저는 '세상을 바꾸는 시간, 15분'(이하 '세바시')이라는 프로그램을 즐겨 보는 편입니다. 세바시 중에서도 제 마음에 강하게 닿는 내용이 있었습니다. 바로 〈세바시: 황농문 서울대 재료공학부 교수〉편이었습니다. 당시 나온 내용을 정리하면, 다음과 같습니다.

아이들에게 가장 필요한 항목은 '자존감, 꿈, 유능감, 회복탄력성이다'

1. **자존감: 내적동기가 중요하고 그것이 충족되어야 한다.**
2. **꿈: 아이의 꿈을 인정해주고, 지지해 주어야 한다.**

3. 유능감: 내가 잘 할 수 있다는 마음. 자신의 능력에 맞추어 환경을 적절하게 변화시키려고 하는 것이 동기적 기능을 발휘하는 강한 내적동기다.

4. 회복탄력성: 감정을 조절하는 능력. 역경이나 고난을 이겨내는 긍정적인 힘이다.

자존감, 유능감, 회복탄력성은 요즈음 어디선가 많이 듣고 있는 이야기였습니다. 저는 당장 황농문 교수의 이야기를 실천에 옮겼습니다. '먼저, 이런 아이들의 내면을 터치해주는 글을 찾습니다. ▶글에 링크를 걸어서 언제든지 아이들과 함께 볼 수 있도록 따로 링크를 보관해둡니다. ▶아이들과 신문을 보거나 동영상을 같이 봅니다. ▶서로 다양한 이야기를 나눕니다. ▶내 생각을 적고 서로 발표하면서 나와 다른 생각들을 담아보는 시간을 가져봅니다.'의 순서대로 말입니다.

쌍둥이네 가족의 풍경 셋: 그림책 독서 후 질문하기

아이들이 어릴 때는 헤아릴 수 없을 만큼, 자주 그림책을 읽어주었습니다. 처음에는 이야기에 집중했지만, 어느 순간 그림책에서 그림은 글 이상으로 중요하다는 것을 느끼곤 했습니다. 그런데 어느 순간 아이들이 컸다는 이유로 그림책과 멀어졌습니다. 이제는 아이들이 스스로 책을 읽다보니 그림책을 읽기보다는 글 위주의 책을 읽는 시간이 더 많아졌습니다. 아직은 초등학생인데 조금 더 그림 독서의 시간을 가졌으면 하는 바람이 생겨났습니다.

그래서 우리 집은 가족이 함께 그림책을 돌아가면서 읽기로 했습니다. 책을 읽지 않는 사람은 글을 보지 않고 그림을 봤습니다. 이렇게 6일 동안 한 책만 읽었습니다. 7일째 되는 날은 그동안 그림책을 읽고 들으면서 생각한 질문을 각자 만들어오기를 했습니다. 서로서로 질문을 이야기하면서 좋은 질문이 무엇인지에 대해서 생각해보았습니다. 이렇게 찾은 좋은 질문으로 토론하면서 그림책 독서를 마무리했습니다.

아이들은 질문 만들기를 참 좋아합니다. 평소에도 재잘거리며 이것저것 질문을 했는데, 그림책 읽기 활동에서는 당당하게 질문할 수 있었으니 말입니다. 또한 2016년에 토론에 대해 공부하면서 질문 찾기가 굉장히 중요하다는 생각을 다시 한 번 했습니다. 세상에는 '예'와 '아니오'를 묻는 질문만 있는 것은 아니라는 사실을 자연스럽게 알려준 점은 지금도 참 다행이라 여깁니다.

쌍둥이네 가족의 풍경 넷:
버츄 카드 미덕의 보석을 생활 속에서 녹아들기

양육자의 영향이 가장 많이 가는 부분은 성찰이라고 합니다. 삶의 마지막 순간까지 가보았던 몸이었기에 마음의 건강을 챙기는 삶이 오랜 시간 생활 속에서 묻어나왔습니다.(양육자의 삶을 대하는 태도가 가르치지 않아도 아이에게 얼마나 스며드는지 참 많이 느낍니다.) 미덕의 보석을 알게된 후 버츄카드를 온가족 지갑 속에 코팅해서 넣고 다닙니다. 각자 마음이 일렁일 때 꺼내서 그 마음을 알아차려보라고. 처음에 아이들은 어떻게 이것을 꺼내야 하는지 알지 못했습니다. 사춘기 시기의 두 아이가 서로의 마음을 알아차리지 못하고 소통이 되지 않을 때 버츄카드를 활용해 하브루타를 해보기도 하고 버츄카드를 활용한 PMI 토론도 해보기도 하였습니다. 이렇게 시간을 쌓다가 이제는 가족이 각자 하루하루 한 장의 미덕의 보석을 꺼내봅니다.

52가지 버츄카드를 눈감고 뽑기 ▶미덕의 보석을 차례로 읽고 하루를 시작합니다. ▶하루 종일 그 미덕의 보석을 담고 생활합니다. ▶잠자기 전 자신이 뽑은 미덕의 보석카드를 가지고 와서 오늘 하루를 되돌아보면서 서로 이야기를 나눕니다. 이 모든 것은 학습으로 배우지 않습니다. 그냥 놀면서 자연스럽게 스며들면서 적셔집니다.

쌍둥이네 가족의 풍경 다섯: 하브루타로 이끄는 플립러닝

앞에서 저희 가족의 이야기를 꺼냈던 것처럼, 어린 아이들이 다른 아이들보다 공부를 잘하도록 하는 것은 우리 가족에게 사치였습니다. 뇌 발달, 연령별학습법 등 아이들을 두고 말하는 교육서, 양육서들은 그저 우리에겐 맞지 않은 이야기들로 여겨졌습니다. 오로지 건강이 가장 먼저였고, 학습은 다른 세상의 이야기로 여기며 아이들의 몸과 마음이 건강한 시간만을 차곡차곡 쌓으며 지내왔습니다. 무엇보다 그것이 가장 중요했기에.

그러던 어느 날 저는 양육에서도 밸런스, 그러니까 균형적인 발달이 중요하다는 것을 알았습니다. 그리고 그동안 쌓아둔 감성과 10년이라는 시간들이, 대한민국 교육의 현 주소 속에서 학습이라는 순위나열식 경쟁에서 무너질 수도 있음을 생각해야했습니다. 그런 고민 속에서 찾은 또 하나의 방법이 플립러닝, 그러니까 '거꾸로 공부법'이었습니다. '스스로가 학습의 주체가 되어 과목에 대한 흥미를 일으키고 나아가 배움 자체를 즐겁게 여기는 방법'이 바로 플립러닝입니다.

저는 아이들에게 스스로 동영상을 보도록 안내했습니다. 그리고 주제에 관련된 책을 연계하여 읽도록 했습니다. 각자 원하는 영역을 선택해서 학습효과를 높이기 위해 학생이 사용하는 말로 설명하는 기회를 마련했습니다. 이렇게 적어보니 거창하지만 사실 우리 가족에게 플립러닝은 놀이였습니다. 하브루타가 생활인 아이들은 이것을 학습으로 접근하지 않았습니다. 둘이서 재잘거리면서 그저 노는 겁니다. 왜냐면 부모의 마음에 욕심을 더하면 앎은 있겠지만 즐기지는 않을 거라 생각했습니다.

쌍둥이네 가족의 풍경 여섯: 매일 아침마다 아이에게 전하는 편지

아이마다 기질이 있고 자신만의 색깔이 있습니다. 한날한시에 태어난 쌍둥이도 너무나 다른 각자의 매력을 가지고 있습니다. 이런 아이들에게 부모의 태도는 어떤 아이에게는 독이 되고 혹은 실이 되기도 합니다. 이렇게 같은 시각으로 두 아이를 보는 게 아니라 한 명, 한 명 아이를 살피면서 찾은 길이 하나 있습니다.

부모인 내가 쓰는 말은 한계가 있고 아이마다 그것을 다르게 느낀다는 것이었습니다. 그래서 저는 아이 한 명, 한 명에게 편지를 적었습니다. 매일아침 아이가 눈을 뜨면 각자의 책상 위에 편지가 놓여 있습니다. 처음부터 거창하게 편지를 적은 것은 아닙니다. 포스트잇에 한 줄짜리 글로 시작했습니다. 하루하루 시간이 쌓이면서 아이의 변화에 깜짝 놀랐습니다. 아이들이 자면 아이들을 위해 하루의 글을 적었고 그것이 얼마나 큰 힘으로 아이를 감싸고 있는지 직접 느끼면서 꾸준히 적으려고 노력했습니다. 그 글이 어느 덧 2년의 시간으로 이어져가고 있습니다.

쌍둥이네 가족의 풍경 일곱:
'나'를 발견하고 '내' 이야기를 꺼내게 되는 논어

인문학은 엄마인 제가 좋아하는 영역입니다. 그래서인지 삶에 대해 충분히 생각하게 해주고 싶었고 아이들 스스로 자기 인생의 주인이 되어 행복하게 살도록 해주고 싶었습니다. 그래서 매일 저녁 9시가 되면 가족이 각자의 논어 책을 들고 식탁에 모입니다. 논어 속에서 공자님을 만나 그의 삶과 사상을 접하면서 스스로를 돌아보는 시간을 가집니다. 그리고 '차담'을 나눕니다.

꽃차를 마시면서 돌아가면서 논어의 한 단락을 읽습니다. ▶읽은 사람이 상대에게 질문을 합니다. ▶상대는 자신의 생각을 이야기하고 이유와 근거에 대해서도 이야기합니다. 아이들은 자신의 하루를 돌아보고 그 상황을 접목시켜서 이야기 할 때가 많지요. ▶서로 서로 질문에 질문을 더할 때도 많습니다. ▶한참 이야기를 나누다가 자신의 생각을 글로 적습니다.

뇌의 대공사가 이루어지는 사춘기가 접어드는 모습을 보면서 부모의 길을 살피면서 찾은 길이었습니다. 사춘기는 특히 아이의 마음속에 자존감이라는 씨앗이 잘 자랄 수 있도록 끊임없이 돌보는 시간이라 생각합니다. 처음에는 어떻게 걸어가야 할지 몰랐지만 하루하루 서툴지만 꾸준히 쌓은 시간이 어느덧 일 년이 되어갑니다.

쌍둥이네 가족의 풍경 여덟:
걸음마부터 시작해 십년이 넘은 가족 산행

'가족이란 추억을 함께 공유하는 사람들'이라는 말이 있습니다. 쌍둥이들이 걷기 시작할 무렵부터 시작된 산행은 뒷산부터 둘레길. 500m, 700m, 그리고 1000m를 넘고 악산, 설산까지 이어졌습니다. 이제는 해마다 직접 가방에 각자 백패킹 장비를 메고 해발고도가 1000M 이상이 되는 산을 타고 지리산 종주를 합니다. 올해 네 번째 지리산 화대종주를 하고 해파랑길 국토 구간 종주도 이어가고 있습니다. 아이들과 함께 걸으면서 정말 많은 것을 느끼고 배우는 시간입니다.

모든 일에 어느 날, 갑자기는 없습니다. 그래서 추억을 쌓는 활동을 하나 둘 차곡차곡 해나가려 노력합니다. 무거운 가방을 짊어지고 힘에 겨워 포기하고 싶은 순간들이 한두 번이 아닌데, 그때마다 내면의 자신과 대화를 통해 견뎌내는 모습을 볼 때면 존경심마저 듭니다.

이렇게 하브루타가 기본이 되는 가족이 된 것은 서로 믿고 함께 하는 시간이 쌓였기에 가능했다는 생각을 합니다. 아빠는 아이들에게 건강한 정신과 건강한 몸을 유산으로 남겨준다는 생각이 가장 먼저 가졌습니다. 아이들과 자연에서 땀 흘리면서 함께한 시간들이 이야기꺼리가 되어 이렇게 생활이 하브루타로 쌓여가는 시간이 될 수 있지 않았을까요?

흉터가 된 상처까지 꺼내보아야만 했던 저희 가족의 풍경 이야기는 여기까지입니다. 집집마다 사연이 다르듯, 가족의 풍경은 너무나도 다를 겁니다. 그래서 감히 집집마다의 사연을 모르고 이야기해서는 안되겠지요. 이야기꺼리가 있어야 토론이 된다는 말처럼 서로가 너무나 감사하고 함께한 추억의 시간들이 많고 그것이 이야기꺼리가 되어서 이렇게 하브루타가 생활이 되는 가족의 풍경이 나오지 않았나 생각합니다. 누구보다도 어렵게 꺼낸 글을 마치면서 남편, 윤정, 윤주에게 사랑한다고 전하고 싶습니다.

▲ 슬로 리딩을 실천하는 곽은숙 씨네 쌍둥이 자녀 모습. 이렇게 천천히 읽으면서 서로에 대해 알아가고, 책도 깊이 읽는 기회를 마련했다.

▲ 미래의 행복이 아니라, 현재의 행복을 느끼기 위해 매일저녁 9시에 가족이 함께 모여 『논어』로 하브루타를 나눈다.

9장   배움의 실천1 : 학교를 찾아

이 재 한

강원도 동해에서 독서, 논술, 토론 분야로 수업을 하고 있다.
2015년에 협력적 토론을 만나, 지금까지 토론교육에 관심을 갖고 공부와 실천을 병행하고 있다.
현재 강원토론교육협동조합 동해모임 대표를 맡고 있다.

토론을 만나다

저는 요즈음 동해에서 협력적 토론을 중심으로 다양한 토론 수업을 하고 있습니다. 강원토론교육협동조합 조합원으로 동해지역 모임에 참여하며 토론을 나누는 데 힘을 기울이고 있습니다. 강원토론교육협동조합은 2016년에 결성된 신생 협동조합입니다. 협력적 토론을 바탕으로 학교와 지역사회에서 토론을 생활화하는 것이 목표입니다. 저는 동해모임에서 활동하며 청소년수련관, 학교 등 다양한 공간에서 토론이 확산되도록 노력하고 있습니다. 그런데 처음부터 협력적 토론을 바탕으로 독서와 토론 수업을 했던 것은 아닙니다. 오히려 찬반 대립 토론을 위주로 토론교육을 시작했습니다. 그런데 기존의 편견과 인식을 깨는 변화가 2015년 봄에 있었습니다.

당시 강원도 동해에서 작은 초등학교 방과후 독서논술 교실의 강사로 재능기부 활동을 하고 있을 때였습니다. 강원도동해교육청에서 학부모 토론 교실 과정을 연다는 소식을 접했습니다. 기존에 찬반대립형 토론을 먼저 접했던 나는 무언가 다른 방식의 토론에 대해, 특히나 어린 학생들을 대상으로 쉽게 접근할 수 있는 토론에 대해 갈구하고 있었습니다. 그렇게 반가운 마음으로 기대를 한껏 품고 두근두근 새로운 배움의 활동에 참여했습니다.

제가 협력적 토론을 처음 접한 것은 2015년 봄이었습니다. 교육청 3층에서 열린 연수에는 스무 명에 가까운 학부모들이 모여 있었습니다. 4일짜리 연수에 불과했지만, 연수를 마치며 '이건 뭐지? 어라! 재미도 있고 쉽네!'라는 생각과 '말문이 자연스럽게 열리는구나. 내 의사가 자연스럽게 토론으로 펼쳐지는구나.'라는 경험을 했습니다. 토론 교실을 통해 새롭게 알게 된 토론 문화, 그것은 바로 '협력적 토론'이었습니다. 대회식 토론인 찬반 대립 토론은 경쟁을 기초로 하는데, 이 토론 연수는 경쟁이 아닌 협력의 원리를 기초로 하고 있었습니다. 그 기법이 매우 신선했고 방법 또한 다양했습니다. 그렇게 시간 가는 줄 모르고 토론 교실의 하루하루가 후딱 지나갔습니다.

그리고 2016년이 되었을 때, 저는 또 한 번 협력적 토론 연수를 접했습니다. 강원도동해교육지원청이 지역 강사 양성을 위해 '학부모 토론카페' 연수를 개설했기 때문입니다. 2015년 토론 연수가 맛보기였다면 2016년은 본격적인 토론 강사 양성을 위한 연수였습니다. 그런 만큼 연수에 참여한 인원은 2015년보다 적었습니다. 대신 토론교육을 지역에 뿌리내리고 싶다는 의지를 가진 사람들이 많았습니다. 연수에 참여하는 사람들을 부르는 호칭도 '선생님'으로 바뀌어 있었습니다. 토론 연수 내용은 기존에 접한 것도 있었지만, 새로운 것이 더 많았습니다. 특히 교육과정과 연계해 토론 방법을 설명해줄 때에는 학교 교육과 연계가 얼마나 필요한지 절감했습니다. 2016년에 30시간 가량의 토론 연수를 이수하고, 우리는 모임을 만들었습니다. 여기에 기존에 찬반 토론 연수를 받고 지역에서 활동하던 분들과 힘을 합쳤습니다. 지속적인 연구와 실천을 위해서는 혼자가 아니라 여럿이 의지하고 협력해야 한다는 것을 알기 때문입니다.

높게만 보이던 토론이 이렇게 가깝고 쉽다는 걸 느낀 순간, 이미 새로운 토론 정신이 내 가슴 속에 깊이 자리 잡고 있었습니다. 그리고 그것을 우리 아이들의 가슴에도 펼칠 수 있겠다는 희망이 싹 텄습니다. 협력적 토론 연수를 받고 난 후 학교로 향하는 발걸음이 그리 가벼울 수가 없었습니다. 협력적 토론은 여러 수업에 접목하기가 쉽습니다. 독서, 진로 등 다양한 영역이나 주제와 만나 다양한 형태로 변화했습니다. 수업에 참여하는 학생들도 훨씬 즐거워하며 적극적으로 임했습니다.

드디어 토론 수업 첫째 날이 되었습니다. 저는 수업 시간에 토론 연수에서 배운 내용을 조금씩 적용하기 시작했습니다. 그 중에서도 간단하면서 글쓰기와 접목이 쉬운 '한줄 글쓰기'활동에 도전을 했습니다. 이 활동에서는 먼저 제시된 주제에 맞게 각자 한 문장씩만 쓰게 합니다. 그런 다음 모둠원들의 글을 모아 어떻게 배열할 것인지 서로 토론하여 완성된 하나의 시로 만드는 활동입니다.

평소 동시를 쓴다고 하면 한숨 소리부터 내기도 했던 아이들도 있던 터였습니다. 하지만 한 줄만 쓰면 된다는 점을 강조하며 배운 대로 쉽게 방법을 전달했습니다. 글쓰기에 자신이 있다고 해서 두세 줄을 쓰는 것도 안 됩니다. 첫 주제로는 '학교', 두 번째 주제로는 '여름 방학'을 제시했습니다. 첫 시도에서 아이들이 감을 제대로 못 잡았다면, 두 번째 시도에서는 감이 살아났습니다. 처음 때보다 완성 시간도 더 줄어들었고 글의 내용 또한 더 자연스러웠습니다. 아이들은 주제에 맞추어 자신들이 쓴 한 줄의 글을 부끄러워하기도, 자랑스러워하기도 하며 서로에게 보였지요. 그러더니 곧 의논하기 시작했습니다. 이렇게 저렇게 글의 순서를 바꿔보며 읽어보고 하나 둘 글을 나열합니다. 참여한 모든 아이들이 머리를 맞대고 맞춰가는 모습에서 '아이들이 토론을 하고 있구나, 이런 거구나!' 하며 뿌듯함과 대견함을 느꼈습니다. 글의 순서를 정하고, 발표자를 정하고, 도우미를 정하는 등 모든 결정에 팀 구성원들의 의견을 수렴하는 과정이 들어갔습니다. 아이들은 가위 바위 보를 하고, 손을 들고, 손뼉을 치기도 합니다. 표정이 모두 밝습니다. 드디어 모둠별로 발표를 합니다. 자신도 하나의 완성된 글에 참여했다는 것에 자부심을 느끼고, 자신이 쓴 글이 누군가에 의해 한 줄의 의견으로 당당하게 읽혀지는 순간입니다. 아이들의 달아오른 표정에서 그 기분을 알 수 있었습니다. 2학년 모둠에게도, 3~6학년 모둠에게도 '한줄 글쓰기'는 간단한 활동이면서도 효과가 제법이었습니다.

토론이 재미있어?

제가 토론 수업에 자주 적용하고 있는 방법 중에는 '두 마음 토론'이 있습니다. 토론 연수에서 최고봉 선생님은 '두 마음 토론에서는 혼이 담긴 메소드 연기가 중요하다'고 역설했습니다. 저도 학생들에게 연기가 아니라, 진짜처럼 말할 것을 요구합니다. 이 방법은 연극적 요소가 포함되어 있고, '천사와 악마 토론'으로도 불리기도 하는 재미있는 참여형 토론입니다. 토론 주제로 생활 속에서 경험할 수 있는 여러 가지 갈등 상황이 모두 가능합니다. 한명의 판정자 그리고 서로 반대되는 주장을 제시할 두 명의 토론자가 참여합니다.

제가 아이들에게 제시했던 토론 주제는 연수받을 때 재미있게 참여했던 것이 많습니다. '짜장면을 주문할까? Vs. 짬뽕을 주문할까?', '떡볶이를 먹을까? Vs. 김밥을 먹을까?', '학원에 가야할까? Vs. 친구 생일파티에 가야할까?'였습니다. 두 마음 토론의 장점은 가벼운 주제로 토론을 부담 없이 느끼게 해주는 활동이라는 생각이 듭니다. 학부모 토론 교실에서 배울 때 느꼈던 그 기분을 아이들도 고스란히 느끼는 듯 했습니다. 활동 내내 웃음이 떠나지 않았고 자신의 주장을 세우기 위해 고민하는 모습도 진지해 보였습니다. 그리고 아이들이 듣기, 나아가 경청하기를 시작했습니다. 양쪽의 주장이 확연히 다르니 지켜보는 학생들도 주의 깊게 각각의 주장을 들으며 스스로 판정자가 되는 모습도 보였습니다.

이외에도 학생들이 재미있다며 매 시간 시작할 때마다 자꾸 하자고 졸라댄 '함께 별명 짓기'활동이 있습니다. 모두 둥글게 둘러앉은 후 시작합니다. 맨 처음 학생이 옆 사람을 본 후 그 느낌을 단어로 표현합니다. 그러면 그 옆 사람은 앞에서 표현한 단어를 듣고 연상되는 새로운 단어를 떠올리는 것입니다. 아이들은 어떤 단어들을 떠올릴까? 지어진 별명이 마음에 들지 않는다고 싫어하면 어떡하지? 걱정 반 기대 반으로, 부정적인 느낌이 떠오르는 단어는 제외시킨다는 조건으로 시작했습니다. 참여한 아이들은 자기 순서가 돌아오면 고개를 갸웃갸웃 하다가 뿌듯한 표정으로 떠오르는 단어를 발표합니다. 그렇게 한 바퀴 돌아서 별명이 결정되면 여기저기에서 탄성과 웃음소리가 흘러나옵니다. 자기 것으로 정해진 별명이 아주 마음에 들기도 하지만, 살짝 기대에 못 미치기도 합니다. 그렇지만 부정적 단어만 아니라면 그대로 별명을 맞이하는 게 규칙입니다. 이름표를 만들어 몸에 부착하는 것도 이 활동에 재미를 더해줍니다. 그리고 그 시간 동안은 이름 대신 별명을 불러줍니다. 아이들은 이렇게 지어진 신선한 별명을 즐겼습니다. 자신이 누군가의 별명을 지어줬고, 또 누군가로부터 별명을 받았습니다. 이 활동을 하면서 아이들은 새로운 단어를 떠올리느라 머리를 쥐어짜기도 했지만, 옆에 앉은 친구에 대해 좀 더 관심을 갖고, 친구의 마음을 헤아려 조금씩 배려해 주는 모습도 보였습니다. 한 명도 빠짐없이 모든 학생이 직접 참여하면서 얻은 것도 많다고 느꼈습니다.

　토론이 익숙해지자, 저는 학교에서 토론 활동의 범위를 점차 넓혀나갔습니다. 주제를 정한 후 입장(모서리)에 따라 모둠을 구성하여 토론하는 '모서리 토론'도 해보았습니다. 찬반 토론은 입장이 두 가지밖에 없지만, 모서리 토론은 3개 이상 가능했습니다. 오엑스

(○×)형에서 선다형으로 변화했다고나 할까요. 제가 처음 제시한 주제는 '가장 좋은 계절'이었습니다. 저학년인 아이들이 계절에 얼마나 관심이 있을지 궁금하기도 했습니다. 좋아하는 계절별로 모둠을 구성하여 교실 구석으로 각각 자리를 마련했습니다. 아이들은 옆 모둠 아이들에게 정보가 새어나갈까 봐 조용조용히 근거를 모으고, 쓰면서 정리합니다. 의견 정리가 끝나면 모둠별로 발표를 시작합니다. '예쁜 꽃을 볼 수 있어서 좋다. 아이스크림을 많이 먹을 수 있어서 좋다. 운동회를 해서 좋다. 스키를 탈 수 있는 계절이라서 좋다.' 등등의 근거를 내세워 자신들의 입장을 주장합니다. 질문을 하기 위해선 상대의 의견을 잘 들어야 한다고 일러줬더니, 모두들 메모하느라 눈이 똘망똘망하고 귀와 손이 바빠졌습니다. '벌에게 쏘일 수 있다. 아이스크림을 많이 먹으면 건강에 좋지 않다. 운동회는 하루만 한다. 스키를 못 탄다.' 등의 반대의견과 질문도 나왔습니다. 상대에게 뜻이 잘 전달되지 않고 서로 이해가 안 되는 부분들도 있어서 질문이나 대답하는 것에 다소 부족한 면이 보였지만 이 토론 또한 하길 잘 했다는 생각이 들었습니다. 일단은 토론 내내 모두 경어를 사용했습니다. 익숙지 않아 반말로 하다가도 문득 깨닫고 존댓말로 다시 합니다. 질문할 때나 대답할 때도 우후죽순으로 하지 않고 손을 들고 먼저 의사 표시를 하고나서 발언하도록 했습니다. 그러면서 점점 상대를 존중하는 자세를 갖추게 되고, 또한 자신의 의견도 존중받는다는 것을 알게 되어 가더군요.

토론, 한 명의 생각을 넘어

제가 가장 토론답게 추진했던 수업은 포스트잇에 각자의 의견을 자유롭게 써서 제시한 후 내용에 따라 분류하며 토론했던 '브레인 라이팅' 수업이었습니다. 브레인 라이팅을 통해 학생들은 한 명의 생각을 넘어 여러 사람의 생각을 종합하고 분석할 기회를 가졌습니다. 브레인 라이팅 활동을 처음 배울 때는 무척 신선하고 재미있었습니다. 토론 수업에 꼭 접목해야 하겠다는 생각이 저절로 들었습니다. 저는 '행복'이라는 주제로 브레인 라이팅 수업을 했던 시간이 기억에 남습니다. 먼저 '행복'이라는 주제를 담고 있는 책을 학생들과 함께 읽고, 행복에 대해 이야기를 나누었습니다. 그리고 포스트잇을 몇 장씩 나눠주고 한 장에 한 가지씩 행복했던 경험을 써서 전지에 붙였습니다. 학생들은 '가족, 친구, 맛난 음식, 소풍, 게임, 칭찬, 이불 속' 등 다양한 의견을 제시했습니다. 학생들은 다양한 의견을 서너 가지로 분류하고 이름을 붙였습니다. 모둠별로 비슷할 것 같았지만, 그 결과가 무척 달랐습니다. 모둠별로 발표를 해보니 분류의 근거나 생각이 상당히 달랐습니다.

돌아보니 토론 수업 마무리 활동으로 자주 했던 '빈 칸 채우기' 활동도 기억에 남습니다. 저는 토론 수업 마지막을 '빈 칸 채우기' 활동으로 장식하는 경우가 많습니다. 빈 칸 채우기는 '행복이란 ○○○이다. 왜냐하면 ○○○ 때문이다.'처럼 표현합니다. 나만의 가치사전 만들기 등의 활동에 자주 이용하는 '빈 칸 채우기'는 비유법을 잘 사용할 때 풍부한 표현이 나옵니다. 이렇게 빈 칸 채우는 활동으로 마무리를 하면 토론 주제에 대해 다시 한 번 자신들의 생각을 정리할 수 있는 시간을 갖습니다.

여러 가지 토론을 하다 보면 아이들은 '왜냐하면'에 들어갈 이유를 찾느라 생각에 생각을 거듭하며 협력적 토론에 참여합니다. 토론이 아니었다면 우리 아이들이 이렇게 '생각'을 깊게 할 기회는 많지 않을 겁니다. 이제 막 토론을 접한 아이들이지만, 꾸준한 토론 활동을 통해 여러 가지 소중한 것들을 체득할 수 있을 겁니다. 협력적 토론을 연구하시는 분들은 더 다양하고 새로운 방법들을 소개하고 있습니다. 찬반대립형 토론도 분명 효과적이고 필요한 기법이지만 토론을 처음 접하는 학생들에겐 어렵기도 하고 자칫 부작용이 생기기도 합니다. 여기에서 찾지 못한 해답을 협력적 토론에서 찾았습니다. 특별한 아이, 소외된 아이, 누구든 구분 없이 공정하며 쉬운 방법으로 참여도를 높여줍니다. 틀린 생각이 아닌 서로 다른 생각들을 모아서 더 나은 생각으로 펼쳐나가게 합니다. 또한 자신이 스스로의 주인이 되어 생각하고, 그 생각을 표현할 줄 아는 아이로 자라납니다. '협력적 토론'을 시작으로 함께 한다면 말입니다. 그러기 위해 저는 오늘도 토론 책을 펼쳐 봅니다.

협력적 토론의 장점은 배운 것을 수업이나 여러 명이 참여하는 활동에 활용할 수 있다는 점입니다. 동해에서는 학부모회 연수 등 다양한 활동에 토론을 접목했습니다. 아마도 이런 토론식 수업이나 활동은 이제 시작일 겁니다. 그런데 의외로 토론교육이 가능한 강사가 많지 않습니다. 교사나 강사가 독서 토론이나 다양한 토론을 배운다면 학교 교육의 질도 더 높아집니다. 토론이 꽃피는 학교를 꿈꾸며 우리도 매주 토론 책을 공부하고, 연수도 게을리 하지 않고 있습니다. 토론으로 만드는 다른 학교, 다른 교육은 가능하지 않을까요?

▲ 방과후 학교에서 모둠별 토론 수업을 하고 있는 초등학생들. 협력적 토론을 접한 학생들은 토론이 재미있다고 이야기한다.

◀ '한 줄 글쓰기'결과를 발표 중인 학생들

10장 배움의 실천2 : 방과후 학교에서

남 수 희

방과후 강사로 춘천과 인근지역 학교에서
독서논술과 북아트 언론진흥재단의 NIE수업을 진행하고 있다.
토론을 만나 기존 교육에 토론을 접목하여 토론의 즐거움에 빠져 살고 있으며
자신이 가진 것을 나누는 삶에 다가가려 노력하고 있다.

방과후 학교 강사로 산다는 것은

제가 살고 있는 곳은 교육의 도시 강원도 춘천입니다. 춘천은 도시 인구에 비해 대학생의 비중이 큽니다. 춘천에는 강원대, 한림대, 춘천교대 등의 4년제 대학과 몇몇 전문대학이 자리하고 있습니다. 저는 이곳 춘천과 근처에서 주로 방과후 학교 또는 교과 연계 수업에서 강사를 하고 있습니다. 제가 주로 하는 강의는 신문 활용 수업(NIE)과 독서 논술, 독서 토론입니다. 모두 글이나 책을 매개로 한다는 것이 공통점입니다.

7년 이상 방과후 학교에서 강의를 하다 보니 몇 가지 깨달은 것이 있습니다. 방과후 학교에서도 지역적 특성, 학교급 등이 영향을 많이 미친다는 사실입니다. 춘천과 횡성, 원주는 비슷한 규모의 학교라도 수업 분위기가 많이 다릅니다. 또 당연히 발달이 다른 초등학교와 중학교, 고등학교냐에 따라 공기 흐름도 달라집니다. 아무

래도 초등학교는 중고등학교에 비해 방과후 학교에 참여하는 학생들이 많습니다. 또한 초등학교의 방과후 학교 내용은 독서, 문화예술, 과학, 기술, 스포츠 등 다양합니다. 반면, 중·고등학교는 방과후 학교가 다양하지 않고, 참여하는 학생도 그만큼 많지 않습니다.

그런데 중학교에서 자유학기제가 시행되면서 방과후 학교 강사들의 강의도 조금은 달라졌습니다. 중학교의 경우 자유학기제 등에서 교과 연계 수업을 선호합니다. 아주 작은 학교나 깊은 농촌과 산촌 학교에서는 신문 활용 수업을 선호하지는 않습니다. 아무래도 학생들의 흥미를 많이 끌지 못하기 때문입니다. 반면 독서 - 논술 - 토론 수업이나 북 아트 수업은 작은 학교나 농산어촌 학교, 초등학교와 중학교 등 여러 학교에서 선호합니다. 최근에는 독서 논술 대신 독서 토론이 인기를 모으는 경향도 있습니다.

아무래도 방과후 학교에서 수업을 진행하다보면 여러 학교의 다양한 학생들을 만납니다. 모든 것이 즐겁고 호기심이 많은 학생, 활동적이고 적극적인 학생도 있습니다. 또한 있는 듯 없는 듯 조용한 학생, 자유로운 영혼을 가지고 있는 학생들을 볼 수 있습니다. 제가 진행하는 방과 후 학교 첫 수업에서는 꼭 진행하는 것이 있습니다. 바로 자기소개입니다. 자기소개를 하는 이유는 참가자들이 조금은 친해져야 수업 진행이 원활하기 때문입니다. 또 다른 이유는 학생을 파악하는데 도움이 되기 때문입니다. 자기소개를 통해 발표력을 키우고자 하는 이유도 있지만 그것보다는 학생 개인의 성향을 조금 엿볼 수 있는 시간이라서입니다. 활달한 학생인 경우는 괜찮지만 소극적이거나 내성적인 학생은 조금의 관심이 필요합니다. 저는 소극적이고 내성적인 학생을 보면 눈길이 많이 갑니다. 아마 저의 성향이 그 학생들에게서 보이기 때문이 아닐까 생각합니다.

그런 학생들에게 제 어릴 적 초등학교 1학년 때 경험을 이야기해주면 가까이 갈 수 있습니다. '담임선생님이 출석을 부르시는데 너무 부끄러운 나머지 책상 밑으로 들어가서 한참을 나오지 않았다'는 이야기를 들려주며, '어릴 때 그랬던 학생이 여러분과 함께 수업을 진행하는 여러분 앞에 있는 나'라는 사실을 말해줍니다. 함께 수업을 하는 제 경험을 들려주면서 '남들 앞에서 발표하는 활동이 어렵지만 한 번 두 번 하다보면 조금은 느리지만 누구나 할 수 있다'고 격려하며 수업을 천천히 진행해 나갑니다.

대부분의 학생들은 모든 활동에서 눈에 보이는 답을 찾아야 한다고 생각을 합니다. 답을 찾는 활동을 계속해 왔기 때문에 무언가를 하는데 있어 이것이 맞는지 틀린지 결과에 신경을 많이 씁니다. 저는 답보다는 과정에서 얻는 것이 많다고 생각하기 때문에 수업 진행에 있어 과정을 잘 밟는 것에 비중을 두는 편입니다. 그래서 제가 진행하는 수업에서는 답보다는 과정에 주목하고 평가를 합니다. '내가 생각에 이유가 있다면 내가 생각하는 것이 답이다.'라고 힘을 실어주며 혹여 엉뚱한 답을 내놓아도 '아, 그럴 수도 있겠구나!'라고 인정해 줍니다. 그리고 '그런데 왜 그렇게 생각하지?'라는 물음을 많이 합니다. 저는 혹시 학생들이 삼천포로 빠지더라도 그 안에서 다시 답을 찾아보도록 도와주는 역할을 하고자 합니다. 만약 그것이 독후 활동이라면 다른 방법으로 표현해 보고, 새로운 방법으로 풀어가게 도와주는 것이 강사의 역할이 아닌가 싶습니다. 교육과정이 명확하고, 수행평가 등 평가와 직결된 학교 교과 시간이라면 조금은 힘들지만, 방과후 학교라면 가능하지 않을까요?

내가 만난 방과후 학교

정규 교과 시간이 훨씬 더 수업량이 많고, 훌륭한 선생님과 공부를 하는 것이라 당연히 더 중요합니다. 그러나 방과후 학교가 정규 교과 시간보다 좋은 점도 있습니다. 정규 교과 시간은 의무적으로 참여해야 하지만, 방과후 학교는 희망자가 오기 때문에 집중력과 참여율이 높습니다. 신문 활용 교육만 해도 말하기나 쓰기를 좋아하는 학생, 신문기자에 관심이 있는 학생들이 신청합니다. 아무래도 관심 없는 학생들이 많은 것보다는 분위기가 좋기 마련입니다.

요즈음 가장 어려운 것은 자유학기제 수업입니다. 저는 자유학기제 자체를 매우 긍정적으로 바라봅니다. 성적에 반영되는 정기 시험을 치지 않아 자유로운 배움이 되어 좋고, 기존의 교과 공부에서 벗어나 다양한 체험학습, 깊이 있는 독서와 토론 등이 가능하다는 것은 큰 매력입니다. 또한 자유학기제를 계기로 수업혁신이 이뤄지고 있다는 점도 긍정적인 측면입니다. 그런데 보통 자유학기제 기간 오후에 진행되는 수업만 놓고 본다면 개선이 필요해 보입니다. 자유학기제 기간에 중학교에서 NIE나 독서논술 수업을 진행하다보면 방과후 학교와 달리 의욕이 없는 학생들을 많이 볼 수 있습니다. 이 학생들은 희망하는 과정에서 탈락해 가위, 바위, 보로이 수업에 참여했다고 합니다. 물론 지속적인 관심과 대화를 하고,

수업이 재미있게 이뤄지면 그중 일부는 프로그램이 끝나갈 즈음에는 수업에 열중하기도 합니다. 그러나 다른 일부는 여전히 어찌할 수 없는 상황에 놓여 저를 안타깝게 만듭니다.

방과후 학교 수업을 진행하다보면 1년 수업 과정 중 학부모 참관수업과 학생들의 작품 전시를 준비합니다. 학부모 참관 수업을 보면 부모님들이 맞벌이를 하다 보니 저학년인 경우 부모님들의 참여가 있는 편이나 고학년으로 갈수록 학부모님의 참여가 줄어듭니다. 그런데 학생의 학년이 올라간다고 부모의 관심이 줄어들어도 되는 일은 아닌 것 같습니다. 올해도 작품 전시회를 준비하면서 부모님의 관심이 계속 되기를 기원했습니다. 아무래도 방과후 학교 강사로 작품전시를 하려면 학생들의 작품 결과물에 신경을 써야 합니다. 학부모나 학교 측이 만족하지 못할 수준의 작품을 내놓기는 어렵습니다. 이런 평가가 방과후 강사의 채용이나 계약과 직결되기 때문입니다. 그러나 그 결과물을 만들기 위해서 학생들에게 마무리에 대한 부담을 준다면 학생들은 활동의 즐거움을 잃을 수도 있습니다.

제가 방과 후 학교에서 진행하고 있는 수업은 독서 논술, 북 아트, 신문 활용 교육(NIE) 등입니다. 강원 영서지역에서 주로 강의를 하지만, 멀리 전라도 광주에서 강의를 할 때도 있습니다. 한국언론진흥재단 NIE 강사의 경우 희망지역과 강사 상황에 따라 멀리 출강해야 할 때도 적지 않습니다. 수업을 진행하면서 제가 제일 많이 고민하는 것은 '모두가 참여하고 스스로 자신의 것으로 만들 수 있게 어떻게 도울 수 있는가?'입니다. 몇 명의 관심 있는 학생을 위한 수업이 아니라, 능력이 조금 낮더라도, 시작 전에 큰 관심이 없었더라도 참여할 수 있는 그런 수업 말입니다.

독서논술 수업을 학교에서 진행하려면 2시간 안에 책을 읽고 활동을 하기에는 시간이 많이 부족합니다. 독서논술 수업을 원활한 진행을 위해서는 집에서 책을 읽고 와서 책의 내용에 대한 활동을 할 수 있습니다. 그러나 실제 수업 환경은 결코 만만하지 않습니다. 학생들이 시간도 없거니와 모두 책을 읽고 온다는 것이 쉽지만은 않은 일입니다. 요즈음 한국에서 거꾸로 교실(플립러닝)이 유행하고 있지만, 동영상을 집에서 다 보지 않아 사전학습을 하지 못한 학생들 때문에 거꾸로 교실도 어려움을 겪는다고 합니다. 중편 이상의 책을 읽고 해야 하는 독서 토론 등도 비슷한 어려움을 호소합니다.

저는 대안으로 책 속의 한 부분을 발췌하여 수업시간에 읽고, 그에 대한 활동을 진행합니다. 주제 도서인 책을 한 권이 아니라 한 부분에 대한 활동으로 축소합니다. 수업시간에 바로 읽고 활동할 수 있다는 점에는 좋지만, 책 전체의 흐름을 알지 못하는 것은 아쉽습니다. 독자가 숲을 보아야 하는데, '숲속의 나무만 보게 되는 것이 아닌가.'라는 아쉬움이 남습니다. 초등학교라면 그림책을 주제 도서로 선정해서, 함께 읽고 글쓰기나 토론을 하는 것도 가능합니다. 두 시간 동안에 무엇을 하든 담임교사가 아닌 경우에는 어려움이 있습니다.

방과후 학교에서 북 아트 수업을 할 때에도 북 아트에 대한 오해를 극복해야 합니다. 북 아트 수업에는 종이 접기에서 온 '형태

위주의 북 아트'와 독서 논술에서 온 '내용 위주의 북 아트'가 있습니다. 저는 주로 독서 논술에서 온 내용 위주의 북 아트를 진행합니다. 이런 방식의 북 아트 수업에서는 학생들이 수업을 진행하면서 책의 내용이나 자신의 생각을 정리하는 내용 위주의 방법으로 진행합니다. 형태는 간단하게 만들어 학생들이 쉽게 활동 할 수 있도록 하고 내용을 정리하는 것에 비중을 둡니다. 왜냐하면 학생 스스로 생각하고 정리하는 것이야 말로 정말로 중요한 것이라 생각하기 때문입니다. '내용 위주의 북 아트'는 독서 토론에서 사실적 글읽기를 강조하는 것과 관련이 깊습니다. 아무래도 책 내용을 이해하지 못하는데, 이를 바탕으로 토론을 하거나 글을 쓰는 것이 불가능하기 때문입니다.

저는 현재 한국언론진흥재단의 신문 활용 교육(NIE) 강사로 활동하고 있습니다. 2009년에 약 2개월 정도의 연수를 받고 강의를 시작한지 벌써 7년이 되었습니다. 그 전에는 독서논술 강의를 방과후 학교 등에서 하고 있었습니다. 그런데 독서논술 수업을 단행본이나 그림책으로 책을 읽고 글을 쓰는 방식으로 진행하니 조금 아쉬움이 있었습니다. 무엇보다, 어지간한 단행본은 미리 책을 읽어 와야 수업이 가능한데, 많은 학생들이 책을 읽어 오지 않아 수업 진행이 원활하지 않았습니다. 초등학교에서는 그림책으로 수업을 할 수 있어 즉석에서 책을 읽으면 되었지만, 중고등학교는 어려움이 있었습니다. 그래서 짧은 신문기사를 활용해 교육을 하는 신문 활용 교육이 제게 큰 도움을 주었습니다.

그런데 요즈음은 신문 활용 교육이라고 하면 학생들이 잘 모이지 않는다고 합니다. 한국언론진흥재단의 지원으로 NIE 반을 만들려고 해도, 일단 신문이라는 말이 들어가면 학생들의 신청이 많지 않습니다. 그래서 종종 예정했던 학교에서 NIE 수업이 폐강되는 경우를 접합니다. 요즈음 청소년들은 신문이라고 하면 소셜 네트워크 서비스(SNS)나 인터넷 기반 매체 등에 비해 과거의 유물로 보는 경향이 있습니다. 신문은 종이 신문 뿐 아니라, 인터넷 신문 등을 모두 포함합니다. 청소년들은 주로 스마트폰으로 신문 기사를 접하는데, 그나마 제목이 마음에 드는 것만 골라 읽는 편입니다. 스마트폰을 이용해 신문기사를 보면 한 매체의 기사를 꼼꼼하게 읽는 방식의 신문 읽기는 불가능합니다. 이래저래 과거와는 다른 환경이 조성된 겁니다. 물론 저는 개인적으로 잉크 냄새가 나는 인쇄 신문을 선호하지만, 필요에 따라서는 인터넷 신문도 충분히 활용할 수 있습니다. 특히 인터넷 신문을 이용할 경우, 학생에게 스마트폰이 '값만 비싼 게임기'가 아니라 다양한 정보검색 용도로 사용할 수 있다는 것을 경험시킬 수도 있어 좋습니다.

요즈음은 학생들이 책 읽을 시간이 없다보니 신문으로 사회 전반에 대한 배경 지식을 쌓으려는 흐름이 있습니다. 신문은 세상의 다양한 정보를 접할 수 있는 좋은 매체입니다. 논조가 다른 신문을 교육에 활용하면 신문사도 입장이 있다는 사실을 파악할 수 있습니다. 수업에 신문이라는 매체를 잘 활용하면 학생의 생각 근육을 키울 수 있습니다. 제가 강조하는 것은 입장과 근거, 그리고 생각입니다. 저는 신문 활용 교육에서 가치관과 사회전반에 대한 자신의 생각을 강조합니다. 자신의 머리로 세상을 볼 수 있도록 같은 상황, 다른 입장을 경험하게 도와줍니다.

토론으로 만드는 방과후 학교

방과후 학교의 수업을 억지 공부라고 생각하는 사람들이 많습니다. 그러나 저는 그렇게 생각하지 않습니다. 방과후 수업은 학생들이 자유롭게 소통하고 길을 찾아나가는 과정입니다. 학생은 정규 교과시간에 원하든 원하지 않든 참여해야 합니다. 그러나 방과후 수업은 참여 여부의 선택이 가능합니다. 세상과 소통하는 길은 문화예술 분야나 미디어, 독서, 취미 등 다양합니다. 학부모는 자녀의 그런 욕구를 인정하고 존중해야 합니다. 세상과 소통한다는 점, 중장기적인 안정성을 갖춰야 한다는 점에서 저는 방과후 학교가 언젠가는 '학교'가 아닌, 지역사회로 나와야 한다고 봅니다.

소통이라는 부분을 생각한다면 토론이야말로 가장 적절한 소통 방법입니다. 물론 여기서 말하는 토론은 찬반 대립 토론보다는 다양한 협력적 토론입니다. 우리 앞에 놓인 문제를 해결하고, 내가 생각하는 모든 활동을 다양하고 적절하게 활용할 수 있는 방법이 토론이 아닐까 싶습니다. 토론의 기본인 경청은 학생의 집중력을 높여주는 방법입니다. 남의 생각을 듣고, 자신의 생각을 정리하며 정리된 생각을 표현하는 것은 매우 중요합니다. 의견을 나눈 내용을 결과물로 정리하고, 또 여러 사람에게 그 결과를 발표하는 방식은 의사소통을 위한 기본입니다.

토론으로 독서논술이나 신문 활용 수업을 하면 책이나 신문, 수업 내용과 관련된 이야기를 하게 됩니다. 토론 수업을 하다보면 자신의 생각에 다른 학생의 생각이 더해져 조금 더 정리된 결론이 나올 때가 있습니다. 또 다른 학생의 발표방법을 보며 '나는 이렇게 했는데 저 친구는 저렇게 하는구나!', '나도 다음에는 저렇게 해봐야지'라는 느낌을 받기도 합니다. 이렇게 하면 현재의 자신보다 조금 더 나은 발표 방법을 찾아갈 수 있습니다. 모방을 바탕으로 자신의 논리에 살을 붙여 성장의 기회가 되고 스스로도 발표나 활동을 통해 성장하며 성취감을 얻을 수도 있습니다. 그런 점에서 토론은 말하기보다 듣기가 더 큰 발전을 가져옵니다. 더 나아가서, 잘 말하려면 평소에 잘 들어야 합니다.

토론과의 만남

저는 지난 2016년 4월부터 이뤄진 '춘천학부모토론아카데미'를 통해 교실 토론과 만났습니다. 매주 화요일, 저녁 시간을 이용해 30시간의 연수를 실습 위주로 이수했습니다. 저는 이 연수 전에도 독서논술, NIE 등을 강의하며 부분적으로 토론 방법을 사용했습니다. 그러나 80여 가지에 달하는 다양한 토론 방법을 수업에 접목한다는 것은 생각해보지 않았습니다. 약 2개월간의 연수를 통해 저는 방과후 수업에 접목할 상상력을 얻었습니다. 북 아트까지 이용해 토론 보고서를 작성하니 재미있으면서도 눈이 번쩍 뜨였습니다. 그 연수 이후 저는 토론과 연애를 시작했습니다. 곳곳에서 토론을 알리고, 방과후 수업에도 접목했습니다.

토론의 한 축에는 사교육이 있습니다. 토론을 일부만 접할 수 있는 고급 교육이라 여기던 시절에는 비싼 사교육비를 지불 가능한 사람만 토론교육을 받았습니다. 그러나 강원토론교육협동조합은 이런 토론교육을 공적 교육과 지역사회 교육으로 전환해야 한다는 주장을 했습니다. 학교에서, 도서관에서, 청소년수련관에서 토론을 할 수 있어야 한다는 것입니다. 방과후 학교는 학교와 지역사회 교육의 중간에 놓여 있습니다. 저는 그곳에서 토론교육을 실천할 수 있는 사람도 있어야 한다고 생각합니다.

'칭찬은 고래도 춤추게 한다.'는 너무나 유명한 말을 떠올려 봅니다. 방과후 수업을 진행하면서 격려와 칭찬의 힘이 얼마나 큰지 알 수 있습니다. 특히 성공의 기억이 별로 없는 무기력한 학생들을 만나면 칭찬의 필요성을 절실히 느낍니다. 저는 '괜찮아', '잘할 수 있어', '잘하고 있네', '훌륭해' 등의 말을 자주 씁니다. 격려의 말을 들으면 잘하고 있는 학생은 조금 더 나은 결과를, 조금 부족한 학생은 '할 수 있다'는 용기를 냅니다. 그 노력으로 만들어 낸 결과물로 성취감을 학생 스스로 느낄 수 있는 수업을 생각해 봅니다.

11장 배움의 실천3 : 청소년 토론캠프에서

김 미 순

강원도 홍천에서 직장을 다니며 독서 강사, 토론 강사로 활동하고 있다.
사회복지사, 독서지도사, 독서상담사 등 다양한 과정을 토론과 융합하는데 관심이 많다.
2016년에는 병영독서 강사로 홍천지역 장병들을 만났다.

홍천은 우리나라에서 가장 면적이 넓은 기초자치단체입니다. 동쪽 끝에서 서쪽 끝까지 자동차로 2시간이 넘게 걸리는 곳으로 방방골골 마을이 있다 보니 교육받을 기회가 적은 학생들이 많습니다. 이러한 학생들을 위해 몇몇 사람들이 방학마다 청소년수련관에서 '토론데이 캠프'를 개최합니다. 2015년 여름방학에 시작된 '토론데이 캠프'는 방학을 맞은 초등학생, 중학생이 참여하는 방학캠프로 성장하고 있습니다.

'토론데이 캠프', 그 시작은 2015년 6월 강원도홍천교육지원청 학부모 토론 교육 연수였습니다. 우연하게 접한 학부모 토론교육 연수 안내문 한 장이 제 삶의 방향을 바꾸었습니다.

큰 기대를 하지 않고 연수에 참여했는데, 그 연수에 참여했던 여러 사람들과 2년째 함께 하고 있습니다. 토론이라 하면 찬성과 반대 진영으로 나눠 서로 대립하는 것이라 생각하며, 토론 연수를 시작했는데 함께 시작한 학부모 모두가 협력적 토론의 매력에 푹 빠졌습니다.

　대립하지 않고 협력해서 결과물을 만들어 내는 토론이 시작되었습니다. 강사는 홍천에서 화로구이로 유명한 마을에 자리한 오안초등학교 최고봉 선생님이었습니다. 최고봉 선생님은 다양한 방법과 주제로 토론을 진행했습니다. 선생님의 재능기부로 토론연수가 진행되었고 우리에게도 지역사회에 교육기부를 해줄 것을 당부했습니다.

　토론 연수를 받으며 '토론식 수업을 어떤 과목에 적용할 수 있을까' 궁금했습니다. 저는 국어, 사회, 도덕 정도가 가능하다고 생각했습니다. 그런데 다양한 토론기법으로 과학, 수학, 음악이나 미술 감상도 토론으로 수업이 가능하다고 하니 놀랄 일입니다. 다른 나라에서는 음악과 미술에서 감상 비율이 높다고 합니다. 음악을 듣고, 미술 작품을 보며 아름다움을 느끼게 하는데 수업의 초점이 맞춰져 있다고 합니다. 그런데 우리나라는 기능에 초점을 맞추고 있어 음악수업은 노래, 악기 연주를 중시하고 미술수업은 그리기와 만들기를 강조한다고 합니다.

　우리 아이들은 학교성적이 우수한 아이거나 그렇지 못한 아이거나 대부분 수업시간에 말을 잘 하지 못합니다. 제가 만난 아이들도 거의 그렇습니다. 단순 지식을 묻는 질문에 발표는 잘 하는지 모르지만, 토론을 할 때는 그렇지 않습니다. 문제가 있을 때, 머리를 맞대고 해결방안을 민주적이고 협력적으로 찾는 방법은 지식만으로는 못 합니다. 더군다나 윽박지르거나 침묵한다고 토론이 되지는 않습니다. 도대체 무엇이 우리 아이들의 말문을 막았을까요?

홍천의 '작은 학교' 오안초에서는 이미 토론으로 수업을 진행하고 있었습니다. 소개로 학교 수업에 토론을 적극적으로 접목한다는 것을 알았습니다. 그리고 나중에는 우리가 교육기부로 토론 수업을 진행해볼 기회를 얻기도 했습니다. 직접 오안초 학생들을 만나보니 학생들이 생각보다 토론을 참 잘한다는 생각이 들었습니다. 수업시간에 토론하는 아이들을 보면서 '토론이 답이다'라는 결론을 얻었습니다. 내 아이도 토론 문화가 밑바탕에 있는 그런 학교에 보내고 싶다는 생각이 간절해졌습니다.

하지만 그것이 제가 찾는 근본적인 답은 아닙니다. 토론식 수업의 확산을 어떻게 가능하게 할 것인가! 토론 수업으로 배움이 커지고, 수업을 즐거워하는 오안초 아이들의 모습을 보면서 심장이 뛰었습니다. 우리 아이들에게도 행복한 학교, 공부의 즐거움을 알게 해주고 싶었습니다. 최고봉 선생님이 오안초교를 떠나더라도 그런 배움이 계속 이어지게 하고 싶었습니다.

그런 이유로 토론교육 심화 연수의 실습과정으로 토론캠프가 기획되었습니다. 그런데 정작 토론교육 심화 연수의 마지막 과정으로 토론캠프를 개최하려고 하니 함께 할 기관이 마땅히 없었습니다. 그때 강원도홍천교육지원청 학부모지원센터에서 홍천군청소년수련관을 연계해주었습니다. 때마침 홍천군청소년수련관에서도 여름방학 프로그램을 설계하고 있었습니다. 그래서 토론교육 심화 연수 이수자 중 일곱 명은 토론강사가 되어 아이들을 만났습니다.

일단 토론캠프 개최는 결정을 지었지만, 학생모집과 계획 수립은 녹록하지 않았습니다. 토론을 재미있게 배우기는 했지만 아이들과 함께 토론수업을 잘 할 수 있을지 걱정이 앞섰습니다. 토론이라는 말이 갖는 오해가 있기 때문인지 참가 학생 모집도 쉽지 않았습니다. 홍천군청소년수련관을 이용하던 초등학생과 지인 가족 등을 포함해 스무 명 가량을 우여곡절 끝에 모집했습니다. 토론캠프 강사로 참여한 연수생들은 각 시간을 어떻게 운영할지 매일 같이 의논했습니다. 하다못해 토론캠프 간식이나 문구용품, 호칭까지 미리 준비해야 했으니, 일이 한 두 가지가 아니었습니다. 처음 개최하는 토론캠프라 그런지 챙겨야 할 것이 더 많았습니다.

가슴 뛰던 토론캠프

2015년 여름방학이 시작되던 날 제1회 '토론 참 쉽다' 토론데이 캠프가 홍천군청소년수련관에서 시작되었습니다. 가슴 뛰던 토론 캠프 강의 시연까지 마치고 아이들을 처음 만났던 그 순간은 지금도 가슴을 뛰게 합니다. 첫 토론캠프에 강사로 참여했던 저는 '초등학교 5~6학년생을 대상으로 어떤 주제로 어떤 토론을 해보면 좋을까?', '다양한 협력적 토론 방법 중에 어떤 방법을 골라서 아이들에게 어떻게 전달해 줄까?'에 대해 고민하고 또 고민했습니다. 토론하자고 하는 데 아이들이 얼마나 와 줄까도 걱정이었습니다. 시작도 못해보고 끝나는 건 아닐까라는 걱정과 함께 아이들을 기다렸습니다. 그런데 걱정과는 달리 12명의 아이들이 참석했고 캠프는 시작되었습니다. 자유의지가 아니라 엄마에게 끌려 억지로 왔는지 '싫어' 라는 표정이 얼굴에 묻어나는 아이들이었습니다. 아마도 홍천지역 부모들이 '어, 홍천에서는 보기 드문 토론캠프네. 공짜라는데 우리 애도 보내야지.'라고 생각하고 자녀의 뜻에 상관없이 토론캠프 신청을 한 모양입니다. 12명이라고 해도 학교가 다르고, 처음 만나는 친구와 짝이 되니 새 학기 첫날의 교실보다 더 어색한 기운이 교실을 채우고 있었습니다. 우리는 이 어색함을 깨기 위해 '세 단어로 말하기'로 토론캠프의 문을 열었습니다. 이 활동은 짝에게 세 단어로 자신을 설명하면, 짝은 그 단어를 잘 적었다가 여러 사람 앞에 자신의 짝을 소개하는 활동이었습니다. 처음 만난 친구의 이야기를 잘 듣고 모두에게 짝꿍의 특징을 세 단어로 표현해 설명하려면 아무래도 경청은 기본입니다. 이 활동은 본인 얘기도 잘해야 하지만 상대방의 얘기도 잘 듣고 적어야 해서 처음 만나는 사람들이 있을 때 자주 하는 토론 방법입니다. 세 단어로 말하기 활동을 했더니 서먹했던 분위기가 조금 풀렸습니다. 이제 짝과 말문도 트고 장난도 살짝 치기 시작했습니다. 뭐든 첫 단추를 잘 꿰어야 하는데, 시작이 괜찮았습니다. 아이들의 표정도 한결 부드러워졌습니다.

토론캠프 두 번째 활동은 '피라미드 토론'으로 진행했습니다. 우리가 배운 피라미드 토론은 민주적, 합리적 토론입니다. 그런데 초등학교 6학년 도덕 교과서에도 수록되어 있다는 이 토론 방법을 토론캠프에 온 학생들은 물론, 중·고등학생도 잘 모르고 있었습니다. 피라미드 토론을 준비하면서 우리는 주제 선정에 고심했습니다. 생각을 나누다가 학교 밖에서 하는 토론이니만큼 조금 자유롭게 해보자는데 의견이 모아졌습니다. 우리는 '땡땡이라는 단어를 써도 되나?라고 고민하다가 아이들이 실제 사용하는 살아있는 언어를 사용하기로 결정했습니다. 그래서 나온 주제가 바로 '하루 땡땡이 치고 가고 싶은 곳'이었습니다. 피라미드 토론의 주제를 제시하자 학생들도, 강사도 웃음이 빵 터졌습니다. 학생들은 상상만 해도 즐겁나 봅니다. 가고 싶은 장소 4곳을 포스트잇에 적어 짝과 함께 토론을 해야 합니다. 처음엔 우물쭈물 하던 아이들이 각자 포스트잇 4장을 꺼내놓고 가고 싶은 이유를 설명하기 시작합니다. 쉽게 일치된 장소도 있고 팽팽하게 맞서는 다른 곳도 있었습니다. 좋았던 경험과 가고 싶은 이유를 설명하며 상대를 설득합니다. 물론 '그냥'이라고 말하며 대충 넉 장을 고르자고 하는 모둠도 있었습니다. 둘이서 여덟 장을 넉 장으로 줄여야 하니 많은 이야기를 할 수밖에 없었습니다.

방법을 조금 안내해주니 아이들은 자신의 생각을 너무 유창하게 말했습니다. 그런데 이렇게 말하고 싶은 아이들을 우리는 그 동안 너무 입을 닫게 했나 봅니다. 집에서도, 학교에서도 제대로 말을 못했을 아이들을 생각하니 가슴 한 구석이 아파왔습니다. 곳곳을 살펴보면 주장만 말하고, 근거는 '그냥'이라고 말하는 사람들을 볼 수 있습니다. 토론에서 '그냥'은 없습니다. '왜냐하면'으로 이유와 근거를 통해 짝꿍을 설득해야 포스트잇 여덟 장을 넉 장으로 줄일 수 있으니까요. 피라미드 토론을 하다 보니 교실이 점점 시끄러워집니다. 그런데 이 토론 과정에서 발생하는 소란함과 시끄러움은 듣기 힘들지 않습니다. 또 곳곳에서 유쾌한 웃음이 들려옵니다. 생각보다 포스트잇 개수를 줄이기 쉽지 않지만 적당히 양보하는 친구도 보이고 강하게 주장하는 친구도 보입니다. 12명이 48가지 의견을 내놓아, 이제 총 여덟 개로 의견을 좁혔습니다. 아이들이 중복되게 적은 곳이 꽤 있어서 쉽게 합의하고 최종으로 8장으로 줄였습니다. 마지막으로, 남은 의견을 발표하고 스티커를 붙이며 친구들의 모습을 살펴봅니다.

두 가지 토론을 마치고보니 이미 처음의 그 어색했던 아이들이 아닙니다. 억지로 끌려온 모습이 역력했던 학생들이, 이제 신이 나서 활동에 참여합니다. 바로 그 순간, 한 어린이가 '그런데 토론은 언제 해요?'라고 묻습니다. '지금 토론 중이랍니다.'라고 말해주었더니 아이들이 의아해 합니다. 이렇게 재미있고 신나는데, 이게 토론이라니. 이건 토론을 하기에 앞서 실시하는 레크리에이션이나 놀이라고 생각하나 봅니다.

보람으로 이어간 토론캠프

토론캠프 '토론 참 쉽죠?' 첫날 일정을 마치고 아이들의 반응을 물었습니다. 한 친구가 '말하는 것, 듣는 것이 어렵지 않아요.'라고 말해 줍니다. 또 다른 친구는 '토론은 (지겨운)공부가 아닌 것 같아요.'라고 말합니다. 할 만한 정도가 아니라, 재미있답니다. 이 정도면 토론캠프 첫 날은 대성공입니다.

다음 날은 스마트폰을 주제로 '빈 칸 채우기' 토론을 해보았습니다. 빈 칸 채우기는 '놀이는 ○○이다'처럼 빈 칸에 자신의 생각대로 단어를 채우는 활동입니다. 그런데 빈 칸을 혼자 채우는 것이 아니라 짝꿍과 합의해서 써야 합니다. 또 그 아랫줄에는 왜 그렇게 생각을 했는지도 적어야 합니다. 이 짧은 활동을 하면서 과연 토론이 될까요? 그런데 같이 앉은 친구 사이에 생각이 오고 갑니다. 이 날 준비한 주제는 스마트폰에 관한 것이었습니다. 토론자들 사이에서 '스마트폰은 적이다' '스마트폰은 만능이다' 등 다양한 생각이 쏟아집니다. 이유를 잘 들어보면 무릎을 칠 정도로 기발한 내용이 많습니다.

만장일치 토론도 토론캠프에서 참 인기가 있는 토론입니다. 우리는 편리성을 이유로 다수결로 결정하는 경향이 있습니다. 그래서 다수결이 문제해결의 답이라는 편견을 깨기 위해 만장일치로 결정하는 토론을 준비했습니다. 만장일치로 결정하는 것은 주로 순서입니다. 통계를 이용해서 순서를 알아맞히는 토론을 하면, 퀴즈 같은 느낌이 납니다. 무조건 만장일치, 한 사람이라도 반대하면 다시 설득, 이런 방법은 처음이라 주장이 강한 친구가 쉽게 몰아가기도 합니다. 하지만 만장일치를 하지 않으면 의사결정에 실패하기 때문에 토론자 간에 양보나 타협이 가능합니다. 자세히 살펴보니 어르고 달래거나 애교 섞인 협박도 하는 등 자신이 갖고 있는 모든 설득의 기술이 나오기 시작합니다. 순서를 정확히 알아맞히면 선물도 주니 토론의 열기가 올라옵니다.

뜨거워진 열기를 한 줄 글을 쓰면서 가라앉힙니다. 이날 글쓰기의 주제는 엄마였습니다. '엄마' 하면 떠오르는 내용을 한 문장으로 써 보라 했습니다. 이 주제로 '한 줄 글쓰기'를 해보니 아이들이 엄마를 어떻게 생각하고 있는지 알 수 있었습니다. 소통이 안 되는 구조는 학교나 가정이 마찬가지였습니다. 학부모 연수에서 엄마라는 주제로 쓴 글과 확연히 다른 감성들 앞에서 반성했습니다.

엄마

엄마는 잔소리꾼이다.
엄마는 잔소리의 달인이다.
엄마는 잔소리의 악마이다.
엄마는 사랑이 듬뿍 담긴 이불이다.
- 2015 여름 토론데이 캠프 참가자 공동 작품

이렇게 솔직한 생각이 쏟아지면서 아이들은 변하기 시작합니다. 억지로 끌려왔던 첫날의 그 얼굴은 사라졌습니다. '천사와 악마' 토론이라고도 하는 '두 마음 토론'은 활동성이 있어 또 다른 즐거움을 줍니다. 토론데이 캠프에서 다룬 주제는 '심청이는 효녀인가'였습니다. 그 또래의 학생들은 다 아는 『심청전』을 바탕으로 이야기를 나눠 보았습니다. 우리가 아는 심청이는 당연히 효녀입니다. 그래서 아버지를 위해 목숨을 버린 효녀라는 주장이 우세하리라는 예상했습니다. 그런데 예상과 달리 심청이는 부모의 마음을 아프게 해서 효녀가 아니라는 주장이 설득력이 있어서 놀랐습니다. 요즘 논술학원에서는 그렇게 많이 가르친다고 합니다. 그렇지만 그것을 자신의 말과 언어로 친구들을 설득하는 모습은 학원에서 주입된 내용이 아니었습니다. 부모의 마음을 헤아리고 있는 아이들이 '엄마는 잔소리의 악마'라고 표현하고 있으니 반성에 반성을 하였습니다.

김하연

내가 처음에는 어려운줄만 알았지만 지금은 재미있다.

'프로젝트 토론'은 주어진 문제의 결과물을 그림이나 글로 표현하는 토론 방법입니다. 일종의 프로젝트 수업인데, 시간을 제한해서 토론에 집중하는 것이 특징이었습니다. 그림을 못 그려서 글씨를 못 써서 등 다양한 이유로 거부하던 아이들이 모둠으로 뭉쳐서 이야기를 쏟아내더니 '어린이 전용 놀이공원 만들기' 프로젝트가 완성되었습니다. 그림을 감상하듯 전람회 기법으로 한 명이 작품을 설명하고 나머지 모둠원들은 다른 모둠의 설명을 들으면서 이동하는 방법은 아이들의 표현력과 발표력을 높였습니다.

토론데이 캠프는 계속됩니다.

2015년 여름방학에 사흘간의 토론데이 캠프는 어떻게 지나갔는지도 모르게 끝나 버렸습니다. 부모님의 손에 억지로 끌려왔던 아이들도 사흘 동안 너무 행복해 했습니다. 처음에는 썩 미덥지 않았던 홍천군청소년수련관도 토론캠프 성공을 크게 환영했습니다. 군 지역에서 예산도 없이 진행하기 쉽지 않았던 프로그램이었기에 기쁨은 더욱 컸습니다. 그렇다고 즐겁고 재미있기만 한 토론캠프는 아니었습니다. 평소에는 쉽게 배우지 못하는 내용과 방식으로 배움이 이뤄졌습니다.

'처음에는 기대 반, 걱정 반으로 아이들을 보냈는데, 아이가 너무 재미있어 했다'는 학부모님의 후기를 들으니 뿌듯했습니다. 그리고 토론을 배우게 된 것이 보람 있고, 행복했습니다. 홍천군청소년수련관은 블로그와 매체를 통해 토론데이 캠프를 소개했습니다. 강원도홍천교육지원청에서도 학부모 연수를 통해 지역강사를 양성하는 프로그램의 첫 발을 내딛은 것에 의의를 부여했습니다. 우리는 이 토론데이 캠프의 성공을 바탕으로 홍천의 몇몇 학교에서 토론교육 기부를 할 수 있게 되었습니다.

토론데이 캠프는 단 한 번 개최하는 것으로 계획한 사업이었습니다. 그러나 우리는 토론데이 캠프가 단 한 번의 이벤트가 아니라, 우리 지역의 우수한 교육 프로그램으로 자리매김 하기를 원했습니다. 그러나 이런 토론캠프에 예산이 편성될 가능성은 낮았습니다. 그래서 우리는 다음에도, 그리고 그 다음에도 무료로 토론데이 캠프에서 강의를 하기로 했습니다. 이를 계기로 '홍천 토론의 끼를 발산하는 사람들', 줄여서 '토끼발'이 본격적으로 탄생했습니다.

그해 겨울방학, 홍천군청소년수련관에서는 겨울 토론데이 캠프를 열었습니다. 캠프를 찾는 학생들은 더욱 많아졌고, 프로그램도 다양해졌습니다. 그 당시 참여했던 강사들은 매년 여름방학과 겨울방학에 토론데이 캠프에서 무료 강의를 하고 있습니다. 이제는 여러 학교와 기관에서 유료로 토론강의를 하지만, 토론데이 캠프는 여전히 무료 강의입니다. 토론교육에 첫발을 내딛었던 바로 그 정신처럼, 저마다 가능한 시간을 빼서 교육기부를 합니다. 당분간은 홍천에서 토론데이 캠프가 계속될 것입니다. 더 많은 지역에서, 더 많은 사람들과 이런 토론캠프를 만들고 싶은 것, 이것이 바로 우리의 꿈입니다.

12장 배움의 실천4 : 폐광지역에서 핀 이야기꽃

이 광 옥

자녀를 직접 키우기 위해 다니던 직장을 그만두고 남편을 따라 낯선 땅 홍천에 자리를 잡았다.
학부모회를 만난 후 학부모 소식지 기자단, 학생상담자원봉사자,
그리고 토론교육까지 다양한 분야에 관심을 쏟고 있다.
다양한 학생들을 만나기 위해 진로진학 지도사, 독서 지도사 등
토론과 융합하는 공부를 했다.
현재는 춘천과 홍천 등에서 중학교 자유학기제 토론강사로 활동 중이다.

폐광지역에 토론교육의 문을 두드리다

요즈음 저출산·고령화로 인해 농산어촌의 교육환경에 대한 우려가 큽니다. 그 중에서도 폐광지역은 인구 급감과 정주여건의 악화로 신음하고 있습니다. 이러한 폐광지역의 위기를 돌파하기 위해 강원도교육청은 다양한 혜택을 제공하고, 강원랜드는 사회공헌사업을 펼치고 있습니다. 특히 지난 2015년 11월 말부터 2016년 2월까지 실시된 〈폐광지역 토론교육〉 사업은 굉장히 의미가 커서 소개합니다.

강원지역의 모 언론사는 강원랜드의 예산지원을 받아 영월, 정선, 태백, 삼척(이하 폐광지역)의 초·중·고 학생들에게 토론교육 기회를 마련했습니다. 강원도와 타시도 교사, 장학사가 강사로 참여하고 지역강사들이 보조강사로 참여한 이 사업은 400명 이상이

참여한 거대 프로젝트였습니다. 기간도 3개월에 달할 정도로 길었고, 교육 횟수만 10회, 1박 2일의 토론캠프까지 이뤄진 꽤 긴 사업이었습니다. 주강사 1명과 보조강사 2명이 배정되어 4개 지역에서 동시에 10회차의 토론교실을 진행했습니다.

학생들을 만나기 전 강사들은 2015년 10월 31일 먼저 웃음꽃을 피웠습니다. 강원도 원주의 리조트에서 사전연수를 하기 위해서였습니다. 폐광지역 토론교육이 열린 배경, 교육과정, 강사들의 얼굴 익히기 뿐 만아니라 초등, 중등, 고등팀으로 강사진이 구성되고 지역별 강사 배정도 이때 이뤄졌습니다. 또 월드카페 토론을 통해 ▲토론하고 싶은 주제 ▲토론하는 태도로 가장 중요한 것 ▲학생들이 좋아하는 교사 등 토론에 필요한 정보를 수집하기도 했습니다. 제가 보조강사로 참여한 지역은 정선이었습니다.

초등은 2015년 12월 5일에 첫 강의가 시작되었습니다. 처음 가는 정선 길을 네비게이션의 도움을 받아 한 명의 동료와 함께 향했습니다. 2시간이 넘는 길을 가며 떨리고 긴장됐지만, 동료와 두런두런 이야기꽃을 피우며 달리니 어느 새 정선에 도착했습니다. 첫날 참여한 학생은 50여명으로 강의실을 가득 채웠습니다. 이중 강원도정선교육지원청을 통해 배포된 안내문에 대상은 초등 4학년 이상이었지만, 의욕이 강한 학부모들이 초등 3학년도 신청하여 무려 6명의 학생이 추가로 참가하였습니다. 학년이 너무 다양해 난감했지만, 각 지역 주강사들은 재빠르게 협의하여 대책을 마련했습니다. 교육에 참가한 학생들의 열의를 인정하여 교재와 강원랜드에서 준비한 도서 『이야기가 꽃피는 교실 토론』과 독서 토론에 활용할 『어이쿠, 이놈의 양반냄새』를 배부하고 첫 강의는 함께 하기로 했습니다. 하지만 이후 2강부터는 참여가 안 되니 내년을 기약해 줄 것을 학생들에게 당부하고 학부모들께도 일일이 전화를 걸어 양해를 구했습니다. 많이 아쉬워하는 학부모도 있었고, 흔쾌히 다음을 기약하겠다는 학부모도 있었습니다. 강사진을 소개하고, 토론에 대한 생각을 나누고, 서로 마음을 푸는 다양한 놀이를 통해 1강이 시작되었고, 세 단어로 자기를 소개하고, 공통점 찾기를 통해 모둠을 알아갔습니다. 한 줄 글쓰기는 서로의 마음을 나누기에 좋았고, 빈 칸 채우기를 통해 합의를 이끌어 내었습니다. 신호등 토론에서는 찬성과 반대 외에도 다른 생각이 있고, 자신의 주장을 통해 상대를 설득해보는 경험을 하게 했습니다.

　모두가 기다리던 간식은 소소하지만 참여자를 즐겁게 했습니다. 또한 마음을 여는 좋은 시간이었습니다. 1강을 마치며 소감을 나눌 때는 '토론이 어려울 거라는 생각에서 즐거운 것이라고 생각이 바뀌었다'는 학생들이 많아져서 2강, 3강 등 남은 시간에 대한 기대가 커졌습니다. 다음 일정을 안내하고 돌아가는 학생들에게 우리는 격려를 아끼지 않았습니다. 이제 막 1강을 마쳤을 뿐인데 한숨이 절로 쉬어졌습니다. 발도 아프고, 다리도 아프고, 허리도 아프고 그러나 가슴으로 밀려오는 그 뿌듯함은 다른 고통을 밀어내기에 충분했습니다.

　2015년 12월 12일 열린 두 번째 시간. 우리 지역의 경우, 불가피하게 2강만 다른 강사분이 진행했습니다. 다행히 주강사 분이 고등학생들에게 자기소개와 대입면접을 지도하고 있어서 발표에 관한 얘기를 많이 해주었습니다. 또 짬짬이 생활에 쓰고 있는 불어에 대해 얘기해 주었는데, '뚜레00'라는 빵집은 '날마다', '매일'이라는 뜻이라며 원어 발음을 알려주기도 했습니다. 학생들은 익숙한 단어를 생각하며 즐거워했습니다.

2강에서는 가치수직선 토론으로 찬반의 근거를 신호등 토론 보다 섬세하게 나눠봤습니다. 피라미드 토론은 '행복의 조건 4가지'를 주제로 토론했는데 모든 모둠에서 가족을 선택했습니다. 이외에도 '직업 선택의 조건 4가지', '무인도에 갈 때 가져갈 물건 4가지'를 주제로 토론해 보았습니다. '맛있는 음식 4가지'를 주제로 토론할 때는 거의 모든 모둠이 라면과 떡볶이를 선택하는 것을 보고 아쉬운 생각이 들었습니다. 물론 실제로 라면과 떡볶이가 가장 맛있을 수 있지만, 지역의 특성상 더 많은 다양한 종류의 음식을 접하지 못해서라는 생각이 들었기 때문입니다. 위시리스트 토론을 통해 '부모님께 바라는 것'에 관해 토론해 보았습니다. 그때도 지금도 학생들과 토론 시 자주 활용하는 주제로 학생들의 생각을 알고 나면 부모로서 아쉬운 마음이 들었습니다. 부모님께 가장 바라는 것이 '말을 끝까지 들어주세요.', '공평하게 대해 주세요.', '학교에 친구와 같이 가고 싶어요.', '가족과 여행가고 싶어요.' 등 부모들이 충분히 수용 가능한 사소한 것일 때가 많기 때문이었습니다. 자녀의 마음을 좀 더 이해한다면 좋은 부모가 되리라는 생각을 갖게합니다.

　어느덧 해를 넘겨 2016년 3강을 새해와 함께 시작했습니다. 처음 시작할 때 40여명이 참석했지만 3강에 30명만 참석한 걸 보니 호기심에 온 친구, 친구 따라온 학생, 부모의 권유에 참여한 학생은 이제 오지 않는 모양입니다. 3강에서는 '새해'를 주제로 한 줄 글쓰기로 시작했습니다. 역시 새해라서 그런지 '꿈', '시작', '새로움' 등 희망 가득한 단어들로 예쁜 시가 완성되었습니다.

　다음으로 '가장 좋은 계절은 언제인가'를 주제로 모서리 토론을 했습니다. 좋아하는 계절별로 모둠을 만들고 각자가 계절이 좋다고 여기는 이유를 생각해서 쓰게 했습니다. 각자 적은 내용을 모둠원이 나누고 여러 모둠 앞에서 발표를 하고, 다른 모둠은 발표를 들은 후 들은 내용을 인용하여 질문을 했습니다. 질문을 받은 모둠은 발표자 이외의 사람이 질문에 답변토록 했는데, 이런 활동이 본격 찬반 대립 토론 시 반박과 반론임을 알려주었습니다.

　어느 덧 폐광지역 토론교육도 4강을 맞았습니다. 서로 많이 익숙해져 웃고 반기는 친구들도 생겨났습니다. 4강 수업은 '두 마음 토론'으로 시작했습니다. 먼저 주강사와 보조강사 셋이서 '길 가다 발견한 5만원을 경찰서로 갖고 가야 하나?'라는 주제로 두 마음 토론을 실감나게 시범을 보여주었습니다. 그리고 학생들을 3명씩 짝을 지어 판결자를 향해 본격적으로 주장을 펼치도록 했습니다. 판결자는 너무 일찍 판결하지 않고 두 번 이상의 주장을 들은 후 결정해 줄 것을 권하고 10모둠이 동시에 주장을 펼치지만 소란스럽다는 느낌이 전혀 없었습니다. 강사들의 시범 때문인지 학생들이 모두 적극적이고 즐거운 모습으로 참여를 했습니다.

　다양한 주제로, 다양한 입장에서 두 마음 토론을 마치고　4명씩 모둠을 만들어 만장일치 토론을 진행했습니다. '가수의 인기순위, C편의점 판매순위, 브랜드별 치킨 매장 수' 등 주제들은 학생들의 흥미를 유발하기에 충분했습니다. 포스트잇에 예시를 적고 포스트잇의 위치를 바꿔가며 순위를 정하고 그 이유를 적어 발표하도록 했습니다. 만장일치 토론 시 많은 예시를 제시할 경우 순위를 정하기가 쉽지 않아 흥미를 잃으므로 학생들과 진행할 때는 4, 5개의 예시라면 더 적극적인 토론을 끌어낼 것입니다. 토론을 통해 순위를 결정하고 이유를 기록한 후, 전람회 기법을 통해 결정한 이유나 과정을 발표할 때는 적절히 표현하지 못하며 아직은 어려워하는 것도 사실이지만 생각하기(자료조사) - 글쓰기(개요서) - 발표하기(토론하기)의 3요소를 연습해 가는 과정일 것입니다.

　4강의 마지막 토론은 '가치관 경매'였습니다. 가치관 경매는 눈에 보이는 물건 대신 가치관을 상품으로 경매 활동을 하는 토론입니다. 먼저 눈에 보이지 않는 가치덕목 12가지 단어카드를 보여주며 설명을 했습니다. 그리고 모의 화폐를 50만원씩 모둠에 나눠주었습니다. 경매를 시작하기 전에 각자 그 가치가 주는 의미를 생각해 보도록 했습니다. 구매하고자 하는 가치와 구매 금액의 상한선을 결정하는 모둠 토론을 마친 후 본격적으로 경매를 시작했습니다. 치열한 경쟁의 몸부림과 함께 들려오는 안타까운 한숨소리, 낙

찰의 환호도 터져 나왔습니다. 진행하는 강사의 재치가 한껏 돋보인 가치관 경매였습니다. 이날 경매에서 '자유'가 가장 비싼 50만원에, '정직'은 3만원으로 가장 싼 가격에 낙찰되었습니다. 경매를 마치면서 모둠에서 구매한 가치를 어떻게 사용할 것인지 적고, 발표하는 시간은 삶에서의 가치는 어느 것 하나 필요치 않은 것은 없음을 일깨워줍니다.

10강 중 5강은 휴대폰 케이스를 개발하는 과정을 PMI 토론으로 진행했습니다. 가장 먼저 장점(P-Plus)만 생각해서 노란색 포스트잇에 적고, 분홍색 포스트잇에는 단점(M-Minus)을, 마지막으로 개선점과 흥미로운 점(I-Interesting)을 파란색 포스트잇에 적도록 했습니다. 장점과 단점을 이야기할 때는 남녀 구분이 뚜렷했습니다. 최종 개발될 상품을 4절지에 그림으로 표현하고 PMI 포스트잇을 붙여 전람회 기법을 활용하여 공유했습니다.

5강 마지막 토론은 '포토 스탠딩을 활용한 광고 만들기'였습니다. 다양한 사진 이미지를 바닥에 늘어놓고 짝과 함께 그림을 선택 한 후 주제에 맞는 광고 카피를 만들어 적고 모둠별로 나누도록 했습니다. 그림의 주제에 맞는 광고 카피를 적는다는 것을 잘 이해하지 못하는 것 같아 직접 만든 광고를 보여 주었더니 고개를 끄덕이며 자신만의 광고를 만들어 나갔습니다. 이날 광고로 만든 주제는 '발명'이었습니다. 광고지를 강의실 벽면에 붙이니 강의실이 갤러리가 되었습니다. 설명이 어렵다면 한 장의 예문이 이해를 도울 수도 있다는 경험을 얻은 유익한 시간이었습니다. 다음 시간은 '어이쿠 이놈의 양반냄새'를 읽고 월드카페 토론을 진행하니 꼭 읽어올 것을 안내하고, 이틀 만에 집으로 향했습니다. 동료가 있어 집으로 돌아오는 길 역시 멀지 않았습니다.

본격적인 토론으로

6강은 예고대로 '어이쿠 이놈의 양반냄새'를 읽고 월드카페를 이용한 독서토론을 진행했습니다. 먼저 조선시대 양반에 관한 동영상을 시청하여 그 시대 양반에 대한 이해를 도왔습니다. 그리고 월드카페 토론의 특징을 설명하고 토론을 시작했습니다. 이날 우리 지역의 주제는 ▲바람직한 양반의 모습은 무엇인가? ▲돈이 없는 조선시대 양반은 존중받아야 하는가? ▲돈과 명예 중 무엇이 중요한가? ▲양반을 사고파는 행위는 옳은가? ▲현대 우리사회는 양반제(신분제)가 완전히 사라졌을까? 등이었습니다. 다른 지역은 또 다른 주제로 월드카페를 진행했다는 이야기를 들었습니다. 그런데 우리 지역 학생들은 열린 질문에 익숙하지 않아 보였습니다. 계속 찬반의견과 단답형의 얘기로 흐르며 생각이 확장이 더뎠습니다. 우리는 토론 주제를 바꾸고, 호스트도 토론을 잘 이끌만한 학생으로 임의 지정하였습니다. 이런 비상 처방을 통해 우여곡절 끝에 월드카페 토론을 마쳤습니다.

다음 시간에 진행된 사모아 토론은 '청소년 셧다운제는 바람직하다'라는 주제였습니다. 토론에 앞서 관련 기사와 동영상을 제공하여 '셧다운제'에 대한 이해를 도왔습니다. 토론을 원활하게 이끌기 위해 먼저 각각의 입장에 따른 주장과 근거를 교재에 적게 했습니다. 월드카페 토론을 두 번 진행했기 때문에 시간이 모자랐습니다. 그래서 사모아 토론은 자료 준비와 진행 방법을 설명하고 6강을 마쳐야 했습니다.

2016년 1월 14일에 열린 정선 초등 7강 수업은 공통점 찾기 토론으로 시작되었습니다. 지난 시간에 예고한 것처럼, '청소년 셧다운제는 바람직하다'라는 주제로 찬반 입장을 나누고 같은 입장을 가진 사람으로 모둠을 구성했습니다. 그리고 공통점을 15개 찾기로 했습니다. 공통점을 찾은 후 발표는 전람회 방식으로 했습니다. 모두가 참여하게 한 뒤 두 종류 스티커를 나눠 주고 각자가 '공통점이 참신한가?', '정리를 잘 했는가?' 등 두 가지 기준으로 평가했습니다. 또한 발표 태도와 발표를 듣는 태도가 좋았는지 평가를 해서 긍정적인 경우는 칭찬(☺) 스티커를, 노력이 필요하다고 생각되는 모둠에는 하트(♥) 스티커를 붙이기로 했습니다. 칭찬(☺) 스티커를 가장 많이 받은 모둠에는 상을 주었습니다. 하트(♥)를 많이 받은 모둠에도 간식 선택권을 주었습니다.

7강 두 번째 시간은 '청소년 셧다운제는 바람직하다'라는 주제로 사모아 토론을 진행했습니다. 찬반으로 입장을 나누는 과정에서 반대가 많아 중립인 친구들은 찬성 측에서 토론해달라고 부탁하고, 드디어 토론을 시작했습니다. 처음에는 입이 떨어지지 않는지 주장을 잘 펼치지 못했지만, 한 학생이 말문을 열자 연쇄반응으로 활발한 토론이 진행되었습니다. 한 번 더 해보기 위해 주제로 '흥부는 착하다'를 제시했는데 반대가 월등히 많았고, 몇 가지 주제를 더 제시했지만 그때마다 찬반이 확연하게 기울어 주제를 정하기 쉽지 않았습니다. 우여곡절 끝에 '중학교 남녀공학이 좋다'로 사모아 토론을 본격 시작하자 열변을 토했습니다.

사모아 토론을 마친 후에는 '정선 어린이 놀이동산을 설계하라' 는 주제로 프로젝트 토론을 진행했습니다. 놀이공원 명칭에 정선의 특색 '아리아리'를 활용하기도 하고 정선의 특산물인 곤드레 나물을 활용하는 학생들의 모습은 무척 진지했습니다. 프로젝트 토론 방법과 주의사항, 고려할 사항 등을 알려주고 본격적인 토론이 이뤄졌습니다. 와글와글, 시끌시끌 너무 좋아하는 모습을 보니 더불어 흥이 났습니다.

8강 수업에서는 프로젝트 토론을 한 번 더 해봤습니다. 7강에서 프로젝트 토론을 통해 만들어진 '정선 어린이 놀이동산'을 포함해서 '주강사, 보조강사 3명이 9만원으로 12시간 정선관광'이란 주제로 진행했습니다. 관광 안내도와 포스트잇을 잘 활용하여 이동거리, 식사, 입장료, 관광명소를 소개하며 토론을 하고 글과 그림을 활용하여 우리들만의 안내도를 만들었습니다. 결과 보고서는 전람회 기법을 이용하여 모둠의 결과를 발표하기로 하고 발표자를 선정했습니다. 8강쯤 되니 발표자를 선정하는 일이 쉬워졌는지 의견 조율 시간이 짧아졌습니다. 이번에도 문화상품권을 부상으로 걸고 스티커 투표를 했습니다. 발표자세, 경청 태도, 토론 결과물을 보고 투표를 하니 공동우승자가 나와 강사들이 최종 투표하여 우승 팀이 결정되자 희비가 엇갈리며 여기저기 탄성이 터져 나왔습니다.

프로젝트 토론 다음으로는 원탁토론을 진행했습니다. 원탁토론은 '사형제도는 폐지되어야 한다'를 주제로 이뤄졌습니다. 사형제도에 대한 사회적 배경을 설명했습니다. 토론에서 중요한 것 중 하나는 기록하기인데, 상대방의 이야기를 적는다는 것은 경청을 의미합니다. 상대방의 의견과 주장을 적고, 질문을 적어가며 토론해야 한다는 것을 인식시키고 토론을 시작했습니다. 발언시간은 2분으로, 토론자 모두에게 두 번의 발언기회가 주어졌습니다.

9강에 이르자 처음 참여했던 30여명에서 조금씩 인원이 줄어 24명이 되었습니다. 학생이 줄어들면 강사로서 제 역할을 못한 것 같아 제 스스로에게 아쉬운 생각이 듭니다. 이제 주강사, 보조강사, 학생들의 호흡이 척척인데, 마지막을 향해 가는 9강이 아쉽습니다. 이날의 토론 주제는 진로였습니다. 첫 시간은 '20년 후 사라지는 직업순위'를 만장일치 토론으로 나눠보았습니다. 20년 후라 막연하여 쉽지 않은지 꽤나 시끌벅적합니다. 최종 결정을 전람회 기법으로 발표하고 모서리 토론이 진행되었습니다. '노 키즈 존(No Kids Zone)'에 관한 뉴스 동영상을 보고 입장을 정했습니다. '입장1: 초등학교 입학 전 아이들은 출입을 금지해야 한다.', '입장2: 초등학생 이하는 식당이 알아서 모두 출입을 금지해도 된다', '입장3: 출입은 시켜주지만 소란을 피우는 아이는 퇴장시킨다.', '입장4: 남녀노소 구분 없이 모두 출입이 가능해야 한다' 등 네 가지 입장으로 나눠 토론을 했습니다. 구성된 모둠원들은 토론을 통해 주장과 근거를 포스트잇에 작성하여 4절지에 붙였습니다. 주장과 근거가 가득한 4절지를 강의실 벽에 붙입니다. 입장이 다른 모둠 원들은 4절지에 붙은 주장과 근거를 읽고 난 후, 포스트잇에 실명과 함께 질문을 메모하여 붙여 놓습니다. 질문지에 대한 답을 적고 발표를 했습니다. 참여한 학생들의 이야기이기도 했지만 객관적 입장에서 토론하는 모습에서 8강의 배움이 느껴졌습니다. 모서리 토론에 대한 이해를 깊게 하기 위해 '수학시간에 계산기는 계산 할 줄 알면 사용해도 되고, 계산을 못하면 못 쓴다', '수학시간에 계산기는 계산할 줄 알아도 못쓰게 해야 한다', '수학시간에 계산기는 누구나 쓰게 해줘야 한다.'로 모서리 토론을 한 번 더 해보고 나니 네 시간이 훌쩍 지나갔습니다.

폐광지역 토론교육의 대단원을 수놓을 마지막 10강이 다가왔습니다. 10강은 자체 원탁 토론 대회로 구성했습니다. 원탁 토론은 초등학교 5학년 2학기 국어활동 교과서에 수록되어 있지만, 활동은 잘 이뤄지지 않았습니다. 이날 원탁 토론은 '어린이 식당 출입 금지, 어떻게 볼 것인가'라는 주제로 이뤄졌습니다. 며칠 후 태백에서 열릴 폐광지역 토론캠프의 원탁 토론 주제가 바로 '어린이 식당 출입금지, 어떻게 볼 것인가'였기 때문에 연습 차원으로 토론을 했습니다. 물론 학생들에게는 토론대회 주제라는 사실은 공개하지 않았습니다. 학생들은 지난 시간 모서리 토론을 위해 조사한 자료를 갖고 원탁 토론에 참여했습니다. 상대의 발표를 메모하고, 다양한 입장에서 근거를 토대로 상대방과 눈을 맞추며 적극적으로 주장을 펼쳐나갔습니다. 10회차 강의를 잘 마친 강사와 학생은 서로를 격려하며 작별을 했습니다.

　며칠 후, 태백의 한 리조트에서 영월, 정선, 태백, 삼척 등 네 개 지역 학생들이 참여한 폐광지역 토론캠프가 1박 2일로 열렸습니다. 중ㆍ고등학생은 『정의란 무엇인가』를 읽고 독서 토론을 했습니다. 초등학생들은 프로젝트 토론과 '어린이 식당 출입금지, 어떻게 볼 것인가'를 주제로 원탁 토론을 진행했습니다. 모둠별 원탁 토론을 진행하여 자체 투표를 통해 다음 라운드 진출자를 선정하고, 나머지 토론자들은 '친환경 놀이동산을 디자인하라'라는 주제로 진행되는 프로젝트 토론에 참가했습니다. 이외에도 토론캠프에는 '어린이 아나운서 교실'을 마련해 학생들의 흥미를 자극했습니다. 저자와의 대화에서는 『우리 동네 미자씨』의 작가 유은실 씨를 초청해 책에 관한 이야기를 나누기도 했습니다. 토론캠프에서 가장 인상 깊었던 것은 4개 지역 초등학생 110여명이 참여한 월드카페였습니다. 구역을 네 개로 나눠 진행한 월드카페를 보니, 월드카페를 왜 대집단 토론으로 구분하는지 알 수 있었습니다.

　토론캠프 폐회식을 끝으로 폐광지역 토론교육을 마무리했습니다. 오가는 길이 그리 쉽지만은 않았고, 특히 엄마로서 방학 중인 딸아이의 생활을 고려할 때, 폐광지역 토론교실 참여를 결정하기는 더욱 쉽지 않았습니다. 그러나 현직 교사 분들을 지원하면서 토론을 배운 것은 큰 경험이었습니다. 아마도 이런 경험이 없었다면, 지금의 저는 없었을지 모릅니다.

사실, 저는 당시에 다양한 통로로 학생들을 만나고 있어서 폐광지역 토론교실이 그리 어렵지 않을 것이라는 자만심을 품고 있었습니다. 그러나 그런 자만심은 첫 강의에서 곧바로 무너졌습니다. 4시간 동안 예뻐보이려고 신은 구두는 발과 허리를 괴롭혔습니다. 나중에는 요령이 생겨 신발 두 개로 4시간을 보내기도 했습니다. 간간히 학부모로부터 '아이가 재밌다고 한다.', '감사하다'는 등의 메시지가 올 때, 그리고 주변으로부터 '멋지다', '대단하다'는 등의 격려를 들을 때면 몸 둘 바를 몰랐습니다. 제가 한 역할에 비해 더 많은 인정이 쏟아졌고, 그 칭찬의 대부분은 주강사로 참여한 강원토론교육연구회 선생님들께 가는 것이 옳다 여겼기 때문입니다.

돌아보면 부족함이 더 많은 시간이었습니다. 토론교육 초보로서 실수도 많았고, 배워야 할 점이 더 많았습니다. 그래서 지금도 당시를 생각하면 아쉬움이 많이 밀려옵니다. 힘들었지만 보람된 그 시간을 기억하며 앞으로의 토론교육에 잘 활용하고 싶습니다. 폐광지역 토론교실은 압축적으로 질이 높은 토론교육을 경험했던 그 학생들에게도 좋은 경험이었지만, 제게도 토론교육의 불씨를 지핀 소중한 경험이었으니까요.

▲ 폐광지역 토론교육의 일환으로 문제해결학습 기반의 프로젝트 토론을 한 후 나온 결과물. 핵발전, 화석연료 발전이 사라진 미래 사회의 모습을 토론을 통해 그림으로 표현했다.

▲ '2015-2016 폐광지역 토론캠프'에서 초등학생들이 원탁토론에 앞서 교육을 받고 있다.

13장   배움의 실천5 : 진로와 묻기

안 경 희

토론에 흠뻑 빠져, 더 깊은 토론을 배우고 실천하며 성장하는 강사이다.
현재 동해교육지원청 학생상담자원봉사회 회장을 맡고,
성찰과 배움이 있는 진로 토론교육에 주력하고 있다.
2014년부터 토론교육에 참여하며 살고 있는 지역에서부터 토론교육 확산을 꿈꾸고 있다.

제2의 인생

요즘 저는 제법 바쁜 생활을 보내느라 한 달에 한번 있는 곗날조차 빠지는 경우가 있습니다. 학생상담 자원봉사, 진로코칭, 그리고 토론교육까지 하다 보니 시간이 모자랄 때가 많습니다. 그래서 가끔 친구들과 모임을 하는 날조차 건너뛰어야 합니다. 그럴 때마다 친구들은 '야, 남들은 하던 일도 다 그만 두는 나이에 넌 실컷 놀다가 뒤늦게 웬일이야.'라고 웃는 말로 투정을 합니다. 그래도 저는 그 말이 즐겁게만 들립니다. '늦게 배운 도둑질에 날 새는 줄 모른다.'는 말이 꼭 요즘의 나를 표현하는 듯 바쁜 생활이 신나고 즐겁기만 합니다.

십여 년 전인 2008년의 일입니다. 큰 아이가 대학교에 들어간 후 아이에게 온통 매달려 있던 나는 갑자기 시간에 여유가 생겼습니다. 큰 아이의 빈 자리를 볼 때마다 가야할 목표가 없어진 사람처럼 허전한 마음이 일어났습니다. 그래서 갈 길을 잃은 듯 무료해지기 시작했습니다. 이것이 바로 '빈 둥지 증후군이구나' 하는 생각이 번쩍 들었습니다. 그래서 저는 그 무렵부터 강원도 동해시에 있는 평생학습관을 다니면서 서양화도 배워보고 사람들을 만나는 시간을 가졌습니다. 그런데 취미로 그림을 배우고 그리기 이외에 뭔가 생산적인 활동, 사회적으로 유용한 활동을 하고 싶은 아쉬움이 남아 있었습니다. 그런 생각을 하고 있던 차에 진로가 바뀌는 계기가 생겼습니다. 강원도동해교육지원청에서 주관한 학생상담자원봉사자 교육을 받고 학생상담 자원봉사를 시작한 겁니다. 사실 저도 제 자신을 잘 이해하지 못하는데, 청소년을 상대로 상담을 해야 하니 알아야 할 것, 배워야 할 것이 참 많았습니다. 상담봉사를 위해 이것저것 낯선 것을 접하고, 심리학과 상담기법 등을 배우는 과정이 참 즐거웠습니다. 몇몇 학교 학생을 만나 학생상담을 진행하고, 지속적인 관계를 형성하며 건강한 생활을 할 수 있도록 도움을 줬습니다. 부모가 아니라, 다른 역할에서 청소년을 대하는 경험들은 저에게 새롭고 신선하게 다가왔습니다. 미처 몰랐던 배움에 대한 즐거움이 새로운 활력을 일으켰습니다. 더 나아가 내가 사회적으로 유용한 노동을 한다는 생각에 기뻤습니다.

그러다가 몇 해 전 부터는 강원도교육청에서 추진한 학부모 진로코칭 활동에도 참여했습니다. 학부모 진로코치는 교육청에서 지원하는 일정의 연수를 이수한 후, 지역 초등학교 중학교와 연계하여 진로수업을 지원하는 역할이었습니다. 진로수업의 수요는 많아지는데, 실제로 진로수업을 할 수 있는 여건이 마련되지 않아 도입된 프로그램이었습니다.

　진로코치 활동은 학생상담 활동과 또 달랐습니다. 학생상담은 교우관계 개선에 도움이 되는 인성함양을 목적으로 하는 집단상담 활동이므로 아이들 개인의 상황과 역량을 이해하고 활동에 대한 자율성과 유연함이 많은 활동이었으나, 진로코치 활동은 결과물이 생성되어야 하며 활동 목표가 제시된 일종의 수업이었습니다. 진로교육이 중요한 것인 만큼 학생 전체의 참여를 끌어내어 진로수업 목표에 한 개라도 더 다가갈 수 있게 해야 한다는 부담을 갖고 시작했습니다. 물론 진로코칭 활동을 시작한 첫 해에는 진로코치로서 진로 관련 교육도 받아야하고 활동 멤버들과 연구를 통해 수업 자료도 스스로 준비해야 하는 어려움이 있었지만 다음 해부터는 표준화된 매뉴얼이 만들어져 한결 수월했습니다. 진로코칭은 준비한 진로 관련 자료를 활용하여 청소년에게 진로에 대해 이야기를 나누거나 활동 결과물을 만드는 방식으로 이루어졌습니다. 새로운 진로교육을 받고 그것을 아이들에게 새롭게 적용해 보고 보완하기도 하고 어떻게 하면 아이들에게 즐겁고 깊이 있게 접근하여 학생들이 자신의 진로에 관심을 갖게 할 수 있을까 고민하고 여러 가지 기법들을 공부하는 이런 과정은 저 자신에게도 새로운 활력이 되었습니다. 그러던 어느 날 직업카드 검사법에 대한 교육을 받던 중, 그 날이 마침 직업상담사 2급 자격증 응시 접수 마지막 날이라는 얘기를 같이 수강하는 분께 들었습니다. '직업상담사? 어, 나 그 책 있는데!' 누군가에게 얻어 놓은 책이 생각났습니다. '한번 해 볼까? 어려워도 공부 함 해보지 뭐 나 왕년에 공부 쫌 했잖아.'라는 욕구와 함께 용기가 생겼습니다. 그날 6시 마감시간이 임박하여 부랴부랴 접수를 했습니다. 나중에 알고 보니 그 자격증 응시 기회가 일 년에 서너 번 있었습니다. 그로부터 한 달 뒤 벼락치기 공부의 빛나는 성과인 필기시험에 떡 붙었습니다. 그리고 1차에 합격하면 2차 시험은 2년 내에 합격하면 됩니다. 2차 시험은 주관식으로 합격률이 20%를 밑돌고 있습니다. 그런 어려운 시험을 두 번째 도전으로 해냈습니다. 운전면허 시험도 겨우 합격했는데 말입니다. 이렇게 새로운 도전을 하여 성취를 맛본 저는 이 성취감을 아이들에게도 전하고 싶었습니다. 그래서 진로코치 활동 내용도 다양한 직업에 대해 알고 그 중에 하나를 정하고, 미래를 꿈꾸고, 하고자 하는 목표를 세우면 이룰 수 있다는 것을 의욕적으로 진행했습니다.

어른들은 진로수업을 통해 청소년이 진로를 결정하기를 바라기도 합니다. 하지만 중학생 시절에 진로를 정하는 경우가 얼마나 될까요? 세상이 얼마나 넓은지도 모르고, 특히 지역에서 나고 자라온 학생들이 보고 들은 것은 극히 일부이며, 자신이 무엇을 원하는지조차 모르는데 진로를 결정할 수 있을까요? 아마도 그렇게 진로를 정하면 십중팔구는 얼마 못가 다른 진로를 결정해야 할 겁니다. 그런데 근본적으로 진로에 대한 정보나 자신에 대한 진지한 생각이 부족한데 진로를 바꾼다고 문제가 해결될까요? 진로교육에 대한 공부를 하면 할수록 그런 생각이 들며 지금 하는 방식에서 프로그램을 업그레이드시켜야겠다는 생각이 들었습니다. 그런데 2016년부터는 강원도교육청의 학부모진로코칭 프로그램이 중단되었습니다. 중학교의 자유학기제 실시와 더불어 학부모진로코치의 역할이 없어지면서 진로직업체험이라는 형태로 변화하였고, 각 학교들에도 진로진학상담교사가 배치되는 등 진로교육의 발전을 위한 여러 가지 교육시스템의 변화가 온 이유이라고 이해했지만, 저로서는 진로코치로서 청소년을 만나지 못하는 아쉬움을 마음속에 접어 두었습니다.

두 번째 도전

학부모 진로코치의 역할이 없어지면서 저는 진로코칭에 관한 생각을 잊었습니다. 그러던 중 2016년 봄에 또 한 번의 전환점, 새로운 계기가 생겼습니다. 바로 강원도동해교육지원청이 주최한 '동해 학부모 토론카페'라는 토론교육 연수에 참여하면서 새로운 가능성을 발견한 것입니다. 이 연수 전 이미 토론교육지도사 과정을 접하고 '온동네 디베이트연구회'라는 이름으로 같이 스터디를 하고 다른 토론교육에도 참여했습니다. 또한 동해시에서 개최된 토론대회 심사위원과 전국대회 심사위원으로도 활동을 했습니다. 그런데 새로 접한 협력적 토론은 그 동안 제가 경험한 토론, 그러니까 '디베이트'라고 부르던 찬반 대립 토론과는 상당히 달랐습니다.

학부모 토론카페 연수 장소인 지역교육청 대회의실에 가보니 이미 다른 방식의 토론을 배웠던 분들도 있었고, 이미 2015년에 기초적인 협력적 토론 연수를 이수한 분들도 있었습니다. 일부는 새롭게 협력적인 토론교육에 관심을 갖고 참여하려던 분들이었습니다. 참가자의 나이는 20대부터 50대까지, 나이대도 다양했습니다. 아무래도 연수 시작할 때에는 어색했지만, 연수 참가자들은 금방 가까워졌습니다. 협력적 토론으로 수다를 떨면서 어색함을 빠르게 떨쳐버렸습니다.

저는 배움 중심 수업을 실시하고 있는 최고봉 선생님의 토론교육 속에서 진로코칭 할 때의 무언가 부족함을 채울 수 있을 것 같았습니다. 연수를 받으며 진로코치 수업에서 학생들이 조금 더 말하고, 생각을 정리하는 활동을 진행했다면 어땠을까 생각해 봤습니다. 학생에게 이렇게 저렇게 하는 방법만을 알려주고 제시하는 것이 아니라, 주제를 통해 논의의 장을 만들어 주면 더 좋았으리라는 평가도 해봤습니다. 학생들도 주변 사람들과 토론을 통해 스스로 길을 찾고, 그래야만 변화하는 진로에 대처하는 방법을 배울 수 있으리라는 생각이 들었습니다. 진로코칭은 절대 남의 진로를 '이래라, 저래라'라고 말해주는 것이 아니고, 세상을 살아갈 때 문제를 해결할 능력을 키우는데 도움을 주는 것이라는 사실을 뒤늦게 깨달았습니다. 지금 알고 있는 이 사실을 그때 알았더라면 얼마나 좋았을까요.

토론이 진로수업과 잘 맞는다는 생각과 함께 제 진로를 바꾸는 전환점이라는 느낌도 듭니다. 토론교육 연수를 마친 후에도 토론 공부와 함께 여러 가지 활동을 했습니다. 연수 이수자들은 동해생활문화센터, 동해교육지원청 등에서 정기적인 모임을 열고 있습니다. 월 2회 이상, 때로는 매주 만나 토론 관련 책을 읽고, 전문성을 높이는 공부를 했습니다. '단위학교 학부모회 임원 토론회'를 4일에 걸쳐 진행하기도 하고, 교육감 간담회를 토크쇼 형식으로 진행하는 경험도 쌓았습니다. 도서관이나 시청에서 개최하는 행사를 지원하기도 합니다. 물론 종종 있는 토론 연수나 인문학 강의도 놓치지 않기 위해 노력합니다. 이러한 노력을 바탕으로 저는 토론교육 강사로서의 길을 다시 걷기 시작했습니다.

다시, 진로수업에서

협력적 토론의 확장성은 매우 큽니다. 토론 그 자체도 의미가 있지만, 다른 많은 교육과 접목이 가능하다는 점이 마음에 들었습니다. 상담적 요소가 있어 마음을 열고 이야기할 때나, 진로에 관해 이야기할 때도 좋습니다. 그래서 저는 이 토론을 제가 앞서 공부한 다양한 분야에 접목하면 좋겠다는 바람이 있었습니다. 동해에서 학생상담봉사자회 회장을 맡은 저는 협력적 토론을 배우고 난 후부터는 기존의 집단상담 활동에 브레인 라이팅 토론 등을 접목하여 활동 중심의 상담을 실시했습니다. 그리고 얼마 전에 드디어 중학교에서 진로집단상담 요청이 들어왔습니다. 저는 그동안 잠잠했던 진로 관련 강의 요청이 들어왔다는 소식에 기뻤습니다. 오랜만의 진로코칭 요청 때문이기도 하지만, '와, 드디어 이번에 배운 협력 토론을 적용할 기회가 왔구나.'라는 생각이 들었기 때문입니다. 저는 반가운 마음으로 2시간짜리 진로 프로그램을 계획했습니다. 프로그램 계획에 앞서 진로상담, 수업 방향을 먼저 생각해 보았습니다.

누구나 추구하고 꿈꾸는 것은 행복한 삶입니다. 그렇다면 그 행복을 위해 무엇이 필요하고, 그 필요를 위해 내가 해야 할 일(목표)을 어떻게 찾고, 그 목표를 위해 지금 무엇을 해야 할지를 알고 실천하고 실행하는 과정을 진로교육으로 보았습니다. 그 즈음 접한 독서 토론의 주제 도서가 오연호 씨의 『우리도 행복할 수 있을까』였습니다. 우리는 이 책의 내용이 진로교육과도 맞닿아 있다고 보았습니다. 그래서 우리 팀은 이번 진로집단상담 주제를 '행복'과 '진로'의 연결로 잡고, 세부 프로그램을 계획했습니다. 행복을 위해 필요한 가치가 무엇이고, 자신이 행복하기 위해 어떤 직업을 가지면 좋을지 생각하는 활동을 마련했습니다. 사람은 저마다 다른 가치 기준을 두고 행복을 느낀다는 사실을 확인해보고 싶었던 마음도 있었습니다.

첫 번째 활동으로 취업포털 알바천국에서 제시한 통계자료를 바탕으로 '청소년 희망직업 순위 정하기' 토론을 진행했습니다. 토론을 접하고 공부한 만장일치 토론 방법이었습니다. 학생들은 4~5명씩 모둠을 구성해 6개의 희망 직업 순위를 맞췄습니다. 단, 이때 다수결이 아니라 모둠원 모두가 합의하는 순서를 정하기로 했습니다. 학생들은 대체로 교사, 공무원으로 순으로 결정했습니다. 저는 결과를 확인한 후 학생들에게 질문을 했습니다.

"우리나라 직업이 몇 가지나 될까요?"

학생들은 정확한 수를 맞추지는 못했습니다. 아니, 그 근처에도 가지 못했습니다. 저는 공식 통계를 인용해서 '현재 12,000여 개의 직업이 있는데, 우리가 알고 접한 직업은 아주 일부분'이라고 알려

줬습니다. 그래서 지금 희망직업을 결정하면 결국 자신이 보았던 직업 중에서 고르게 된다는 점도 말입니다. 그래서 진로를 잘 알기 위해서는 이런저런 진로와 직업에 대해 알아야 하고, 가급적이면 경험해 봐야 한다는 이야기도 잊지 않았습니다.

두 번째 활동으로는 '나라별 행복지수 순위 정하기' 활동을 해보았습니다. 덴마크와 코스타리카, 우리나라 등의 7개 나라를 제시하면 학생들은 행복지수가 높은 나라부터 순위를 매겼습니다. 행복지수를 공부하다보면 행복지수가 단지 국가경제력만이 아니라 여러 가지 요인이 영향을 끼친다는 사실을 알게 됩니다. 이날 진로수업에서는 총 157개 나라 중에서 우리나라는 과연 몇 위쯤 되는지 물어보고, 그 이유를 함께 이야기했습니다. 시사에 밝은 학생들은 대충 순위를 알기도 하고, 한국의 행복지수가 썩 높지 않다는 것을 감각적으로 느끼기도 합니다. 또한 경제 이외의 요소에도 주목하고, 우리 사회의 행복을 생각하는 학생들을 보면서 그리 비관적일 필요가 없다는 생각이 들었습니다. 이런 학생들의 모습을 보며 기성세대의 한사람으로서 다행스럽게 느껴졌습니다.

세 번째 활동으로 행복의 조건에 관한 브레인 라이팅을 적용해 보았습니다. 우리나라 중학생이 다른 집단에 비해 행복지수가 가장 낮게 나온 통계를 보여주고 '여러분이 생각하는 행복의 조건은 무엇인가'에 대해 브레인 라이팅 토론을 했습니다. 브레인 라이팅은 말보다 조용히 자신의 생각을 정리해 포스트잇에 쓰고 붙인 후 분류하기 활동을 하는 것이라 인기가 있었습니다. 남학생들이라 그런지, 행복에 대한 다양한 생각들 중에서 걸그룹 관련된 항목이 모둠마다 나왔습니다. '요즘 트와이스가 대세인가 보네.'라고 말했더니 '그렇다며' 좋아하는 모습이 엿보입니다. 저 나름대로도 기획했던 의도대로 행복의 조건에 직업, 하고 싶은 일, 건강 등 다양하게 나온 결과물을 보니 무척 반가웠습니다. 일과 직업이 행복하기 위해 하는 것임을 아이들은 이미 알고 있었던 겁니다. 다만 아직까지 내가 원하는 바가 무엇인지 알지 못했던 것 뿐. 저는 그 마음을 이해할 수 있습니다. 저도 이제야 겨우 내가 좋아하는 것이 무엇인지, 내가 잘 할 수 있는 것이 무엇인지 아니까요.

이날 진로수업의 마지막 활동은 행복에 대한 '한 줄 글쓰기'였습니다. '한 줄 글쓰기'는 수업 도입부나 정리부에서 널리 사용할 수 있습니다. 주제에 대해 한 문장씩만 쓰면 되기 때문에 쓰는 사람도 큰 부담이 없습니다. 이렇게 쓴 한 문장, 한 문장이 모여 글이 됩니다. 모둠을 돌아다니며 슬쩍 살펴보니 제법 성숙한 의견들이 나왔습니다. 역시 중학생들이 마냥 어리기만 한 것은 아니었습니다. 비록 짧은 시간이었지만, 진로와 미래에 관한 고민이 묻어납니다. 이런 고민을 부모님께서도 긍정적으로 봐주면 얼마나 좋을까요.

제 진로활동 소감을 이날 활동에서 나온 어느 학생의 한 줄 문장으로 대신하고자 합니다.

"좋아하는 사람을 찾고, 하고 싶어 하는 즐거운 일을 찾자."

저는 요즘 좋아하는 사람과 함께 즐거움을 찾고 있습니다. 계모임도 빼먹을 만큼 바쁘지만, 힘들다는 생각보다 기쁘다는 생각이 큽니다. 협력적 토론과 진로의 결합, 그것이 제 꿈입니다. 성찰과 배움이 있는 진로수업을 토론으로 해보는 것이 즐겁습니다. 지난 몇 년을 돌아보며 생각해 봅니다. '그래 난 지금 제대로 하고 있는 거야! 계속 가는 거야!'라고 말입니다.

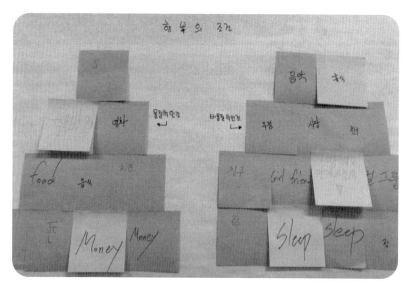

▲〈행복의 조건〉에 대해 브레인 라이팅을 하고 분류한 종이들. 인간의 진정한 행복은 무엇이고, 어디서 찾아지는 것일까.

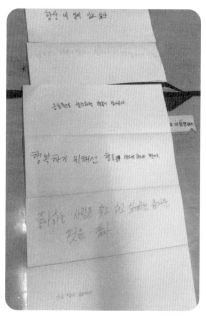

◀행복이라는 주제로 나눈 '한 줄 글쓰기' 결과물. 시 형식이다.

14장 학부모, 학부모강사로 도약하기

심 성 희

중국에서 몇 해 살았고, 현재는 강원도 동해에 거주하고 있다.
방과후 독서토론논술 강사, 학생상담 자원봉사자, 디베이트 코치, 진로코치로 활동 중이다.
자신의 역량 강화를 위해 책놀이 지도사, 문해교육사 등의 관련 자격증을 취득하고
열심히 공부하고 실천하며 노력하는 현재진행형 강사이다.

학부모 강사의 탄생

'당신은 부모입니까? 학부모입니까?'라는 공익 광고 문구가 강렬히 기억에 남았습니다. 부모와 학부모를 둘로 나누어 불편하지만, 우리 사회의 모습을 날카롭게 비판한 점은 반성해야 했습니다. 지금 이 물음을 조금 바꾸어 '나는 학부모입니까? 아니면 학부모 강사입니까?'라는 말을 떠올려 봅니다.

제가 학부모로서 지금의 방과후 강사로 활동하게 된 계기는 우연히 받은 전화 한 통으로 시작되었습니다. 아들이 초등학교 5학년부터 6학년까지 학교에서 반장, 부반장을 맡으면서 엄마인 나도 학부모회 임원이 되었습니다. 요즈음은 좀 변했다고 하지만, 얼마 전까지는 학생 임원의 부모가 학부모회 임원이 되는 일이 잦았습니다. 제가 학부모회 임원으로 활동을 하던 즈음에 학부모회 회장이 전화를 해서 '지역교육청에서 학부모 진로 코치를 뽑는데 하실

학부모, 학부모강사로 도약하기
178 / 179

의향이 있으시냐?'고 물었습니다. 구체적으로 무엇을 할지는 모른 채로 명단에 이름을 올렸던 것이 제가 학부모 강사로 출발하게 된 계기였습니다.

　지역교육청에서 1차로 진로코치 교육을 받을 학부모가 모였고, 도교육청과 제휴한 모 원격연수원에서 원격으로 진로코치 연수를 받았습니다. 연수를 받은 이후에는 멘토 교사가 초등교사 한 분, 중등 교사 한 분씩 배정되어 활동을 지원해 주셨습니다. 저는 중등 멘토 교사가 근무하는 북평여고에서 진로교육을 받고 실제 수업에 나가서 강의할 아이템으로 수업 시연도 했습니다. 그 후 지역교육 청에 진로교육을 신청한 학교에 일정별로 첫 강의를 나갔습니다. 강의를 나갈 때엔 프레젠테이션 자료를 갖고 가야 한다고 해서 평생학습관에 가서 컴퓨터교육(한글, 파워포인트, 포토샵, 엑셀 프로그램)을 틈틈이 받고 초등학교에서 교편을 잡고 있는 사촌 여동생의 자문도 받았습니다. 또한 프레젠테이션을 하는 방법과 진로교육으로 적합한 내용들에 대한 의논을 하러 학교를 수차례 방문하곤 했습니다.

　이러한 준비 끝에 학부모 진로코치로서 동해시 관내 5~6개 초등학교 고학년 대상으로 창의체험활동 시간의 진로교육을 했고 2014년에 10시간, 2015년에 13시간 소중한 경험을 쌓았습니다. 이제 막 진로에 대해 고민을 할 학생들이 다양한 각도에서 진로를 생각하도록 안내하는 수업이었습니다. 그런데 2016년에 접어들면서 동해 지역 진로코치 활동이 동해 YWCA와 제휴를 맺고 이관되어 기존 진로코치 활동은 잠정적으로 정지되었습니다. 그래서 방향이 바꾸어 2016년 12월 자유학기제 기간 동안 시행되는 묵호여중 1학년 학생들의 현장직업 체험활동에 안전과 관리를 맡았습니다.

저는 진로코치로서의 경험을 살리기 위해 다른 분야에도 도전을 했습니다. 학부모 진로코치 활동을 하던 2014년 6월에는 디베이트를 접했습니다. 동해 YWCA에서 약 40일, 120시간 과정의 디베이트 지도사 자격 과정이 개설되어 연수를 받았습니다. 처음 접하는 디베이트 과정이라 그런지 어렵고 부담스러웠지만, 120시간의 연수를 마치니 토론이 다르게 보이기 시작했습니다. 디베이트지도사 2급 과정을 마치고 얼마 지나지 않아 11월에 평생학습관에서 개설한 디베이트지도사 1급 과정까지 단숨에 달려갔습니다. 그 후에는 연수를 함께 한 사람들과 스터디 모임을 결성해서 1주나 2주에 한 번 꼴로 모여 공부를 했습니다. 지속적인 공부모임 없이 토론을 해 나가기는 아무래도 어려운 일이었습니다.

이러한 성과로 2015년에는 함께 공부하던 디베이트 코치 선생님들이 여러 초등학교에 재능기부로 독서토론논술 수업을 나가고 저는 우리 아이가 졸업한 초등학교를 지원하여 2학년 돌봄교실에서 방과후 연계형 독서논술 수업을 수요일에서 금요일까지 하되 목요일 4시간은 재능기부로 하고 독서토론논술 강사로서의 첫 경험을 쌓아갑니다. 2016년에는 강사로서 활동 범위를 넓혀야겠다는 생각이 들어 1월에 신청을 받는 또 다른 초등학교의 방과후 독서논술 강사에 지원해서 방과후 강사로 활동했습니다.

그런데 찬반 대립 토론 중심의 디베이트로는 저학년 학생들, 더군다나 많은 수의 학생들과 수업을 하기가 쉽지 않았습니다. 그런 어려움을 느끼고 있을 즈음인 2016년 5월에 강원도동해교육지원청에서 주최하는 '학부모 토론카페'라는 연수가 눈에 들어왔습니다. 최고봉 선생님의 토론교육 연수를 통해 여러 가지 협력적 토론 수업에 대해 눈을 떴습니다. 이 과정을 통해 흥사단이 발급하는 토의·토론지도사 2급을 취득합니다. '학부모 토론카페'는 30시간짜리 연수였지만, 찬반 대립 토론에서 다루지 못했던 수업용 토론을 배울 수 있어 큰 도움이 되었습니다. 동해지역에서 협력적 토론을 하는 분들과 새로운 모임을 만들었고, 나중에는 디베이트를 공부하는 분들과 통합적인 모임을 결성했습니다. 이러한 성과가 모여 2016년 결성된 강원토론교육협동조합에서는 부이사장으로 선출되었습니다.

나는 여전히 배가 고프다

더 나아가, 2016년 8월에는 문해교육사 3급 과정에도 도전했습니다. 문해교육사란 일상생활에서 필요한 글을 읽고, 쓰고, 이해하는 능력을 가르치는 전문가를 가리킵니다. '요즈음 같이 대부분이 학교에 다녀 문해가 가능한 시대에 무슨 문해교육사?'냐고 물을 수도 있습니다. 그런데 의외로 성인 중에 비문해자가 많거나, 글자를 읽을 수는 있는데 무슨 의미인지 모르는 경우가 꽤 많습니다. 또한 여러 가지 이유로 초등학생들 중에도 사실상 비문해인 경우가 적지 않은 편입니다. 독서논술, 토론을 강의하는 강사로서 그 원인과 대처방안에 대해 공부할 필요가 있어 문해교육사 과정을 이수했습니다.

제 공부병은 여기서 그치지 않았습니다. 9월부터 11월까지는 동해교육도서관에서 매주 수요일 저녁 2시간씩 책놀이 지도사 3급 과정을 공부하여 자격증을 취득했습니다. 책을 통해 흥미를 유발하는 책놀이는 독서 수업에서 유용한 방법입니다. 특히 초등학생에게는 책놀이가 책으로 통하는 통로입니다. 독서논술, 토론 수업을 할 때 중간중간에 활용할 수 있겠다는 생각에 틈을 내어 책놀이 연수에 참여했습니다.

제가 관심이 있는 연수는 비단 자격증을 포함하는 연수 과정만은 아닙니다. 기존에 공부한 내용도 조금 더 깊이 공부할 기회를 만드는 것은 굉장히 중요합니다. 특히 제가 주로 강의하는 독서논술과 토론과 관련된 연수에 집중하는 것이 무엇보다 중요합니다. 예를 들어, 강원토론교육협동조합에서는 독서 토론 연수 등 다양한 연수를 수시로 개최합니다. 그 이유는 반복적인 교육을 통해 강사의 전문성을 높이고, 강사가 다양한 상황을 미리 경험하여 대처할 능력을 키워야 하기 때문입니다. 무엇보다 독서력을 키울 수 있는 교육을 우리 스스로 준비해야 독서-토론-글쓰기의 융합이 가능하기 때문입니다.

제가 이렇게 틈틈이 독서논술 강사를 하면서 연관된 공부를 하는 또 하나의 이유는 학부모 강사라는 이름이 아마추어를 의미하면 안 된다는 생각 때문입니다. 한국사회에서 '학부모 강사'는 자원봉사자 또는 아마추어라는 이미지가 강합니다. 학부모 강사라는 이유로 아마추어적인 강의를 한다면 실수가 용인되겠지만, 장기적으로 설 자리가 없다는 생각이 들었습니다. 또한 제 강의를 듣는 학생들에게 다양한 아이템으로 즐겁고 재미있는 수업이 되길 바라는 마음도 컸습니다. 저 역시 다른 강사처럼 학생들이 참여하는 즐겁고 유익한 수업을 할 수 있기를 바랐습니다.

강사의 길

2015년, 2016년 광희중학교 한빛서재에서 여름방학과 겨울방학 기간 중에 2일 과정의 독서토론대회에 참여한 적이 있었습니다. 디베이트를 하기 전, 책에서 질문과 논제를 찾고, 논제에 따라 논점과 근거를 찾는 과정을 같이 공부했습니다. 또한 실제로 디베이트를 해보는 일련의 경험은 토론 강사의 길을 가는 제게 희열을 주었습니다. 책에서 주제를 찾고 디베이트를 하면서 책을 깊이 읽고 자신의 주장을 논거를 찾아 열심히 토론하는 중학생들을 보면 토론하는 재미를 알게 해 준 것 같아 스스로 뿌듯합니다.

2016년 9월 강원토론교육협동조합 발기인 총회가 열렸고, 부이사장의 소임을 맡게 되었습니다. 스무 명 정도가 참여해 발족한 이 협동조합은 지금은 11개 지역에 100명이 넘는 조합원이 참여하는 상당한 규모로 발전했습니다. 아직은 초보 협동조합이지만 교육용 워크북을 개발하고, 학교 밖 토론 교육에 집중하며 전문성을 키워나가고 있습니다. 오늘보다 내일이 더 기대되는 협동조합으로, 서로가 재능을 나누고 지역에서 공익성과 전문성을 바탕으로 성장하자는 의지를 다지고 있습니다.

그해 10월에는 춘천에 소재한 강원대학교에서 열린 '2016 강원 청소년토론대회'에서 진행요원 겸 타임키퍼로 활동했습니다. 규모가 있고, 강원도에서 가장 역사가 깊은 청소년 토론대회에 직접 참여해보니 어떻게 운영을 해야할지 느낌이 왔습니다. 모든 것을 토론대회로 모으는 부작용이 있지만, 토론을 깊이 해보고 싶은 의지가 있는 청소년들에게 큰 도움이 되겠다는 생각이 들었습니다.

2016년 11월 둘째 주엔 동해시청소년수련관에서 열린 제1회 고등부 디베이트 대회에 심판과 타임키퍼를 했습니다. 이 대회를 진행할 때, 강원청소년토론대회에서의 경험이 큰 도움이 되었습니다. 그 다음 주에는 동해시 관내 초등학교 고학년의 1박 2일 토론캠프를 진행하면서 아이들에게 다양한 협력적 토론방법을 적용해 보았습니다. 이때 '행복'이란 주제를 가지고 같이 공부하는 좋은 경험을 했습니다.

11월 20일엔 오연호 씨의 『우리도 행복할 수 있을까』를 함께 읽고 동해, 삼척지역 강원토론교육협동조합 조합원 독서토론 연수를 했습니다. 한 권의 주제 도서를 갖고 어떻게 토론을 하는지 배우는 시간이었습니다. 독서토론이 사회적 관심을 모으고 있는 상황에서 영동지역에서도 열심히 독서토론 공부를 해보고 싶다는 의지가 생긴 기회였습니다. 연수를 마치며 '역시 강사는 여러 자극을 받으며 공부하고 실천하는 사람이어야 한다.'는 마음이 들었습니다.

배움 나눔

제가 산과 계곡, 바다를 다 만나는 동해에 자리를 잡은 것은 2010년 2월입니다. 2003년 5월부터 2009년 8월말까지 6년 이상 중국 강소성 남통시에서 살았습니다. 남편 직장을 따라간 중국에서

6년간의 중국 생활을 정리하고 남편은 직장 기숙사로 들어가고, 아이만 데리고 한국에 돌아왔습니다. 그렇게라도 돌아올 결심을 한 배경은 아이를 한국인으로 키우고 싶다는 마음이었습니다.

유치원부터 소학교 1학년까지 중국 학교에 다닌 아이는 중국어 표준어와 남통 사투리까지 쓰는 중국 아이라고 해도 믿을 정도로 중국인이 되어가는데 정작 한국어는 잘 모르는 한국 어린이였기 때문입니다. 나중에 한국인으로서의 정체성까지 혼란을 겪을까봐 걱정이 많았습니다. 친정인 삼척으로 와서 간단한 테스트를 치르고 아이는 삼척초등학교 1학년 2학기에 편입하고 1년 동안 저녁마다 2시간씩 아이에게 한글을 가르쳤습니다. 한글을 익힌 지 6개월쯤 되었을 때 아이는 간판에 있는 글씨를 읽고 2학년 때엔 담임선생님도 놀랄 정도로 교과목에서 우수한 성적을 보였습니다.

그러나 여전히 글의 문맥을 이해하는 면이 약할 수밖에 없었고 아이의 이해력을 키워주기 위해 3학년부터 6학년까지는 책을 많이 읽도록 도와주었습니다. 친정 아버지는 초등학교에서 43년간 교편을 잡으셨고, 교장으로 퇴직한 후에도 삼척향교의 전교를 지내셨습니다. 아버지께선 우리 삼남매에게 웅변과 탁구를 가르쳐 주셨습니다. 초등학교 5학년부터 고3까지 웅변을 했던 경험 때문인지, 저는 지금 강사로 활동하면서도 크게 심장이 떨리지는 않습니다. 저는 어린 시절의 다양한 경험이 강사로 살아가는데 원동력이 되었다고 생각합니다.

주자(朱子)의 「근사록(近思錄)」에서는 "배우지 않으면 몸과 마음이 쉽게 늙고 쇠약해진다."라는 말이 있습니다. 저는 지금도 하루에 한 권의 책을 읽을 정도로 책을 좋아하여 독서 토론 논술과 연관된 공부를 합니다. 제가 끊임없이 공부를 하는 이유는 아이들을 가르치는 사람으로서 부끄럽지 않기 위해서고 배움은 끝이 없기 때문입니다. 제가 학부모 강사로 활동한지 벌써 3년의 시간이 지났습니다. 짧은 시간이 제겐 소중한 경험입니다. 그리고 더 많은 날들이 제 앞에 있으리라 확신합니다. 이 경험을 바탕으로 학부모이자 학부모 강사로서의 역량을 거듭 키워나가면서 저와 만날 초롱초롱한 눈망울의 아이들에게 제가 누린 배움의 기쁨을 같이 나누고 싶습니다.

▲ 2016년 11월 19일~20일(2일간) 일정으로 동해청소년수련관에서 열린 토론캠프에서 초등학생 참가자가 만장일치 토론을 이용해 행복의 순위를 정하고 있다.

▲ 2016년 하반기에 열린 '학부모회 토론 한마당'에서 토론방법을 설명하고 있다.

15장 학부모로서 Vs 강사로서

이 승 은

아이들의 인성코칭 수업을 위해 그림책스터디, 전래놀이,
토론, 마인드맵, 북아트, NIE 등을 배웠다.
덕분에 시험으로 스트레스 받는 공부가 아닌 진정한 공부의 재미를 알아가고 있다.
이런 즐거움을 아이들과도 함께 할 수 있는 날이 오길 바라는 긍정적 마인드의 소유자이다.

내가 꾼 꿈

나는 학부모일까, 아니면 강사일까요? 벌써 학부모인지 강사인지 모를 생활을 3년 정도 이어왔습니다. 지금 내 머릿속에 들어오는 파이 그림을 보면 학부모 쪽이 조금 더 많습니다. 나는 지금 산천어 축제로 유명한 강원도 화천에서 살고 있습니다. 이곳 화천에서 1시간 거리 이상인 춘천이나 홍천에서 강사 의뢰가 들어오면 죄송하고 고마운 마음이지만, 여러 가지 이유를 들어 고사했습니다.

아이들이 아직 어려 유치원에서, 학교에서 돌아 올 때 쯤 내가 아이들을 반갑게 맞아줬으면 하는 게 나의 바람입니다. 하지만 안타깝게도 현실은 그렇지 못합니다. 방과 후 수업을 하다 보니, 아무리 가까운 곳에서 수업을 한다고 해도 아이들은 집과 학교의 중간 거점인 친구 집이나 아빠 사무실에 먼저 와 있기 마련입니다.

딱히 학부모로서 훌륭하게 하는 것은 없지만, 거창하게도 학부

모로서의 고민은 애들이 아주 어릴 때부터 하고 있었습니다. 큰 애가 세 살 정도 되던 때였습니다. 읍내에 있는 큰 규모의 학교를 보낼지, 한 반에 다섯 명 이하인 작은 학교에 보낼지 고민을 시작했습니다. 이곳 화천에는 그런 작은 학교가 곳곳에 참 많습니다. 교육적으로는 작은 학교가 좋다는 생각과, 아이가 많은 친구를 만나려면 조금 큰 학교에 갔으면 좋겠다는 상반된 욕망이 샘솟았습니다.

바로 그때, '내가 부모로서 아이에게 무엇을 해줄 수 있을까?'를 먼저 생각했습니다. 저는 제게 가장 고민이었던 '아이가 장래에 인간관계나 공부 수준의 차이 등으로 어려움을 겪을 지도 모른다.'는 두려움을 잠시 접어두기로 했습니다. 그냥 아이가 초등학교를 다니는 동안 여유로운 시간을 보내며, 자기가 좋아하는 것을 실컷 하면서 자라기를 원했습니다. 이러 저러한 고민 끝에 아이를 작은 학교에 보내기로 결정했습니다. 사실 한편으로는 제가 다 못할게 뻔했던 엄마로서의 역할을 선생님에게 의지해 보자는 생각도 있었습니다. 좋게 말하면 학교 교육, 공교육을 믿고 싶었던 겁니다. 또한 제가 먼저 나서서 아이에게 선행학습을 시키고 싶지는 않았습니다. 아이를 관심 있게 봐주는 담임선생님과 상담하며 아이를 적정하게 키우고 싶었습니다.

그때부터 저의 학부모로서의 역할은 본격적으로 시작되었나 봅니다. 아이가 입학한 학교는 화천읍내에서 10분 정도 떨어진, 그러나 폐교가 임박하여 전교생이 불과 8명인 작은 분교였습니다. 제게는 일단 아이가 다녀야 할 학교가 유지되는 것이 중요했습니다. 그

때부터 나는 아이와 같이 나란히 입학한 큰 아이의 친구 엄마와 합심을 하여 학교를 살려보자고 결의를 다졌습니다. 친구 엄마는 아는 엄마들을 1:1로 만나며 학교 자랑을 했고, 기어이 작은 학교로의 전학을 권했습니다. 그 당시 나는 화천교육지원청에서 학부모영상기자단으로 활동을 하던 덕분에 영상 제작에 나섰습니다. 1학년 신입생이 된 아이들의 이야기와 학교의 크고 작은 행사들, 학부모와 선생님의 마음을 담아 2~3개의 영상을 만들어 엄마들의 SNS로 지역 관내 담당자들에게 전달했습니다. 무슨 자신감이었는지 강원도교육청에도 영상을 보내어 여기저기에 아이가 다니는 작은 학교의 이름을 알렸습니다. 학부모기자단 자격으로 교육감이나 교육장, 군수 같은 높으신 분들을 만날 때도 어떻게든 학교 이름을 말하며 작은 학교 살리기를 부탁했습니다.

학교 안팎으로 열심히 한 덕분인지 논미분교는 전교생 25명인 학교가 되었습니다. 아이가 입학했던 때를 기준으로 본다면 재학생 수가 세 배입니다. 덕분에 우리 학교 학생들은 올해 강원도교육청이 제작한 홍보 영상에도 출연하는 기회를 얻었습니다. 적어도 학부모들 사이에서는 논미분교가 '꽤 괜찮은 학교'로 소문이 났습니다. 그런데 아이들이 채워지는 즐거움도 한순간 또 다른 걱정이 생겼습니다. 이런 방법으로 아이들을 학교에 끌어 들이기에는 한계가 있다는 생각이 들었습니다. 무엇인가 작은 학교만의 특색 있는 교육 프로그램이 필요했습니다. '이 학교만의 독특한 경험이 가능한' 특성화된 프로그램이 있어야 지속가능하다는 생각이 들었습니다. 물론 어느 작은 학교나 선생님들의 아이들에 대한 사랑은 기본이지만, 바로 그 사랑은 어느 학교에나 있기 때문에 쉽게 드러나지 않았습니다. 제가 이런 고민을 한 것은 그나마 큰 아이가 학교를 입학하기 전 내 아이에게 책이나 잘 읽혀볼까 하는 마음에 기웃거린 교육 덕분이 아닐까 싶습니다. 저는 뭔가 도움이 되리라는 마음으로 독서심리상담가와 전래놀이 지도사 과정을 공부하고 자격증을 취득했었습니다.

사실 저는 다른 집 아이들까지 신경을 쓸 거라고는 꿈에도 생각해보지 않았습니다. 단지 내 아이를 잘 키워보겠다는 생각으로 이런 활동을 시작했습니다. 하지만 1년이라는 기간을 보내면서 제 자신이 변해가는 것을 느꼈습니다. 저는 내 아이를 넘어 우리 아이들에게 눈을 조금씩 돌렸습니다. 어느 순간부터 함께 자랄 환경, 함께 자랄 학교, 그리고 함께 살아갈 지역사회가 눈에 들어오기 시작했던 겁니다. 그리고 제가 공부하고 배운 내용을 아이들에게 들려주고 또 나눠주고 싶었습니다. '내가 배우면서 느끼고 생각했던 문제를 우리 지역에 있는 아이들도 같이 생각해보면 어떨까' 하는 마음이 들었습니다. 그리고 수업 시간에 그림책을 통해 내 마음을 울리는 질문을 들었을 때처럼 아이들의 마음을 두드릴 수 있는 질문을 해보고 싶었습니다. 그래서 저는 관내 초등학교에 재능기부로 강사로서의 첫발을 내딛었습니다. 제가 처음 시작한 것은 강원도 화천교육지원청 학습클릭닉센터에서 운영하는 '천천히 가는 아이들'을 지원하는 강사였습니다. 아이들에 대한 학습적인 지원뿐만이 아니라 문학, 예체능, 공예 등 다각도로 아이들의 성장을 돕는 역할이었습니다.

강사의 길

첫 해에 제가 맡은 아이는 초등학교 3학년인 경덕이(가명)였습니다. 경덕이와 내가 한 활동은 그림책 읽기와 전래 놀이였습니다. 경덕이는 쓰기와 읽기를 어려워했습니다. 그래서 아이가 좋아하는 동물책을 같이 읽고, 경덕이가 좋아하는 문장 하나를 옮겨 적는 식으로 공부를 접근했습니다. 그림책을 읽고 인성과 관련하여 여러 가지 질문도 해보고 그에 대한 생각을 정답이라는 틀 없이 자유롭게 얘기했습니다. 제가 직접 만든 활동지로 활동을 하면서 1년을 보냈습니다. 그런 1년 동안 아이가 눈부시게 성장하지는 못했습니다. 하지만 학기 초에는 "책을 한 줄도 읽지 않겠다"고 하던 아이가 2학기가 되자 나와 번갈아 가며 책을 읽겠다는 제안을 했습니다. 그리고 나중에는 본인이 선생님인 나보다 더 많이 읽겠다고도 말했습니다. 담임 선생님에게 "경덕이의 표현력이 굉장히 좋아지고 글을 잘 읽는다"는 이야기를 전해 들었을 때, 저는 정말 뿌듯했습니다. 나 자신은 별로 한 게 없다고 생각했지만, '뭔가 모르게 의미가 있는 일'이라는 생각이 들었습니다. 자신감을 얻은 저는 경덕이뿐 아니라 좀 더 많은 아이들과 의미 있는 시간을 함께 보내고 싶어졌습니다. 자신의 마음이나 감정을 자세히 들여다 볼 수 있도록, 여러 가지 가치와 생각할 거리에 대해 이야기 나누며 격려를 하고 싶었습니다. 제가 무심코 하는 격려 한마디가 어쩌면 듣는 아이에게는 평생을 살아가는데 힘이 되는 말로 남을 지도 모른다는 생각을 했습니다.

이렇게 내 아이에서 시작한 제 마음은 내 아이의 친구들, 우리 지역에 사는 아이들에게까지 관심이 뻗어 나갔습니다. 아마 이때부터 강사로서의 자질을 갖추기 위해 부지런히 달렸던 것 같습니다. 역량강화를 위해 닥치는 대로 배우기 시작했습니다. 마인드맵, NIE, 독서관련 각종 수업, 아동 미술, 4D프레임, 사회복지사까지. 또 기존에 받았던 자격증들의 보수 연수, 지금은 토론까지 배우고 있는데 끝이 없습니다. 이렇게 쉼 없이 달려오면서 앞으로 제가 무엇을 어떻게 가르쳐야 하나 고민이 되었습니다. 결국 이것저것 배우다보니 아이들은 실컷 놀아야 하고, 실컷 생각해야 하며, 그 생각을 표현할 수 있어야 한다는 생각에 이르렀습니다. 그래서 지금은 그림책 인성코칭과 전래놀이, 토론교육에 집중을 합니다. 매주 하루는 그림책 인성코칭 지도 교수님과 함께 그림책에 관한 스터디를 하고 전래놀이도 연수과정 등을 통해 활동합니다. 또 매월 두 차례는 토론교육에 관한 공부를 하고, 그림책을 활용한 독서 토론 워크북 개발을 위한 모임도 진행중입니다.

그런데 요즘은 토론에 힘을 좀 더 쏟습니다. 지금도 이렇게 토론 교육에 관한 글을 쓰니 말입니다. 제가 토론에 관심을 가진 것은 2015년부터입니다. 책으로 수업을 하다 보니 자신의 의견을 생각해내고, 나의 생각을 말로 하는데 토론이라는 도구가 유용했기 때문입니다. 처음에는 찬반 대립 토론 위주의 연수를 받고, 나중에서 수업에 유용한 교실 토론을 공부했습니다. 물론 지금도 배우고 있으니, 완벽하지는 않습니다. 그래도 간간히 수업시간에 활용해보는 토론은 대부분 수업 완성도를 높여주고, 학생들의 참여를 열어주고 있어 만족감을 느끼기에 충분합니다.

　이러한 생각의 끝에 아이가 다니는 학교에서는 선생님들과 상의하여 독서인성 프로그램을 유치하여, 3년 가까이 그 수업을 진행하고 있습니다. 토론도 2017년부터는 본격적으로 확대됩니다. 물론 제가 직접 학교에 들어가 아이들을 가르치는 것은 아닙니다. 엄마들 사이에서 가장 기본적인 공감대가 되는 "내 아이는 내가 못 가르친다."라는 말이 있습니다. 역사 속에서도 그랬고, 경험적으로 그 말이 맞습니다. 그래서 아이가 다니는 학교에는 저와 함께 고군분투하며 열심히 함께 공부하는 동료인 다른 선생님이 수업을 합니다. 이 지점에서 저는 어찌 보면 이것도 넓은 의미에서는 학부모의 역할이라고 생각합니다. 함께 독서인성코칭과 토론과 놀이를 같이 공부하면서 서로 강사 활동을 하는데 힘이 되어 주고 있기 때문입니다. 같이 동아리를 결성하여 우리 자신에 대한 자기 개발은 물론 수업내용에 대한 아이디어를 주고받으며 수업을 좀 더 잘 해보려는 마음으로 서로에게 좋은 영향을 주고 받습니다. 우스갯소리로 "승은 쌤이 안하면 나도 안 해" 라고 말하는 동료 선생님의 말에 묘한 힘을 얻습니다. 함께 같은 활동을 하는 것만으로도 서로에게 위로가 되고 힘이 됩니다. 저도 지역 아이가 우리가 꿈꾸는 교육을 받게 하기 위해 더욱 열심히 노력합니다.

더 너른 세상을 위해
　화천에 어린이도서관이 생기면서 아이들과 하는 수업 내용을 좀 더 널리 알리기 위해 학부모 그림책 모임을 만들었습니다. 아이들에게 하는 수업 내용과 동일하게 지금은 매주 1회 일반 학부모들에게도 제공하며 느낌을 나누고 있습니다. 도서관에 모여 앉아 그림책을 읽어보고, 혼자 읽었더라면 생각 못했을 질문들에 대해 생각하는 시간을 갖습니다. 자존감, 가치, 가족관계, 언어생활 등에 관련 질문들은 어른이 되어서도 계속 스스로에게 던져야 하는 질문들이라 어색함은 없었습니다. 그리고 책 안에서 받은 느낌들을 서로 공유하며 이야기를 나누었습니다. 어쩌면 이것이 여지껏 아이들 대상 수업만 하다가 학부모 대상으로 하는 첫 수업의 시작일지 모릅니다.

학부모를 직접 만나는 다른 수업 중에는 화천교육지원청에서 진행하는 '북맘(book mom)' 수업이 있습니다. 어디에나 사각지대가 있듯, 교육과 복지에도 사각지대가 있습니다. 저소득층이나 한부모 가족, 조손 가족, 다문화 가족이 아니어서 혜택을 받지 못하지만, 전문적인 손길을 필요로 하는 아이들이 있기 마련입니다. 복지기관에서 그런 아이들을 모두 찾아 지원하기란 쉽지 않습니다. 여기서 학부모 강사가 또 한 번 빛을 발합니다. 저는 둘째 아이가 세 살 때부터 친구였던 가연(가칭)이를 북맘 프로그램에 추천했습니다. 독서인성코칭 공부를 하면서 4년간 알고 지낸 가연이에게 책이라도 조금 읽어주면 좋겠다는 생각이 들었습니다. 한 번은 가연이가 있는 어린이집으로 수업을 갔는데 친구들에게 공격적으로 대하는 가연이를 보면서 관심을 가졌습니다. 그리고 보니 어린이집이나 유치원 수업을 들어가 보면 또래에 비해 집중하지 못하는 모습을 자주 볼 수 있었습니다. 그런데 놀이터에서 가연이 엄마와 함께 만난 가연이의 모습은 어린이집에서 보던 모습과는 달리 얌전하고 친절해서 약간 당황했습니다. 기회를 봐서 엄마와 대화를 해보니 육아방법에 있어 다른 곳에서 별다른 도움을 받지 못해 어려움을 겪는 것으로 보였습니다. 재능기부로라도 해주려는 참에 화천교육지원청 담당자로부터 '북맘에 참여할 사람을 추천해 달라.'는 요청을 받게 되어 바로 가연이를 추천하였습니다. 이렇게 망설임 없이 가연이를 추천한 것은 가연이 엄마와 맺은 4년 가량의 신뢰관계가 바탕이 되었기 때문입니다.

아이와의 수업은 물론 학부모와 상담도 함께 이루어집니다. 자칫 자기 아이에 대한 이러 저러한 말들이 오해를 낳아 기분이 상할 수도 있는 부분인데, 가연이 엄마는 적극적인 태도로 수업에 임해주고 같이 실천해 주었습니다. 1년이 지난 지금은 가연이 엄마도 그렇고 아이도 웃음이 많아졌습니다. 주변에서도 "산만한 행동과 공격적인 행동이 많이 좋아졌다"고 말할 정도로 성공한 경우로 꼽혔습니다. 다행히 아이가 완전히 좋아질 때 까지 북맘을 일 년 더 진행할 수 있다고 하니 저도 더욱 책임감을 갖고 강사로서 한 아이의 엄마로서 마음을 다졌습니다. 물론 가연이 수업이 있는 매주 목요일 오후 5시면 나는 우리 집 두 아이들은 집에 데려다 놓고 수업을 갑니다. 가끔씩은 가연이와 함께 내 아이들과는 같이 해보지도 않은 놀이를 하거나 책을 읽을 때면 집에 있을 아이들 모습이 머릿속을 스칩니다. 집에 있을 아이들이 안쓰러울 때가 한 두 번이 아닙니다. 이런 고민은 아마도 부모의 역할과 강사의 역할을 동시에 하고 있는 엄마 선생님이라면 다들 하고 있는 큰 무거운 짐일 것입니다. 하지만 '여기서 걱정만 한다면 난 더 이상 강사가 아니라 학부모일 뿐이다.'라는 생각이 들어 마음을 다잡습니다. 여기서 조금만 눈을 돌리면 난 조금 더, 더 큰 의미의 학부모가 되는 길이 있다는 다짐을 해봅니다. 만약에 가연이가 제 아이와 같은 학교에 갔을 때, 혹은 같은 반이 되었을 때, 더 나아가 나란히 앉는 짝꿍이 된다고 생각하면 더 이상의 의미를 굳이 찾을 필요가 없게 된다고 말입니다.

꼭 내 아이를 옆에 끼고 앉아 가르치고 노는 것만이 엄마로서, 학부모로서의 역할을 다하는 것은 아니라고 생각합니다. 이제는 더 이상 '내 아이를 내가 다 가르쳐야겠다'는 생각은 버렸습니다. 같이 동아리를 이루고 있는 동료 엄마들, 아니 선생님들이 각자가 가지고 있는 재능으로 서로의 아이를 가르치고 있기 때문입니다. 이것이 바로 마을이고, 마을교육공동체가 아닐까요. 저는 이번에 도서관 수업에서 우리 큰 아이를 가르치고 있는 선생님의 딸에게 마인드맵을 가르칠 예정입니다. 그 선생님도 같이 마인드맵 과정을 수료하고 자격증을 취득했지만, 자기 딸에게 그 내용을 가르치는 것은 무리였던 것 같습니다. 그래서 제 아이를 동료인 다른 선생님이 가르치고, 그 선생님의 자녀는 내가 가르쳐 주는 일이 벌어집니다. 어쩌면 이것이 바로 신뢰하는 학부모와 강사이기에 서로의 믿음을 바탕으로 가능한 일이 아닌가 싶습니다.

누군가는 학부모면 학부모, 강사면 강사를 선택할 것을 요구합니다. 그러나 학부모와 강사를 따로 떨어트려 생각할 필요는 없어 보입니다. 두 가지 중 하나만을 선택할 것을 요구할 필요는 더욱 없습니다. 단순하게 생각하면, 아이가 학교를 다니고 있으니까 학부모이고, 또한 아이들에게 무언가를 가르치니까 강사인 겁니다. '학부모 강사'라는 동시의 개념으로 이해해야 올바른 학부모의 역할과 함께 강사로서의 역할도 잘 해낼 수 있는 것 같습니다. 다만 지역 강사이기에, 학부모 강사이기에 실력보다 평가절하 되는 경험을 하는 경우가 종종 있습니다. 물론 '학부모'라는 이름을 붙이는 순간, 아마추어라는 느낌을 받는 경우가 있습니다. 이러한 인식을 넘어서려면 전문성을 제대로 갖춰야만 합니다. 전문적인 지식을 갖추고, 수업방법도 개선하고, 교육에 대한 관점과 철학도 키워야 합니다. '학부모 강사니까 대충해도 된다.', '학부모 강사가 이 정도면 잘 했다.'는 인식을 걷어 버려야 합니다. 저도 사람인지라 이런 말을 들으면 기가 죽을 때도 있습니다. 하지만 누군가는 그랬습니다. 제가 이 자리에 올 수 있었던 것은 그 무언가가 있었기 때문이라고.

전문성을 제대로 갖추기만 한다면, 학부모이자 지역 강사인 경우에 장점이 참 많습니다. 학부모의 적극적인 관심과 참여는 교육현장을 변화시킬 원동력이 된다고 생각합니다. 그 중심에 학부모의 정체성과 강사로서의 정체성을 동시에 갖고 있는 '학부모 강사'가 있는 것이 아닐까요. 학부모 강사는 아이를 키우면서, 가르치면서 부족한 점들을 서로 보완하고 개선해나가면서 지역의 모든 우리 아이들에게 혜택을 나눠주기 위해 끊임없이 노력 중입니다. 요즈음 식으로 말하자면, 풍성한 마을교육공동체가 형성되는 것이 그리 멀지 않아 보입니다.

나를 포함한 모든 학부모 강사들은 눈에 보이지 않더라도, 아주 조금씩 눈에 보이지 않을 정도로 나아가고 있지만 결국엔 앞으로 나아가고 있습니다. 2017년을 맞으며 우리 동아리 회원들은 단체로 다이어리를 주문했습니다. 맨 앞 겉표지에 다같이 똑같은 문구를 새겨 넣었습니다. '더 좋은 나를 위하여, 더 좋은 날을 위하여'라고 말입니다. 아마도 우리는 내심 서로에게 이 따뜻한 말로 응원과 위로를 전하고 싶었던 한 마음이었던 것 같습니다. 이 자리를 빌어, 모든 학부모 강사 여러분께 "우리가 있기에, 그리고 우리가 힘내어 움직이고 있기에 우리 아이들이 살아 갈 세상은 조금 더 나아질 거라고 믿는다."는 말씀을 전하고 싶습니다.

내가 초등학교 때 그림을 그리고 있는데 옆 반 담임선생님이 지나는 말로 "색감이 좋네."라는 말씀을 하셨습니다. 그 말씀은 지금까지도 '나도 뭔가 잘 하는 것이 있다.'는 자신감을 마음 한 구석에 자리 잡게 해주었습니다. 요즈음 식으로 말하자면 '아이의 자존감'을 높여주셨던 셈입니다. 저도 그런 의미 있는 역할을 해보고 싶어졌습니다. 내가 가진 생각과 감정을 다른 사람에게 상처주지 않고, 논리적으로 표현하도록 도와주는 강사, 상상만 해도 행복합니다.

▲ 저자의 자녀가 다니고 있는 화천초등학교 논미분교. 시골 학교의 정취가 아직 그대로 남아 있다.

▲ '인생의 멘토'라는 주제로 토론식 진로 수업을 진행하고 있는 저자

16장 　나의 고군분투기 1

박 희 자

홍천 시동리가 고향인 토박이다.
결혼과 함께 잠시 홍천을 떠났다가 농산어촌이 좋아 고향을 다시 찾아왔다.
아이들도 엄마가 다녔던 학교를 다니고 있다.
2014년에 협력적 토론을 만나,
지금은 홍천과 횡성 등에서 다양한 협력적 토론, 독서 토론을 강의하고 있다.

작은 학교 학부모의 꿈

강원도 홍천의 작은 초등학교 병설유치원에 다니던 둘째 아이가 6살이 되던 해였습니다. 아이의 동갑내기 친구 한명은 조기 입학을 준비하고 또 다른 친구는 부모님의 이직으로 이사를 가게 되었습니다. 문득 '이러다가 둘째 아이 혼자 덩그러니 남아 6학년 졸업 때까지 혼자 지내게 되는 것은 아닐까'하는 불안이 생겼습니다. 우리 집은 내가 졸업한 초등학교 근처에 위치하고 있습니다. 한때 도시에 나가 일을 하기도 했지만 마흔 즈음에 남편, 아이들과 함께 고향으로 돌아왔습니다. 그런데 내 모교이자 아이들이 다니고 있는 초등학교가 학생 수가 부족해 점차 위축되어 갑니다. 어디 그런 학교가 우리 마을 뿐은 아니겠지만, 강원도에는 유독 그런 학교가 많습니다. 2016년 말 현재 홍천지역 초등학교 25개 중 학생 수가 100명 미만인 학교가 무려 22개나 됩니다. 홍천읍 한복판에 있는

3개 초등학교와 군인 아파트가 들어선 면 소재지 1개 학교를 제외하면 나머지 초등학교는 작은 편입니다. 나는 학부모이자 동문으로 작은 학교가 문을 닫지 않게 더 많은 관심을 갖기 시작했습니다. 그때까지만 해도 학교에서 좋은 교육을 하고, 독특한 프로그램을 많이 열어 주변에 사는 학생들이 많이 오면 학교가 살 것 같았습니다. 그리고 학부모들이 참여할 기회를 많이 만들면 학교에 대한 애정이 생기고, 작은 학교도 살아날 방법이 있을 것이라는 생각을 했습니다.

그런데 바로 그해, 2014년 5월에 내 인생을 바꾼 일이 생겼습니다. 첫째 아이 편에 오는 학교 소식지를 관심을 갖고 읽던 중, '토론'이란 두 글자가 눈에 들어왔습니다. 자세히 살펴보니 강원도홍천교육지원청에서 주최하는 학부모 연수 제목이 "토론 참 쉽다!"였습니다. 원래 토론에 전혀 관심이 없는 저였는데, 그날따라 그 연수 안내문이 왜 눈에 들어왔는지는 모릅니다. 저는 '설마, 토론이 쉽다고? 에이 미끼겠지.' 하는 생각을 하면서도 유심히 관련 내용을 살펴보았습니다. 그리고 '밑져야 본전은 하겠지'라는 생각으로 학부모 토론 연수를 냉큼 신청했습니다. 바로 그런 궁금함으로 2014년에 열린 학부모 토론 연수에 참여하게 되면서 그만 토론의 세계에 빠져들게 되었습니다.

토론 연수 장소에는 열다섯 명 정도의 홍천지역 학부모들이 자리하고 있었습니다. 스무 명이 넘는 사람이 신청을 했다는데, 생각보다 많은 사람이 포기한 듯 했습니다. 그때만 해도 토론은 역시 '가까이 하기엔 너무 먼 당신'이었던 것 같았습니다. 연수장을 찾은 분들도 대부분은 저처럼 토론을 처음 접하려는 듯 보였습니다. 토론 연수가 시작되고, 분위기를 살펴보니 참가자 중에는 적극적인 분들도 있지 만, 한 마디 말을 어려워하는 분들도 상당히 많았습니다. 과연 이 분들도 토론을 하 면 변할까 하는 궁금한 생각도 들었습니다. 토론 연수 강사는 근처 초등학교에 근무하고 있는 교사, 바로 최고봉 선생님이었습니다. 제가 인상적이었던 것은, 바로 그 토론 연수를 무료로 진행하셨다는 점입니다. 당시의 학부모 연수는 보통 한 번, 조금 길어도 두 번, 세 번에 그쳤는데 토론 연수는 15시간 이상 이뤄졌습니다. 또 기초 연수 15시간을 마치면 심화 연수 15시간 등 30시간 이상으로 구성을 해서 지속적인 교육이 가능했습니다. 나중에 알고 보니 심화연수까지 마친 사람들로 모임을 만들고, 지역에서 토론교육을 확산할 계획도 있었습니다.

매일 세 시간씩 이뤄지는 토론 연수는 짧지만 신선한 토론방법들이었습니다. 저는 그 연수에서 배운 내용을 집에 있는 아이들에게 얼른 적용해 보겠다는 욕심에 워크북 여백에 빼곡하게 기록을 했습니다. 지금도 그때 적었던 기록을 보면서 첫 마음과 열정을 떠올리곤 합니다. 당시에 무엇보다도 새로운 것은 제가 일상생활에서 생각해 보지 않았던 "선의의 거짓말은 바람직하다", "핵 발전을 중단해야한다" 등의 질문이었습니다. 저는 대학에서의 전공이 인문학이 아니었고, 사회에서도 그런 가치와 철학을 접할 기회가 없었습니다. 무엇보다 가족을 최우선으로 생각했던 저는 그 동안 사회적인 문제나 가치, 철학을 생각하고 살아야 할 필요성을 몰랐습니다. 아마도 대부분의 어른들이 그랬을 것이라 생각이 듭니다. 그

후 저는 토론에 참여하기 위해서라도 세상일에 조금 더 관심을 갖게 되었습니다.

가치수직선 토론을 할 때도 저는 큰 충격을 받았습니다. 선의의 거짓말, 흔히 하얀 거짓말이라고도 하고 누군가에게 피해를 주지 않는 거짓말이기 때문에 '가치수직선 토론'을 처음 하던 그날 저는 플러스 쪽으로 선택을 했었습니다. 그런데 함께 토론 연수를 받던 한 분이 "선의의 거짓말이라고 하여도 거짓말은 거짓말이기 때문에 -5를 줬다."며 단호하게 선택하는 모습을 보았습니다. 저는 바로 그 순간, 뒤통수를 세게 맞은 것 같은 느낌을 받았습니다. 평소 사람들이 대체로 저와 비슷하게 생각을 할 것이라 여기고 있었습니다. 그런데 정작, 사람들과 이야기를 나눠보니 너무나 다른 사람들이 제 곁에 있는 것이었습니다. 이렇게 생각이 다르고, 그 근거 역시 타당하다는 것을 제 나이 마흔을 넘기고서야 알게 되었던 것입니다.

배워서 남 주자

그렇게 즐거운 2014년 토론 연수를 마치고, 2015년에 토론 심화 연수에 다시 참여 하게 되었습니다. 그 사이에 총 세 번의 토론 기초 연수를 통해 홍천에서 30여 명이 '협력적 토론'을 접했습니다. 강원도홍천교육지원청에서는 심화 연수를 통해 지역사회에서 강의를 할 수 있는 토론 강사 양성을 시도하였습니다. 심화 연수 이수자를 중심으로 〈학부모토론교육기부단〉을 결성하고, 방학 중 토론캠프를 개최하는 실험을 시작한 겁니다. 저도 그 즈음에 토론을 공부하면서 아이들이 읽고 있는 책, 교과서가 다시 보이기 시작했습니다. 그리고 본격적으로 집에서 아이들과 어설프지만 '협력적 토론'이란 것을 해보기 시작했습니다. 저도 엄마이고, 주부며, 직장인이다 보니 아침이 무척 바쁩니다. 아침식사도 해야지, 아이들을 챙겨서 학교와 유치원을 보내려면 정신이 하나도 없습니다. 둘째 아이는 머리카락이 많고 땀도 많이 흘려서 유치원에 갈 때 신경을 더 써야 합니다. 머리카락을 잘 묶어서 보내더라도 집으로 올 때 보면 머리카락이 항상 풀어져 있고 그 사이로 땀이 남아서 땀띠도 자주 생깁니다. 여자아이에게 머리카락 길이는 그냥 머리카락으로 끝나는 것이 아님을 알기에 어떻게든 스스로 선택하게 해야 한다는 생각이 들었습니다.

그때 제가 아이에게 제안한 방법이 바로 '두 마음 토론'이었습니다. 토론 연수 시간에 배우고 익혔던 바로 그 방법을 아이들과 함께 의사결정에 사용하고 싶었습니다. 둘째 아이는 판결자, 첫째 아이는 머리카락을 길러야 한다는 '천사' 역할을 맡았습니다. 엄마인 저는 머리카락을 잘라야한다는 '악마' 역할을 맡아 '두 마음 토론'을 진행했습니다. 둘째는 본인이 주인공이라고 생각하니 7살이라는 나이가 무색할 정도로 적극적으로 참여를 했습니다. 첫째 아이 또한 열 살 여자 아이라 그런지 머리카락에 대한 설득이 꽤 나옵니다. 최종 결정은 판결자인 둘째 아이의 몫이었습니다. 아이는 "언니가 머리카락을 묶으면 된다고 해서 마음이 흔들흔들 했지만, 머리카락을 자르면 땀띠도 안 나고 안 아파서 머리카락을 자르겠다."는 결정을 내렸습니다. 둘째는 두 마음 토론을 마친 후 기분 좋게 미용실로 향했습니다. 이러한 과정에서 또 다시 느낀 토론의 힘은 과히 차고도 넘쳤습니다. 본인이 판결자가 되어 충분히 이야기를 듣고 비교해서 결정을 했으니, 그 결과가 만족스럽고 그 결과에 대해서 책임지고 하려는 강화된 모습을 보게 된 겁니다. 그날 이후로 심심치 않게 들리는 "토론하자"는 딸들의 요청은 가족의 대화 주제를 다양하게 만들었고, 엄마로 하여금 또 다른 토론 방법을 배우도록 하는 촉진자의 역할까지 하게 되었습니다.

직접 겪어 보고 그 효과를 알게 되니, 이제는 어디에 가서든지 토론 이야기를 하고 토론 생각을 하게 되었습니다. 그야말로 토론에 중독되는 과정이었습니다. 그렇게 2015년 심화 과정을 거쳐 전문적인 대립토론을 배워가면서 그 중독의 깊이는 점점 더 짙어졌습니다. 옛말에 '좋은 것은 나눠야한다'고 했습니다. 저는 이렇게 좋은 협력적 교실 토론을 내 아이들만이 아닌 아이들 학교와 홍천의 곳곳에서도 나눠 보고 싶었습니다. 제가 경험한 토론의 묘미를 알려주고 싶었습니다. '토론이 참 좋다, 토론을 나누자'는 것이 혼자만의 생각은 아니었는지, 곧 기회가 찾아왔습니다. 여름방학 기간에 홍천군청소년수련관에서 진행되는 토론캠프를 진행할 기회가 생겼습니다. 강원도홍천교육지원청 학부모지원센터와 홍천군청소년수련관이 협력하여 초등학생을 대상으로 하는 '토론 참 쉽다'는 이름으로 토론캠프가 여름방학 기간에 열렸습니다. 강사들이 나서고, 청소년수련관과 부모님들을 통해 토론 캠프 소문이 나서 스무 명 정도의 학생들이 알음알음 신청해 왔습니다. 첫 토론캠프 치고는 내실이 있었고, 참여도 나쁘지 않았습니다. 무엇보다 반응이 '참 재미있다'는 것이 의미 있었습니다. 보통 학생들이 이렇게 반응하면 부모님은 '공부하는 줄 알고 보냈는데, 노는 캠프였냐'고 반응하는데, 이번에는 호평이 많았습니다. 처음에는 여름방학 때 한 번 해보자는 취지로 토론캠프를 열었지만, 지금은 매 여름방학과 겨울방학에 실시하는 프로그램으로 성장했습니다.

좌충우돌, 그래도 성장한다

처음 토론 캠프를 진행하던 2015년 여름. 지금 생각하면 미소가 떠오르지만 처음 진행하게 되었을 때 안절부절 했던 기억이 새록새록 합니다. 강의를 맡은 사람들이 여러 번 모여 프로그램 기획과 역할 분담을 했습니다. 토론캠프를 준비하면서 참 걱정이 많았습니다. '캠프에 참석하게 되는 학생들은 몇 명일까?', '피라미드 토론을 진행 할 때 홀수가 발생하면 어떻게 하지?', '학생들의 반응은 어떨까?, 쉬는 시간은 어떻게 조절할까?', '어떻게 설명을 해줘야 하지?, 단어 선택은 적절했을까?', '어떤 주제를 넣어야 할까?, 이 주제가 적합할까?', '한 가지 토론이 끝나고 다른 토론을 시작 할 때는 어떻게 해야 하지?', 그리고 'PPT는 어떻게 만들어야 할까?' 등의 걱정이 끊이지 않았습니다. 마치 첫 수업을 하는 선생님처럼 두근거리는 가슴을 쓸어내리며 강의를 준비했습니다. 토론캠프를 준비하며 나눈 무수히 많은 질문들은 진행을 더욱 현실적으로 만들어 줬습니다. 각 프로그램은 두 명씩 담당자를 두었는데, 준비 과정에서 나온 질문은 담당자들이 의논하여 문제를 해결했습니다.

첫 토론캠프가 문을 연 첫날에 15명 가량의 학생과 '홍천토론교육기부단' 강사 6명이 모였습니다. 지금 생각하니 토론캠프에 참여한 학생들 숫자에 비해 강사가 너무 많았습니다. 그런데 우리는 원래 그렇게 해야 하는 줄 알고 여섯 명의 강사가 꼬박 이틀 동안 학생들과 함께 했습니다. 그 속에는 진행자의 자녀도 있고, 이웃집 아이도 있게 되니 강사-학생 관계보다는 '엄마-아들 딸', '이웃집 이모-이웃집 아이' 관계가 앞섰는지 모릅니다. 공자님도 자녀를 직접 가르치지 않았다는 이야기를 주의 깊게 새겼어야 했는데, 그렇게 하지 못했던 것이 실수였습니다. 그래서였는지, 의도했던 것만큼 자연스러운 토론이 이뤄졌던 것은 아닙니다. 특히, "부모님의 체벌은 사랑의 매이다"라는 주제는 적극적인 토론으로 이끌기에 적절하지 못했고, 체벌에 대한 기준도 정확하게 짚어주지 못한 아쉬움이 남았습니다. 더욱이 토론은 그 의견을 존중하고 토론자들끼리 주장과 근거로 설득을 하는 과정이라고 볼 수 있는데, 생각하지 못했던 학생들의 답변들을 듣고 진행자가 상당히 당황했습니다. 덕분에 개인적인 질문이 꼬리를 물었던 것은 지금 생각해도 부끄러운 기억입니다. 부족했던 것이 어디 하나 둘일까요. "지금 토론에 참여하고 있는 학생들만, 평일 하루 학교에 가지 않을 수 있다면 무엇을 하고 싶나요?"라는 주제로 피라미드 토론을 진행했을 때입니다. 해외는 하루에 안 되는 경우가 많으니 그 한계에 대해 명확히 설명하지 못해-예를 들어 해외여행은 제외한다던지 한계를 분명히 말해주지 않아-현실적이지 않은 곳으로 투표가 몰려서 현실성이 떨어지는 결과를 얻기도 했습니다.

　그때의 실수는 후에 더 좋은 토론 수업을 할 수 있는 양분이 되었기에 무조건 나쁜 것은 아닙니다. 첫 수업을 반성할 수 있다는 것은, 그만큼 제가 성장했다는 것을 의미하기도 합니다. 그 후 많은 학교, 토론캠프 등에서 토론 수업을 진행했고, 경험을 쌓았습니다. 2015년 겨울방학, 2016년 여름방학에도 홍천군청소년수련관에서 무료 토론 캠프를 진행했습니다. 그 사이에, 학부모회연합회 연수나 지역에서 이뤄지는 회의 등을 토론 방법으로 진행하는 등 이제는 당시보다 훨씬 노련해졌습니다.

지난 겨울방학에는 네 번째 토론캠프를 진행했습니다. 그러면서 더 많은 토론 방법도 배우고 지식도 쌓았습니다. 다양한 주제와 다양한 강의 경험을 했기에 모집하는 학년도 더 늘리고, 운영시간도 더 확장 했지만 예전만큼 준비가 어렵거나 부담스럽지는 않습니다. 이제는 강사진이 역할을 분담하고, 주제와 취지에 적합한 토론 방법을 선정할 눈도 갖게 되었습니다. 함께 하는 토론 강사들도 나름의 노하우가 생겨서 업무 처리도 빠르고 팀워크도 잘 맞습니다.

이렇게 이벤트처럼 토론캠프를 진행하고 2015년 말에는 초등학교에서 토론을 정규 수업 시간에 진행하게 되었습니다. 학교 수업은 학교 밖 청소년 기관과는 또 다른 의미가 있었습니다. 그래서 매주 수요일마다 스터디를 통해 새로운 토론 공부를 하고, 교육을 바라보는 눈을 키웠습니다. 우리들은 2년에 걸쳐 토론을 공부했지만, 앞으로 강의를 해야 할 공간이 학교였기 때문에 더 많은 훈련과 준비를 하지 않을 수가 없었습니다. 학년마다 학습의 차이가 있고, 홍천읍과 그 외 면단위 소재지의 학생들의 생각이 분명히 다르기 때문에 그러한 점들을 현직 선생님께 조언을 구하고 여러 번의 회의에 걸쳐 시나리오를 완성했습니다.

학교에서 토론 수업은 보통 두 시간 연속으로 이뤄집니다. 초등학교에서 2교시를 블록수업으로 하면 총90분이 걸리는데, 학생들이 얼마나 집중을 할지 고민이 되었습니다. 교과목과 연계할 수 있는 토론방법과 주제는 어떤 것이 있을지 고민에 고민을 안 할 수가 없었습니다. 그래서 초등학교 교과서를 펴고, 교육과정도 공부했습니다. 초등학교를 졸업하고 처음으로 제대로 교과서를 살펴본 시간이었습니다. 내 자녀가 초등학교를 다닐 때 슬쩍 보던 것과는 다르게, 아주 꼼꼼하게 살펴봐야만 했습니다.

그렇게 해서 준비한 것 중 하나가 행성들의 크기 순서를 만장일치 토론으로 진행하는 것이었습니다. 수성, 금성, 지구, 화성, 목성, 토성, 천왕성, 해왕성 등을 놓고 어느 행성이 가장 크고 어느 행성이 가장 작을지 나열하는 토론. 그 행성이 가장 크다고 생각했다면 그 이유는 무엇이고, 작다면 어떤 근거가 있어서 그렇게 만장일치로 결정을 했을까요? 질문도 미리 생각을 하고, 학생들에게 어떤 식으로 발표를 하게 할지도 미리 생각을 했습니다. 또한 사회 시간에 맞게 피라미드 토론, 한 줄 글쓰기 등 여러 가지 방법을 준비했습니다. 지금 돌이켜보면 무척 힘들고 많은 시간을 투여한 자리였지만, 토론 강사로서 발돋움하는데 소중한 계기였다고 생각합니다.

이렇듯 여름캠프, 겨울캠프, 초등학교 토론수업 그리고 학부모 및 각 직종 전문가들의 연수를 토론으로 풀어가는 과정을 보내면서 지금은 ○○초등학교의 토의토론협력강사로 아이들을 만났습니다. 토론 수업은 담임 선생님과 협의하여 교과와 발달 단계를 고려한 수업을 진행합니다. 독서 토론 수업을 할 때는 적절한 그림책을 골 라 미리 읽을 시간을 주기도 합니다. 토론 수업을 마치고 돌아설 때, 아이들이 "다음 시간에 또 해요?"라고 다시 올 것을 주문하기도 합니다. 아이들이 토론 수업을 좋아하면 저 역시 큰 힘이 납니다. 지금까지 3년여의 시간이 어떻게 지나갔는지 뒤 돌아보면 토론과 함께 성장한 제 자신이 보이고 앞으로 토론으로 자라나게 될 우리 아이들이 보입니다. 궁금함으로 시작해서 매 순간 새롭고 즐거웠던 협력적 교실 토론. 저와 타인에 대한 다름을 깨닫고 인정하는 것을 생각하게 한 기회였습니다. 그리고 우리라는 테두리를 남겨준 토론이 강원에서부터 우리나라 곳곳에 활짝 꽃 피기를 그려봅니다.

▲ 세 번째를 맞은 '여름 토론데이 캠프' 기념 사진. 이 캠프는 2016년 7월 27일~29일 (3일간) 홍천군청소년수련관에서 열렸다.

▲ 강원도 곳곳에서 열린 학부모회 임원 연수 중 원주에서 열린 행사에서 '프로젝트 토론'을 진행한 저자.

17장   나의 고군분투기 2

정 다 은

언론사에서 일한 후 서울시 생활권계획, 민주시민교육 원탁회의 퍼실리테이터로 활동했다.
현재는 토론교육과 접목하여 성인 및 청소년을 대상으로 미디어교육 콘텐츠를 만들고 강의하며,
강원토론교육협동조합의 편집부장으로 활동하고 있다.

미디어, 토론을 만나다

이곳은 내린천이 흐르는 강원도 북단의 인제입니다. 인제는 서쪽으로는 춘천과 홍천, 동쪽으로는 속초와 양양을 만나고, 북쪽으로는 양구와 휴전선을 접하고 있습니다. 저는 고향인 강원도 인제에 살면서 학교와 기관에서 미디어(영화, 애니메이션, 책, 신문) 관련 강의를 합니다.

하루는 방과 후 학교에서 만난 아이들에게 '수업' 하면 무엇이 떠오르는지 물었습니다. 조금 생각을 하더니, 아이들이 저마다의 생각을 늘어놓습니다. 처음에는 '선생님, 교실, 칠판, 책상, 학생, 교과서, 책, 공부' 등 눈에 보이는 것들을 이야기합니다. 끝말잇기처럼 이어진 단어들 뒤에는 '지루하다, 싫다, 재미없다, 졸리다.' 등 감정적인 단어들도 튀어나옵니다. 이번에는 아이들에게 수업에 대해 부정적으로 생각하는 이유를 물어보았습니다. '책상에 가만히

앉아있어야 하니까, 공부하기 싫어도 억지로 해야 하니까, 매번 똑같으니까, 외울 것이 많으니까, 조용히 해야 하니까' 등의 볼멘소리가 들려옵니다. 제가 만난 아이들에게 '수업'은 조용히 앉아서 선생님 말씀을 듣고 외우거나 무언가를 쓰는 시간이었습니다.

저 역시 '수업'은 아이들이 선생님 말씀에 귀 기울이고, 배운 것을 머릿속에 꼭꼭 채울 수 있도록 돕는 활동으로 생각했습니다. 제게 '좋은 수업'은 되도록 많은 것을 아이들에게 재미있게 알려주는 것이며, '좋은 선생님'은 수업의 내용을 잘 이해하도록 전달해주는 사람이었습니다. 그래서 강의계획서와 시나리오를 만들어 수업을 꼼꼼히 준비하고, 아이들과 자주 눈을 마주치고 대화를 나누면 좋은 수업이라고 믿었습니다. 하지만 아무리 열심히 수업을 준비해도 여전히 아이들은 교실 문을 열고 운동장에서 뛰어다니고 싶어 합니다. 짝꿍과 이야기 하고 싶어 입이 근질근질해 합니다.

그런 아이들의 모습을 보며 문득 의문이 생겼습니다. 아이들이 생각하는 최고의 수업은 무엇일까? 내가 생각하는 최고의 수업과 비슷할까? 아이들에게 물어보니 '체육만 있는 수업 , 운동장에서 뛰어노는 수업, 쉬는 시간이 많은 수업, 친구랑 노는 수업, 맛있는 걸 만드는 수업, 박보검(연예인)이 선생님인 수업'이었으면 좋겠다고 대답합니다. 그래서 공부 대신 놀기만 하는 수업이면 좋겠냐고 다시 물었습니다. 아이들이 제법 어른스러운 말투로 공부는 필요하다고 말합니다. 하지만 외우기만 해야 하는 수업은 어렵고 흥미가 떨어진다고 덧붙입니다. 물론 이러한 이야기들이 모든 아이들이 바라고 필요로 하는 수업의 전부는 아닙니다. 그렇지만 함께 만들어가야 할 수업이 어떤 것인지 조금은 알겠습니다.

이야기를 듣고 나니 아이들은 가르침을 원하지만 강의 듣기만을 원하는 것은 아니라는 생각이 들었습니다. 아이들이 바라는 수업에서 수동적인 이야기는 들리지 않습니다. 친구와 함께 늘 무언가를 하겠다는 자발적이고 활동적인 수업이 보입니다. 아이들은 스스로 규칙을 정하고 자기 주도적으로 이루어지는 수업을 좋아합니다. 교실에 가만히 앉아 선생님의 이야기에만 귀를 기울이고 친구와 이야기를 못 하는 순간부터 아이들에게 수업 시간은 힘들고 재미없는 시간은 아닐까 싶었습니다. 아이들을 주인공으로 만드는 수업을 하고 싶었습니다. 그 고민 끝에 저는 협력적 토론을 만났습니다.

2016년에 강원도춘천교육지원청에서 약 2개월 간 저녁시간에 열린 토론교육은 제게 활기찬 분위기의 교실에서 흥미로운 수업을 만들 수 있다는 자신감을 주었습니다. 처음에는 강의를 마치고 부리나케 달려가 밤 10시까지 토론을 공부하는 것이 쉽지는 않았습니다. 하지만 늘 애써주시며 지지해주시는 최고봉 선생님과 함께 토론 연수를 이끌어주시는 많은 분들의 도움으로 교육과 수업에 관한 수다를 나누다보니 편안하고 즐겁게 토론을 공부할 수 있었습니다. 그렇게 공부한 토론은 미디어 수업을 더 풍부하게 만들었고, 강사로서 열정적인 에너지를 갖도록 도와주었습니다.

미디어 수업에 토론이 필요할까?

제가 강의하는 수업에서 가장 중요한 주제는 '미디어 리터러시'

입니다. 미디어 수업에서 아이들은 다양한 미디어를 보고 생각을 나누거나, 팀을 이루어 애니메이션이나 웹툰, UCC, 단편영화, 광고 등을 제작하는 활동을 합니다. 그중에서도 제가 만나는 아이들은 영상제작 활동을 가장 재미있어 합니다. 영상제작은 스마트폰이나 디지털카메라, 캠코더 등을 이용하여 직접 촬영하거나 배우가 되어 연기를 펼치는 과정이라 아이들은 즐거운 놀이라고 여깁니다. 하지만 영상제작은 기획부터 시나리오 및 스토리보드 작성, 촬영, 편집의 과정을 거치는 동안 서로 협력하고 소통하지 않으면 기간 내에 작품을 완성하기가 어렵습니다. 특히, 기획 과정에서 자신의 의견이 제대로 반영되지 못한 아이는 촬영하는 긴 시간이 지루하고 참여의욕도 떨어집니다. 그래서 영상의 주제와 이야기를 끌어 내는 방법으로 협력적 토론이 필요합니다.

협력적 토론은 의견을 나눠 의사결정을 할 때, 문제를 해결할 때 아주 유용합니다. 모든 아이들은 저마다 아이디어를 가지고 있습니다. 물론 그 중에서는 반짝반짝 아이디어가 빛나는 아이들도 있고, 다소 평범한 생각을 내놓는 아이들도 있습니다. 때로는 아이디어가 넘쳐서 의견이 충돌하는가 하면, 어떤 경우에는 아이디어를 입 밖으로 내기를 어려워합니다. 그럴 때면 저는 마인드맵과 브레인스토밍(brainstorming)이 결합된 '만다라트' 기법을 사용합니다. 일본의 그래픽 디자이너가 개발했다는 만다라트 기법은 생각을 정리할 때 도움이 됩니다. 만다라트는 주어진 주제를 정사각형 9개로 이루어진 표의 중앙에 적고, 그 주변의 8개 칸에 연관된 아이디어를 적는 것으로 시작합니다. 그 다음 적어 넣은 8개 칸을 또 다른 주제로 하여 조금씩 아이디어를 확장해 나갑니다. 정사각형 안에 각각의 아이디어를 작성하면 대주제에 대해 8개의 하위 주제, 64개의 아이디어를 수렴해 갈 수 있습니다. 아이들은 만다라트를 완성해 가는 과정을 통해 서로의 아이디어를 시나리오와 스토리보드 곳곳에 배치합니다. 질문과 대화도 함께 이루어지니 사고의 확장도 일어납니다. 그 과정에서 나온 아이디어는 하나의 이야기로 완성됩니다. 완성된 이야기는 스마트폰으로 촬영하여 음악과 더빙을 입고 작품으로 태어납니다. 같은 소재로 영상을 만들어도 만다라트에서 다루는 내용이 다르기 때문에 개성 넘치는 이야기가 만들어집니다. 그 과정에서 모두의 생각이 들어가니 아이들도 영상제작이라는 하나의 목표를 향해 함께 노력합니다.

너무 시끄럽고 어수선하지 않을까?

시나리오를 만들기 위해 토론하는 동안은 영화를 촬영할 때보다 훨씬 더 시끌벅적합니다. 사실 시나리오 만들기는 영상제작 수업의 절반이라고 봐도 무방합니다. 이 시간에 아이들은 자신도 모르게 큰 소리로 웃거나 어깨가 들썩거리고 손으로 추임새를 넣어가며 즐겁게 대화합니다. 서로의 이야기를 들어주고 그 속에서 해답을 찾아가는 과정에서 아이들은 누구보다도 열심히 말을 합니다. 아이들의 목소리가 커질 때마다 다른 교실에서 쫓아오지는 않을까 눈치가 보일 때도 있습니다. 어쩌면 아이들에게 옆 반에 방해가 될지도 모르니 목소리를 낮추고 조용히 이야기하라고 보채야 할지도 모릅니다. 토론교육 연수에서 강사로 만난 최고봉 선생님은 '토론을 할 때 가장 좋은 장소는 구석진 곳이다'고 한 적이 있습니다. 왜냐하면 아이들의 토론은 말소리가 커질 수밖에 없는데, 소음을 못 견디는 분들은 교실 옆을 지나가면서 '조용히 토론을 했으면 좋겠다'고 말씀하시기 때문입니다.

저 또한 시나리오를 만들 때 학교 선생님이나 관계자가 지나가면 긴장합니다. 이런 수업을 하면 논다고 여기지는 않을까 하는 걱정 때문입니다. 때때로 지나가던 선생님이 보시면 자유로운 모습에 '미디어 수업에 선생님이 없다'고 생각하시기도 합니다. 그 때문에 저도 몇 번은 아이들에게 조용히 이야기하라고 주의를 주기도 했습니다. 하지만 그 후에 아이들은 대화에 제약이 걸린 듯 쭈뼛거리고 제 눈치를 봅니다. 자신감이 줄어든 몇몇 아이들이 아이디어를 활발하게 내놓기보다는 목소리가 커지는 친구에게 '선생님이 조용히 말하랬잖아'라며 주의를 줍니다. 그 모습을 보면서 제가 큰 실수를 했다는 생각이 들었습니다. 목소리가 커질수록, 소란스러워 질수록 아이들은 수업에 적극적으로 참여하고 있습니다. 아이들은 그저 큰 목소리를 내는 것이 아니라 자기 생각을 입 밖으로 끄집어내고 친구들과 의견을 나누느라 시끄러운 것입니다. 그럴수록 아이들은 서로에게 더 집중하고 생각의 폭을 넓히며 성장하고 있습니다. 그러니 살아있는 교실은 당연히 왁자지껄해야 합니다.

웹툰 만들기도 토론으로

2016년에 제가 강의를 했던 학교 중에는 홍천 남산초등학교가 있습니다. 홍천 남산초등학교는 고층 아파트와 신축 빌라가 가득해서 농산어촌 지역에서는 상당히 큰 규모의 도시 분위기가 나는 학교입니다. 저는 이곳에서 스마트폰을 이용해 웹툰을 제작하는 수업을 진행했습니다. 웹툰은 웹(web)과 카툰(cartoon, 만화)의 합성어로 인터넷 포털 사이트를 통해 서비스가 되면서 어린이와 청소년에게 큰 인기를 끌고 있습니다. 정기적으로 업데이트 되는 웹툰을 보는 어린이들도 적지 않습니다. 웹툰을 소재로 한 영화나 드라마, 연극도 제작되었을 만큼 인기 있는 미디어입니다. 웹툰이라 하면 로맨스, 판타지, 코믹한 이야기가 가장 먼저 떠오르지만 가벼운 이야기만 있는 것은 아닙니다. 예를 들어 대형마트 노동자의 노동권 문제를 다룬 웹툰 〈송곳〉은 웬만한 법률 상식 단행본보다 진지한 사례들을 다뤄 화제가 되었습니다.

좋은 웹툰이 나오기 위해서는 그림 실력, 스토리 구성 능력, 편집 등의 작업 능력 등이 필요합니다. 전문 웹툰 작가는 다양한 디지털 기기를 이용해 웹툰을 만들겠지만, 손쉽게는 스마트폰만 있어도 가능합니다. 요즈음은 사진을 웹툰처럼 변환해주는 다양한 애플리케이션이 있어 작업이 수월합니다. 그러나 디지털 기기가 대신해줄 수 없는 것도 많습니다. 그중 가장 중요한 것이 바로 스토리 구성입니다. 스토리가 나쁘면 어떤 작업으로도 대체가 불가능합니다.

드라마나 영화, 연극, 문학 작품도 그렇겠지만 웹툰을 만들 때도 신선하면서도 그럴 듯한 아이디어와 이야기 전개 흐름이 필요합니다. 실제로 웹툰 작가들도 정기적으로 아이디어를 구하기 위한 휴식 기간을 갖습니다. 다양한 취재가 어려운 초등학생의 아이디어는 주로 자신의 주변에서 나옵니다. 초등학생의 생활이 다 비슷할 것 같아 보이지만, 여럿이 모여 자신들의 이야기를 모으면 상당히 신선한 이야기를 구성할 수 있습니다. 그래서 웹툰 스토리보드를 제작할 때에 토론이 필수입니다. 이 시간에 학생들은 친구들과 이야기를 나누며 질문을 던지고 나의 생각을 전해야하기 때문에 앉아있기보다는 교실 곳곳을 돌아다니며 활동합니다. 그 속에서 아이들은 비판적이고 창의적인 방식으로 폭 넓은 주제를 나눕니다. 또한 미처 생각할 수 없었던 주제들을 친구의 이야기를 통해 다른 관점으로 생각해 봅니다. 토론에서 나눈 이야기들은 살을 덧붙여 풍성한 하나의 새로운 작품으로 태어납니다.

좌충우돌, 새로운 길

2016년에 평창에는 스마트폰으로 찍은 영화를 출품하는 〈웰컴투 스마트폰 영화제〉가 생겼습니다. 영화 '웰컴투 동막골'의 세트장이 있는 촬영지에서 초등학생이 시나리오를 만들고 촬영한 영화를 틀었습니다. 스마트폰으로 촬영한다는 점을 제외하면 특별한 제약은 없습니다. 문학 작품을 기초로 해서 만들어야 한다는 조건이 있었을 뿐입니다. 아이들은 문학 작품을 읽은 후 이를 바탕으로 새로운 시나리오를 만듭니다. 이 과정에서 어떤 결과가 나올지는 오로지 아이들의 노력에 달려 있습니다. 물론 선생님의 도움이 있다면 단 기간 내에 더 좋은 시나리오가 나옵니다. 그러나 장기적으로 본다면, 협력하고 토론하여 상상력을 더하는 작업이 있을 때 아이들은 더 성장합니다.

이 영화제를 통해 아이들은 책읽기에만 그친 게 아니라, 토론을 통해 타인과 사회에 대한 생각이 깊어지고, 소통하며 하나의 작품을 만들어가는 과정을 체험했습니다. 친구들과의 자유로운 수다를 통해 생각을 공유하고 세상을 바라보는 넓은 시야를 갖게 되면서 협력의 중요성을 일깨우니 미디어를 제작하는 시간이 모두에게 즐겁습니다. 또한 경청의 자세와 논리적인 생각도 조금씩 자라나다 보니 미디어를 비판적인 시각으로 바라볼 줄도 압니다. 그런 까닭에 미디어와 토론은 멋진 콜라보레이션입니다.

아이들은 친구들과 놀고 싶어 합니다. 아이들은 수다를 떨거나 운동하고, 놀이를 하는 등 다양한 방법으로 놉니다. 아이들을 관찰해보니 아이들도 어른처럼 생각을 나누고, 자신의 이야기를 나누고 싶어 합니다. 그리고 아이들은 이미 스스로의 생각을 말하고, 자기 앞에 놓인 문제를 해결하는 능력을 갖추고 있습니다. 어른들이 보기에는 미흡하고 모자라 보이지만 조금씩 성장하는 과정이라 생각합니다. 그러니 또래의 친구와 대화할 기회를 많이 만들어주어야 합니다. 그 속에서 아이들의 사고는 한 뼘씩 자라나고, 수업은 생명력을 찾습니다. 아이들이 수업을 즐거워하니 선생님도 덩달아 의욕이 생기고 행복합니다. 아이들과 선생님의 웃음소리가 가득한 토론 수업, 함께 하시지 않겠어요?

▲ 홍천 남산초등학교 웹툰 제작 수업, 친구들과 이야기를 나누며 질문을 던지고 나의 생각을 전해야하기 때문에 앉아있기보다는 교실 곳곳을 돌아다니며 활동한다.

▲ '만다라트 기법은 주어진 소재를 바탕으로 아이디어를 확장해나가며 하나의 이야기를 만들 수 있도록 도와준다.

▲ 만다라트에서 나온 아이디어는 스토리보드로 옮겨져 하나의 이야기로 완성된다. 완성된 이야기는 스마트폰으로 촬영하여 음악과 더빙을 입고 작품으로 태어난다.

▲ 함께 나눈 이야기가 많고 나의 이야기가 소외받지 않은 만큼 아이들은 열심히 활동한다. 작품을 완성하는 과정에서도 끊임없이 대화하기에 교실은 시끌벅적하다.

3부

미래를 열다

18장 작은 도서관을 노닐다

김 소 연

2016년 토론교육 연수를 통해 인연을 맺었다.
몇 년 전 아이들을 위해 공부한 독서논술, NIE, 북 아트,
역사논술 공부가 도서관과 학교수업에 도움을 주었다.
배우면 배울수록 부족함을 느껴 열심히 독서와 토론 공부에 집중하고,
현재 강원토론교육협동조합 춘천모임 회장을 맡고 있다.

　　강원도청 소재지인 춘천은 인구 30만 명이 조금 넘는 중소도시입니다. 춘천에는 마을이나 대규모 아파트, 학교 주변에 작은 도서관이 많이 자리 잡고 있습니다. 여전히 도서관이 부족하다고 여기면서도, 곳곳을 살펴보면 아파트나 마을에 그리 멀지 않은 작은 도서관을 찾을 수 있습니다. 저 역시 아이들과 함께 작은 도서관을 다녔던 기억이 있습니다. 그러던 지난 2016년 가을 무렵, '앞짱어린이도서관(이하 앞짱도서관)'에서 우리에게 연락이 왔습니다. '즐겁고 협력적인 토론을 5주 정도 교육해줄 수 있겠느냐'고 말입니다. 앞짱도서관은 춘천 외곽에 조성된 퇴계주공 6단지에 위치한 아파트형 작은 도서관으로, 규모는 크지 않지만 알찬 도서관으로 다양한 프로그램을 운영하는 곳으로 알려져 있습니다. 춘천에서는 저를 비롯한 몇 명이 강사로 나가기로 하고 회의를 통해 5주차 토론교육 프로그램을 계획했습니다. '즐거운 토론으로 생각 키우기'를

큰 주제로 초등학생 1, 2학년 16명, 그리고 별도로 3, 4학년을 대상으로 토론수업을 진행했습니다.

작은 도서관 토론 수업 첫날

앞짱도서관에서 토론 수업을 한 첫날은 2016년 10월 11일입니다. 처음 도서관에서 아이들을 만났을 때 낯선 친구들과 어색해 하는 어린이들의 모습을 보았습니다. 몇 명은 서로가 잘 아는 것 같았지만, 나머지 친구들은 서로를 낯설어했습니다. 아마도 도서관을 이용하지만, 이렇게 함께 모여 활동하는 경우가 별로 없어 얼굴을 모르나 봅니다. 우리는 토론 수업을 시작하기에 앞서 어린이들에게 토론의 기본과 예의에 대해 알려주었습니다. 어린 친구들을 위해 눈높이에 맞춰 이야기하고, 활동에 앞서 '이름표 만들기'를 하였습니다. 왜냐하면 낯선 친구들과의 인사가 필요했고 긴장도 풀고 싶었기 때문입니다. 그리고 토론 수업 참가자가 저학년이라 재미도 필요했습니다. 이름표를 나누어 주기 전에 미리 목걸이에 고유의 번호를 써 놓고 아이들에게 나누어 주었습니다. 또한 이름표를 만들어 목에 걸고 자기소개를 할 때는 무작위로 제비뽑기를 하였고 제비 뽑기로 번호가 나온 친구가 소개를 하는 방법을 썼습니다. 그러자 어린이들은 자기의 번호가 불리기를 기다리며 집중하였습니다. 가슴이 콩닥거리는 자기소개를 마친 후에는 본격적인 수업을 진행하였습니다.

우선 아이들 4명씩 4개의 모둠을 만들고, '공통점 찾기'라는 협력 토론을 실시했습니다. 저는 아이들에게 외형적·내면적인 공통점을 찾는 질문방법을 알려주었습니다. 예를 들어, 외형적인 공통점으로 '우리 모둠에서 안경을 낀 친구', '핸드폰을 갖고 있는 친구', 내면적 공통점으로는 '책을 좋아하는 친구', '빵을 좋아하는 친구' 등을 예로 들어 설명했습니다. 모둠별로 아이들의 성향과 능력 차이가 있어서 어렵게 5개의 공통점을 찾는 모둠부터 쉽게 20개의 공통점을 찾는 등 속도에서 차이가 났습니다. 이날 수업에서는 어린 학생답게 '이빨 빠진 사람', '태권도를 배운 사람', '엄마 잔소리를 싫어하는 사람', '도서관에 오는 것을 좋아하는 사람' 등의 결과들이 나왔습니다. 외형적인 모둠은 서로가 얘기를 하면서 빠르게 진행했으며, 내면적인 모둠은 서로가 말하기를 힘들어 하고 눈치만 보는 경우도 있었습니다. 특히 후자의 모둠은 더 많이 신경을 쓰면서 반복적으로 설명을 하고 활동을 잘 하도록 유도를 하였습니다.

두 번째 활동은 '분류하기'입니다. 이날 분류하기는 여러 가지 카드를 두 가지로 분류하는 활동입니다. 토론 수업에 참여한 어린이들이 초등학교 저학년이므로 단어보다 그림 카드를 활용했습니다. 아이들이 좋아하는 과일 9가지(바나나, 사과, 귤, 감, 포도, 키위, 파인애플, 딸기, 수박) 그림카드를 활용했으며 결과로 '나무에서 자라는 과일'과 '나무에서 자라지 않는 과일', '껍질째 먹는 과일'과 '껍질째 먹을 수 없는 과일', '열대 과일'과 '열대 과일이 아닌 과일', 그리고 '둥근 과일'과 '둥글지 않는 과일' 등으로 분류하였습니다. 그림카드로 활동을 해 본 결과, 단어보다 그림을 더 좋아하는 것을 알았습니다.

마지막으로 그림책 『고릴라』에 관한 동영상을 보여주었습니다.

동영상을 보는 동안 아이들이 거의 말을 하지 않고 숨죽여 관람하는 것을 보고, 요즘 아이들은 시청각 자료에 큰 관심을 보인다는 것을 알게 되었습니다. 그리고 저자의 다른 그림책도 소개시켜주며 지식의 확장을 연계하였습니다. 특히 그림책을 보면서 아이들이 쉽게 놓치는 그림에 대해 자세히 부연설명을 하였습니다. 왜냐하면 많은 아이들이 그림책을 보면서 글 읽기에 치중을 하여 그림책의 묘미인 그림을 소홀히 하기 때문입니다.

토론 수업 두 번째 이야기

두 번째 수업은 첫 번째 수업과 간격이 너무 길었습니다. 수업 시작 전, 다시 토론의 기본과 예의에 대해 설명을 하였습니다. 그리고 '창문열기' 활동을 하였습니다. 4명을 한 모둠으로 활동지를 직접 만들도록 지도하였습니다. 이유는 복사된 활동지보다 도형의 모형을 아이들이 익히게 하고 싶었으며 모둠끼리 활동지를 만들면서 나름의 계획을 세워보게 하려는 의도가 있었습니다. 그 결과 다양하고 창의적인 창문열기 활동지가 만들어졌습니다. 또한 신나게 활동하기 위해서 공통점을 찾는 질문을 던질 때 하나, 둘, 셋 하면서 손을 들게 했습니다. 그리고 공통점을 찾아 모둠 별명을 짓고 발표하도록 했습니다. 아이들은 '100점', '치킨박스', '걸스 짱' 등의 이유 있는 별명을 만들었습니다. 발표는 돌아가면서 다 하기로 약속했습니다. 왜냐하면 어떤 어린이는 계속 본인이 발표하기를 원하고, 어떤 어린이들은 발표를 원하지 않기 때문입니다.

두 번째 활동으로는 '분류하기'를 하였습니다. 1주차 수업과 한

달의 공백이 생겨 다시 '분류하기'를 복습했습니다. 1주차 수업에는 과일 9가지로 하였고 이번에는 12가지의 동물 카드를 가지고 하였습니다. 2가지나 3가지로 기준을 세워 분류하였습니다. 다시 하는 활동이라 한 번 설명을 했는데 잘 따라주었습니다. 모둠끼리 분류하면서 만장일치로 의견을 모은 분류기준은 활동지에 적게 하였고, 또 다른 분류기준이 있으면 개인적으로 분류를 하도록 포스트잇을 나눠 주어 자유롭게 진행했습니다. '날아다니는 것', '걸어 다니는 것', '헤엄치는 것'으로 나누기도 하였고, '집에서 키우는 것', '집에서 키우지 못 하는 것' 등으로 분류를 하였습니다.

마지막 차례로는 '그림카드로 이야기 만들기'를 하였습니다. 저는 이 수업을 저학년한테 진행할 수 있을까 고민을 많이 했습니다. 혹시 저학년 어린이들에게는 어렵지 않을까 걱정을 했습니다. 그러나 그림 서너 장을 가지고 원작과 다르게 모둠끼리 얘기를 꾸미는 걸 보고 깜짝 놀랐습니다. 모둠별로 이야기를 만드는데 여러 가지 방법으로 진행되었습니다. 어느 모둠은 순서를 정해 한 명이 이야기를 꾸미면 그 다음 순번이 앞 이야기를 읽고 새로운 이야기를 만드는 모둠도 있었고, 처음부터 그림카드로 이리저리 순서를 정하느라 바쁜 모둠들도 있었습니다. 1주차 수업에서도 독보적으로 수업을 이해하고 활동하는 모둠이 있었는데 역시나 2주차에서도 그림카드로 이야기를 만드는 과정에서 활발한 활동을 보여주었습니다. 이야기를 만드는 방법 중에 어느 것이 정답이라고는 할 수 없지만 모둠원이 토론을 거쳐 이야기를 만드는 모습은 기특하였습니다.

책과 함께 토론하기

3주차 수업은 먼저 그림책 『고함쟁이 엄마』를 읽어 주었습니다. 아이들 대부분 처음 읽은 동화책이라 집중해서 잘 들어주었습니다. 그리고 3주차 수업은 '엄마'라는 주제로 수업을 하였습니다. 우선 책을 읽고 난 후 '빈 칸 채우기' 활동을 했습니다. '엄마의 고함이란 ○○이다', '엄마란 ○○이다'라는 주제로 두 명이 짝이 되어 활동을 했습니다. 어떤 친구들은 두 명이 의견을 통일하기 어렵다고 각자 따로 했으면 좋겠다는 의견을 말하기도 했지만, 서로 의견을 나누어 한 가지를 결정하는 과정이 토론의 기본이라고 설명해 주면서 짝 활동을 하도록 안내했습니다. 혹시 한 가지로 통일하기 어려운 경우 두 가지를 써도 된다고 하였으나, 대부분 한 가지로 결정하여 작성하였습니다. 그 결과 '엄마란 베이킹 소다이다. 왜냐하면 돈이 많이 나오기 때문이다.', '엄마란 잘못 건드리면 터지는 폭탄이다. 왜냐하면 터지는 폭탄처럼 무섭게 화내기 때문이다.', '엄마의 고함이란 큰 재앙의 시작이다. 왜냐하면 시간이 지날수록 목소리가 커지기 때문이다.', '엄마의 고함이란 무한이다. 왜냐하면 끝없이 계속되기 때문이다.' 등 초등학생다운 재미있는 글이 많이 나왔습니다. 이 글을 보면서 같은 부모로서 나도 모르게 고함을 지르는 제 자신에 대해 반성하는 마음이 들었습니다.

다음으로 '위시 리스트 토론'으로 희망목록 만들기를 하였습니다. 우선 엄마에게 바라는 위시 리스트를 작성하게 하고 그 결과를 가지고 엄마가 '반드시 들어줄 것', '들어줄 수도 그렇지 않을 수도 있는 것', '절대 들어주지 않는 것' 3가지의 희망목록으로 나누었습니다. 엄마에게 요구사항이 많아 쉽게 위시 리스트를 작성하지 않을까 생각했는데, 생각과는 달리 리스트 작성에 어려움을 느끼면서 고민을 많이 하는 모습이 진지합니다. 만약 아이들이 위시 리스트 작성에 어려움이 있다면, 저학년의 경우 희망목록을 직접 쓰게 하기보다 기본 목록을 주고 분류하는 것이 효율적이라는 생각이 들었습니다.

토론이 좋아요!

앞짱도서관에서의 네 번째 토론 수업은 2016년 11월 29일에 있었습니다. 벌써 4주차 수업이라 아이들과 많이 친해졌습니다. 서로 장난도 치고 말대꾸도 하면서 처음보다 많은 이야기를 나눕니다. 또한 아이들은 무엇보다 자기들의 수업시간 모습과 친구들의 모습이 담긴 동영상을 좋아했습니다. 흥미를 끌고 이목을 집중하기에는 좋은 방법이라 수업 시작 전에 동영상을 보여 주었습니다. 그러나 2시간 연속으로 수업을 진행하면서 아이들이 수업의 집중도가 떨어지는 것을 발견했습니다. 그래서 4주차 수업에서는 좋아하거나 흥미로는 활동은 후반부에 하고 동영상도 활동의 중간 부분에 보여주기로 했습니다.

우선 수업에 들어가기 전에 토론의 중요성을 강조하면서 듣기의 여러 가지 방법에 대해 설명을 해주었습니다. 요즈음 학생들이 가장 어려워하는 것이 바로 듣기, 그 중에서도 경청이기 때문입니다. 아이들이 지루할 것 같아 큰 소리로 따라 읽게 하였으며 약간의 손

동작으로 아이들을 수업에 집중하도록 유도하였습니다.

첫 활동으로는 '뇌구조 알아보기'를 해보았습니다. 모둠 활동을 하다보면 자기 생각이나 의견이 다 반영되지 않아 약간의 불만을 이야기하는 친구도 있어 개별 활동인 '뇌구조 알아보기'로 수업을 하였습니다. 처음 한 개별 활동이라 관심을 가지고 열심히 합니다. 아이들은 지금까지 혼자서 하는 공부와 쓰기에 길들여져 모둠으로 하는 협력활동을 어렵게 생각하는 친구들도 있습니다. 종종 서로 의견을 수렴하고 종합하면서 활동을 하는데 어떤 모둠에서는 혼자서 다하려는 경우도 있습니다. 아무래도 그 학생은 자기가 잘하기 때문에 다른 친구의 의견을 들을 필요가 없다고 생각하나 봅니다. 그러나 우리는 개인 활동인 '뇌구조 알아보기'를 통해 서로의 생각 차이에 대해 알아볼 기회를 마련했습니다. 다만, 활동이 그리 쉽지 않아 학생들이 잘 따라올지 살짝 걱정을 했습니다. 그런데 의외로 예시를 통해 뇌구조에 대해 설명을 듣고 자기 생각을 잘 표현했습니다. 결과지를 보니 같은 시간, 같은 장소에 있는 아이도 매우 다른 생각을 하고 있음을 단번에 알 수 있었습니다. 아이들에게 모두 발표의 기회를 주고 결과를 감상하며 다른 친구와 생각을 비교해 보는 기회였습니다.

이날 수업의 마지막 활동은 '만장일치 토론'입니다. 만장일치 토론은 모둠원의 화합과 협동이 필요한 수업이라 '초등학생 1, 2학년들과 함께 만장일치 토론을 할 수 있을까' 고민을 했습니다. 그래서 정답이 있는 만장일치 토론으로, 아이들이 쉽게 접근하도록 '애완견을 좋아하는 것'에 착안하여 주제를 정했습니다. 이날 주제는

'최근 통계자료에 의하면 우리나라 총가구의 10%가 애완동물을 키우고 있습니다. 그 중 약 90%가 애완견을 기르고 있는데 우리나라에서 가장 사랑받는 애완견은 무엇일까요?'였는데, 베스트 5의 순위를 만장일치로 맞추는 문제였습니다. 아이들에게 순위가 이미 정해져 있다는 사실을 알려주고 모둠원이 토론을 통해 순위를 정하고 이유를 적어 발표하였습니다. 그랬더니 아이들은 생각보다 열심히 애완견의 장단점을 얘기하면서 순서를 정했습니다. 그 결과 4모둠 중 1모둠이 정답을 맞추어 미리 준비한 사탕선물을 주었습니다. '만장일치 토론'을 할 때 많은 시간이 필요합니다. 왜냐하면 강아지 그림과 단어를 같이 만든 카드를 미리 만들어 나눠줘야 하기 때문입니다. 그리고 토론수업 참가자가 초등학교 저학년이기에 시각적인 활동지와 자료를 준비하였습니다.

스스로 평가하기

토론 수업이 5주차에 이르자 아이들은 토론 수업을 기대하고 모이기 시작했습니다. 토론을 낯설게 생각하던 아이들의 모습도 어느새 사라졌습니다. 2016년 12월 6일, 앞짱도서관에서의 마지막 토론 수업이 있었습니다.

이 날은 먼저 아이들과 함께 『책 읽는 두꺼비』라는 그림책을 읽습니다. 책 내용이 아이들이 좋아하는 내용이라 읽을 때 잘 집중합니다. 물론 중간에 웃기도 하고 궁금한 것을 질문하는 친구들도 있습니다. 읽기를 마친 후에는 '빈 칸 채우기' 활동을 하였습니다. '빈 칸 채우기'는 3주차 수업에서도 해보았지만, 그 활동은 감정을 담거나 비유하여 말하기가 좋으며, 특히 '빈칸 채우기'로 글쓰기를 하면 아이들이 편안하게 글을 써 내려가 글쓰기에 대한 거부감을 줄일 수 있습니다. 그래서 이번 수업에서는 개인별로 '빈 칸 채우기'를 하고 발표하는 시간을 가졌습니다. 이 활동을 통해 쓰기 능력이 많이 향상되고 발표력도 좋아졌기 때문에 모든 친구들에게 발표 기회를 주고 싶었습니다.

확실히 한 번 해본 활동이라 아이들은 자신감을 갖고 '빈 칸 채우기' 활동을 합니다. 그러나 한 명의 여자 아이는 예외였습니다. 그 아이는 모든 수업이 재미있다고 할 정도로 적극적인 친구였으나, 오늘은 어쩐 일인지 시작조차 못하고 어려워했습니다. 알고 보니 3주차 수업에 결석을 해서 '빈 칸 채우기'를 해보지 않았기 때문이었습니다. 그래서 이 아이에게 '빈 칸 채우기' 활동 방법을 설명하고, 다른 친구들의 활동지를 보고 마무리를 짓게 하였습니다. 그 친구는 최선을 다해 이 활동에 참여했습니다. 저는 끝까지 참여하려는 그 친구가 대견했습니다.

'빈 칸 채우기' 활동에 대한 평가는 학생들 스스로 하도록 했습니다. 우선 모든 활동지를 벽에 붙이고 마음에 드는 친구의 작품에 스티커를 붙이기로 했습니다. 아이들에게 3장의 스티커를 주면서 본인의 활동지에는 안 붙이는 약속을 했습니다. 물론 짓궂은 남자 아이는 본인 활동지에 붙이기도 합니다. 하지만 나머지 친구들은 다른 친구들의 활동지를 자세히 읽어보고 투표를 했습니다. 학생들이 자율 평가를 하도록 안내한 것은, 민주주의 기본이 투표라는 것을 아이들에게 알려주고 싶었기 때문입니다. 이날 작품을 가장 잘 만든 토론자로 뽑힌 친구는 총16개의 활동지 중 6개의 스티커를 받은 학생이었습니다.

5주차 수업의 마지막 활동은 '만다라트 만들기'입니다. 주제는 '책'으로 하고 '만다라트'에 대해 먼저 설명하였습니다. 사실 몇 번의 토론으로 아이들의 생각을 확장시켜주기는 어려운 일입니다. 저는 만다라트 기법을 원형 그대로 적용하기 어려울 것 같아 '연꽃 발상 기법' 활동지를 이용해 생각을 정리하는 방법을 안내했습니다. 만다라트 보고서의 예를 다양하게 제시해주자 만다라트 방법을 잘 몰랐던 아이들도 금방 잘합니다. 조용하던 친구들이 갑자기 모둠원과 이야기를 하며 토론하는 모습도 볼 수 있었습니다.

토론의 효과와 미래

5주차 수업을 통해 아이들은 금방 수업에 적응하는 모습을 보였습니다. 지금 생각해보니, 앞짱도서관 친구들을 처음 만났을 때 모두 낯설고 어색하던 모습이 기억납니다. 그러나 그것도 잠시. '이름표 만들기'와 '공통점 찾기'를 통해 서로에 대해 알기 시작했으며 '토론으로 분류하기'를 하면서 모둠끼리 설득하며 합의점을 찾는 모습은 마치 토론의 시작을 알려주는 듯 했습니다. 무엇보다, 토론을 처음 접하는 아이들도 금방 토론 수업에 적응하였습니다. 토론을 처음 만났을 때, 어린이 중 몇 명은 소리가 들리지 않을 정도로 작은 목소리로 속삭였습니다. 그런데 몇 주 간의 토론 수업이 다 끝날 무렵에는 친구들이 발표하는 것을 보고 용기를 얻어 자기 목소리를 내기 시작했습니다. 반면 소란스럽던 친구들은 토론의 기본이 경청이라는 사실을 깨닫고 남을 배려하려는 노력도 하였습니다.

아쉬운 점이 있다면, 토론에 참여한 학생이 초등 저학년이기에 집중력이 오래가지 못하고, 한 활동이 길어지면 집중력이 흐트러지는 경향도 있었다는 점입니다. 그것은 활동자체가 지루해서가 아니라, 다른 친구들의 발표를 경청하는 모습이 부족해서 나타나는 공통된 현상이었습니다. 그래서 저학년의 경우 시각적인 자료를 활용해 활동적인 수업을 해야 한다는 교훈을 얻었습니다. 예를 들어, '인기 있는 애완견 베스트5'라는 주제로 '만장일치 토론'을 하면서 애완견의 사진과 이름을 한 카드로 제시했더니 아이들의 호응도가 높았습니다.

협력적 토론을 반복할수록 아이들이 눈에 띄게 달라집니다. 발표할 때 바른 자세로 서서 적절한 크기의 목소리로 친구들의 얼굴을 보며 말하는 학생들이 늘었습니다. 아이들에게 '가장 힘들었던 부분이 무엇인가요?'라고 물었을 때는 몇 명의 친구들이 '생각을 쓰는 것'이라고 말했습니다. 그래서 토론 수업을 할 때 다양한 활동을 병행해서 수업을 진행하는 것이 더 효율적이라 판단하였습니다. 또한 5주차 수업이 끝날 때 쯤 아이들은 모둠 속에서 진지함을 발견하였습니다. 소통과 공감, 그리고 경청을 통해 아이들은 자신감을 갖고 생각을 말하는 모습이었습니다. 그리고 활동시간에 모두 참석하여, 떠들썩하고 즐겁게 의견을 제시하는 모습을 보며 토론의 밝은 미래를 떠올렸습니다.

도서관은 토론과 잘 맞는 공간입니다. 만약 도서관에서 책을 읽고, 토론을 하고, 글도 쓴다면 얼마나 좋을까요? 이런 활동이 어렸을 때부터 일상적으로 몸에 익숙해진다면, 청소년이 되었을 때는 지금과 다를 것이라는 확신이 들었습니다. 깊은 사고력을 바탕으로 올바른 토론 문화가 정착하면, 합리적이고 민주적인 의사소통을 하는 어른으로 성장하리라 기대합니다. 이제 도서관마다 이런 협력적인 토론을 하도록 제안을 해야겠습니다.

▲ '빈 칸 채우기' 활동 결과를 살펴보는 앞짱도서관 학생들. '빈 칸 채우기'는 비유법과 설명하기를 이용한 대표적인 토론 활동이다.

▲ 앞짱도서관 학생들이 모둠별로 실시한 '위시 리스트 토론' 결과를 확인하고 있다.

19장 그림책, 토론을 만나다

유희정

춘천에서 살다가 2013년에 가족과 함께 화천으로 이주했다.
그해부터 그림책 공부에 뛰어들어 그림책을 활용한 독서인성 수업을 5년째 진행중이다.
그림책에 토론을 더하니 수업이 더 즐거워져 토론의 매력에 빠져들었다.
현재 심리상담사, 놀이지도사, 토의토론지도사 등으로 활동하고 있다.

사람들은 저마다 인생의 전환점이 있습니다. 그 이전의 삶과 그 이후의 삶을 완전히 바꾼 계기 말입니다. 다섯 살 꼬마친구가 엄마를 따라 갔던 스케이트장에서 스케이트를 처음 신었다가 세계적인 피겨 선수로 성장한 김연아 선수의 이야기처럼. 심한 천식을 앓고 있던 아이가 천식에 수영이 좋다고 해서 시작했다가 한국의 간판 수영선수로 발돋움한 박태환 선수 이야기도 있습니다.

제게 인생의 전환점이 언제였는지 묻는다면, 저는 아마도 '책으로 마음읽기' 강좌를 처음 들었던 2013년 4월의 어느 날이라고 말하겠습니다. 세 자녀를 둔 전업주부가 '어떻게 하면 내 아이들이 책을 많이 읽을 수 있을까? 책을 많이 읽으면 공부도 잘하겠지?'라는 막연한 기대와 엄마의 욕심으로 그림책을 만났습니다. 이 만남을 시작으로 3년이라는 세월을 보내면서 마음 선생님(심리상담), 독서논술 강사, 놀이지도사, 토의토론지도사 등의 이력을 갖춘 선생님이 되었습니다.

지금도 저는 그림책으로 많은 이야기를 나눕니다. 좋다는 그림 책이 나오면 얼른 사고 맙니다. 그림책만 넣어 다니는 가방이 따로 있을 정도입니다. 얼마 전부터는 강원토론교육협동조합에서 마련 한 '그림책을 활용한 독서 토론 워크북' 개발에도 참여하고 있습니 다. 이제 제 인생의 친구가 되어 버린 그림책, 그 그림책은 어떤 존 재일까요?

그림책(picture book)은 과연 어떤 책일까요?

이제까지 일반적으로 통용되는 그림책의 정의는 '글과 그림이 어우러져 이야기를 전달하는 책'입니다. 그림책은 0세~유치원 또 래의 어린이가 주로 읽는 책으로 여기거나 초등학교 저학년까지 읽기에 적합한 책으로 인식하는 경향이 있습니다. 여전히 많은 서 점과 도서관은 그림책 코너를 유아들의 관심을 끌 환경으로 꾸미 고 전시하는 상황입니다. 그러나 그림책은 결코 유아용이나 초등 용 책만은 아닙니다. 그림책 내용이나 그림은 어른이 봐도 감동할 만한 하나의 작품세계입니다. 실제로 요즈음에는 교사나 부모가 참여하는 어른들 그림책 모임이 늘고 있습니다. 강원도 곳곳에도 이런 어른들의 그림책 모임이 많습니다.

제가 참여하는 한 독서 모임에서 그림책으로 토론을 한 적이 있 었습니다. 그때 한 분께서 '그림책은 나이와 상관없이 어른이 봐도 좋다는 생각이 든다. 그림책으로도 다양한 해석, 다양한 관점을 볼 수 있어 놀랍다. 책 내용도 좋지만, 그림이 무척 흥미롭고 인상이 깊다. 심오한 메시지를 그림으로 간결하고 전달할 수 있어 놀랍습니다. (몇 백 쪽 되는 성인 책과 비교하여)책을 읽는데 부담이 없어 좋다'라고 소감을 밝힌 적이 있습니다. 예전에는 외국 그림책을 번역한 작품이 많았지만, 요즈음에는 한국 작가들이 쓴 좋은 그림책도 많이 나옵니다. 이제 한국 독자들도 더욱 몰입해서 그림책에 빠져들 수 있는 환경이 만들어진 겁니다.

그림책은 이야기가 재미있고 짧으면서도 작품성이 있어서 다양하게 이용됩니다. 우선 어린이들이 처음 접하는 책입니다. 아이를 키우는 집에는 어지간한 그림책이 다 꽂혀 있습니다. 또 그림책이 없더라도 인근의 도서관을 찾으면 좋은 그림책이 많습니다. 학교에서는 독서력 향상을 위해 그림책을 많이 이용합니다. 독서력이 다소 부족한 학생도 그림책을 꾸준히 읽고 이야기를 나누면 어느새 독서력이 부쩍 성장한 것을 확인할 수 있습니다. 어른들은 그림책을 읽으며 마음을 정화합니다. 오히려 그림책의 진수를 맛보는 것은 어린이가 아니라 어른일 수도 있습니다. 더 나아가 노인을 대상으로 한 독서 치료에서도 그림책이 많이 활용됩니다. 노인에게 그림책은 재미있는 이야기이자, 어린 시절을 추억하는 방편이기도 합니다. 이렇게 다방면으로 활용되는 그림책은 0~100세까지 모든 세대가 함께 볼 수 있는 좋은 책이 아닐까요.

독서논술 수업의 모습

몇 해 전에 독서논술이 광풍처럼 몰아친 적이 있습니다. 한 10년 전에는 대학별 시험에서 논술이 있어 독서논술은 중상위권

학생들이 모두 받아야 할 수업처럼 느꼈습니다. 요즈음에는 이런 모습을 찾기 어렵지만, 초등학생 또래에서 독서논술 수업을 선호하는 모습은 아직 남아 있습니다. 최근까지도 방과후 학교나 도서관 등에는 '독서논술'이라는 이름의 강좌가 꽤 있습니다. 아무래도 독서와 글쓰기는 우리 사회에서 포기 못할 교육이기 때문입니다.

그런데 독서논술 수업에 참여하는 학생들은 거의 대부분 부모님의 강요로 수강 신청을 합니다. 독서논술 수업은 학생들이 좋아하는 수업이 아니라 부모님의 원하는 수업이지요. 지금도 독서논술, 독서 토론이라고 하면 지레 겁부터 먹습니다. 학생들은 독서논술, 독서 토론 교실에 들어오기 전부터 '재미없고 어려우며 지루한 수업'이라는 선입견으로 마음과 귀를 닫습니다.

이런 학생들과 수업을 하다 보니, 재미있는 강좌로 만들어야겠다는 생각이 들 때가 많습니다. 그래서 아이들이 원하는 수업방법인 놀이활동, 미술활동을 독서에 접목해 보았습니다. 물론 간단한 독후 활동도 나쁘진 않지만 수업이 끝나면 양심상 학생들에게 미안한 마음이 앞섰습니다. 제대로 된 수업을 하지 못했다는 미안함과 강사로서 한계를 느낄 때가 많았습니다.

이런 수업에서 가장 힘든 것은 대답도 발표도 잘하지 않는 학생들을 볼 때입니다. 독서논술 수업에서는 어떤 학생들은 본인들 말만 하고, 또 다른 학생들은 수업에 집중하지 못하는 등 편차가 컸습니다. 저는 이런 문제를 해결하기 위해 동분서주했습니다. 그러다가 토론에 관심을 갖고 책도 읽고, 직접 토론 강좌도 찾아다니며 배움에 열중하였습니다.

협력적 토론을 배운 이후에 제 수업도 달라졌습니다. 그림책을 읽기에서 나아가 수다를 떨고, 간단한 글도 쓰면서 융합적인 수업이 가능해졌습니다. 무엇보다 중요한 것은 학생들이 참여하는 수업으로 바뀐 점입니다. 아무래도 참여형 수업은 시끄럽습니다. 그래서 가끔은 지나가던 사람들이 '이게 수업인가?'라는 의문을 가집니다. 학생들은 참여형 수업을 무척 재미있어 하기 때문에 몰입을 합니다. 그럼 자신도 모르게 떠들고 있는 모습을 볼 수 있습니다. 저는 이제 그림책 토론으로 수업이 진행되는 교실 이야기를 나누려고 합니다.

조금 낯선 그림책 수업

○○초등학교 학부모 공개수업이 있었던 날입니다. 20명 가까운 학부모들이 자녀의 수업 모습을 지켜보기 위해 교실 뒷자리에 마련된 의자에 앉아 계셨지요. 수업 시작 전, 학부모의 얼굴과 눈빛에는 기대감이 가득합니다. 저는 약속된 시간이 되자 학부모 공개수업을 시작했습니다. 제 안내에 따라 각 모둠 전기수가 그림책을 읽자 교실이 술렁이기 시작했습니다. 전기수는 책을 읽어 주는 사람을 말합니다. 원래는 조선 후기에 소설을 읽어 주던 직업적인 낭독가였는데, 요즈음에는 읽기 수업을 할 때 책을 읽어 주는 사람을 가르키는 말입니다.

학생들은 모둠의 전기수에게 집중하여 그림책 속으로 여행을 떠났지만, 이 모습을 지켜보는 학부모의 얼굴은 당황스러운 표정이 역력합니다. 간혹 '무슨 수업을 이렇게 하는 거야.'라며 불신의 눈빛으로 변해가는 모습도 있습니다. 그래도 평소처럼 학생들과 책 표지를 보면서 이야기를 나누고 모둠원들과 함께 책상위와 교실 바닥에서 완성해가며 수업을 하였습니다. 저는 안내지 역할과 조정과 울타리 역할만 할뿐 개입하거나 지시하지 않았습니다. 마지막 활동으로 6장 그림으로 '이야기 다시쓰기'를 하고 발표하기 전 부모님들께 수업의 취지와 방법에 대해 소개했습니다. 그리고 전람회 기법으로 발표를 하고 부모님이 전람회 기법에 함께 참여하도록 수업을 했습니다.

처음 경험하는 수업에 당황하시고 다소 불쾌해 하던 학부모들도 수업을 마친 후 수업에 대해 이야기를 나누며 소통에 나섰습니다. 한 어머니께서 '처음엔 화가 났다'고 하시더니 '이제까지 몇 번의 공개수업에 와 봤는데 그때마다 자녀가 손을 몇 번 드는지 선생님이 발표를 시켜주는지만 지켜봤고 확인하려 했다'고 회고했습니다. '그런데 오늘 수업을 지켜보면서 놀라운 점을 발견했다'며 '우리 아이가 친구들과 계속 이야기를 하고, 친구의 이야기를 들어주고, 무언가를 쓰는데 1시간 동안 집중하지 않는 모습을 볼 수 없었다'며 만족해 하였습니다. 처음에 화가 나서 상기되었던 얼굴이 수업에 참여한 듯 흥분되고 상기되어 즐거웠다고 고백하는 한 학부모의 이야기에서 토론 수업의 효과와 앞으로의 수업 방향을 세울 수 있었습니다.

토론 수업을 하면 아무래도 학습량이 많아집니다. 설명식 수업은 선생님이 많이 떠들고, 학생들은 적게 말하기 마련입니다. 그림책 수업도 읽기 위주로 가면 침묵하는 시간이 많습니다. 그런데 그림책을 활용해 독서 토론 수업을 하면 학생들은 더 많은 시간 동안 내용과 생각을 말합니다. 다만, 진행자 입장에서는 이곳 저곳에 있는 학생들이 말을 하다 보니 '조금 정신 사납다'는 생각은 듭니다. 그래도 제가 연수생 입장에서 배워보니 다른 모둠 사람들의 이야기는 잘 들리지 않을 만큼 집중력이 높아집니다. 제게 토론 수업을 알려준 최고봉 선생님은 활동에 몰입해서 사회자나 다른 모둠 사람의 목소리가 잘 들리지 않는 현상을 '후천성 난청'이라며 장난 어린 표현을 알려주셨습니다.

배려가 있는 교실

○○초등학교 1, 2학년 교실에는 조금 더디 가는 학생(느리게 배우는 학생)이 한 명 있습니다. 한글을 배우는 중이라 또래보다 책 읽기도 부족하고, 배려가 많이 필요합니다. 그런데 아무래도 저학년 학생들은 느리게 배우는 친구의 어려운 상황을 이해해주기란 무척 어렵습니다. 같이 활동을 하면 속도가 떨어지고, 느리게 배우는 학생의 집중력이 흐트러질 때도 있으니 아무래도 마음에 들지 않은가 봅니다. 어떤 학생은 더디 가는 친구를 탓하거나, 함께 활동하기 싫어하는 등 수업 시간에 불편한 상황이 생길 때가 있습니다.

저는 '이 학생들과도 토론 수업이 가능할까?'라는 의문이 생겼습니다. 아무래도 독서력이 낮으니 높은 수준의 독서 토론은 어려울 것 같았습니다. 그래서 독서 토론에 앞서 기초적인 협력 토론을 통해 이해하는 시간을 마련하면 좋겠다는 생각이 들었습니다. 토론 수업 초기에는 더디 가는 친구와 담임선생님이 두 몸 한 마음으로 모둠원들과 자연스럽게 소통하도록 도와주었습니다. 가끔은 더디 가는 친구에게 알찬 정보도 귀띔하면서 적극적으로 수업에 참여하도록 도와주었습니다. 다행히 느리게 배우는 학생도, 또 다른 학생들도 토론 수업에 금방 적응했습니다.

토론 수업을 시작한 지 몇 주가 지났습니다. 토론 수업을 할 때 더디 가는 친구가 있는 모둠원들이 친구에게 의견을 묻고 대답할 수 있는 시간을 주는 모습을 보았습니다. 생각이 잘 나지 않아 대답을 머뭇거릴 때에도 대답할 때까지 기다려주는 모습을 보였습니다. 물론 수업을 진행하는 저 역시 시간을 재촉하지 않아 이런 여유가 가능했습니다. '빨리 정답! 우리 모둠 1등!'을 즐겨 외치던 친구들이 협력적 토론 수업을 하면서 생각이 변한 듯 보였습니다.

기다려주는 친구들에게 미안한지 아니면 그동안 열심히 수업을 듣고 참여하면서 배워서인지 더디 가는 친구도 발전했습니다. 더디 가는 친구는 토론 수업 시간에 더 많이 생각하고, 더 적극적으로 말하려고 노력하고 친구의 조언을 들으려 했습니다. 기다림의 시간 후 그 모둠원들은 의사소통 능력과 논리적 사고 능력이 놀랍게 성장하였습니다. 협력 토론 수업을 통해 토론의 힘을 경험한 후, 저는 토론의 매력에 더 깊이 빠져 공부하고 연구해야겠다는 마음을 먹었습니다.

한 번은 중학생 수업을 하는데, 학생들에게 토론이 무엇이라고 생각하는지 물었습니다. 어떤 학생은 말싸움이라 했고, 다른 학생은 '선거 때 일방적으로 자신들 주장만 하는 거요'라고 대답해 깜짝 놀랐습니다. 학생들이 접한 토론은 아무래도 주로 찬반 대립 토론이었고, 그중에서도 찬반 대립 토론의 부정적인 면만 본 것 같았습니다. 토론이 수단과 방법을 가리지 않고 싸워서 이겨야하는 말싸움에 불과하다면 토론을 아무리 많이 해도 불화하고 불통의 사회가 될 것입니다. 저는 이렇게 토론을 부정적으로 알고 있는 학생들에게 토론의 묘미를 보여줘야겠다고 생각했습니다.

마음의 문을 열고 서로를 이해하는 '창문 열기'라는 협동학습 방법으로 토론 수업의 문을 열었습니다. '창문 열기'는 공통점을 찾고, 그 공통점을 바탕으로 모둠 이름을 정하는 방법입니다. 이 방법은 막상 해보면 공통점을 찾기가 그리 쉽지 않지만, 서로를 이해할 수 있는 것이 매력적입니다. 저는 쉬운 것을 준비했다고 생각했으나 30명의 학생들 중 말하는 친구들은 거의 없었습니다. 무엇부터 하는지, 누가 묻고 누가 써야할지 '선생님이 가르쳐 주세요'하는 눈빛으로 칠판으로 향한 30명의 눈빛을 잊을 수가 없습니다. 선생님이 설명하면 그것을 듣고 기록하는 것이 수업이라 생각하던 학생들은 수동적 수업을 당연하게 여겼을 수 있습니다. 이번에는 낯설고 적극적으로 참여해야 하는 불편한 수업이지만 그래도 토론의 힘을 경험해봤기에 친절하게 천천히 가보기로 했습니다. 예를 보여주어도 어려워하는 학생들과 어린 아이가 걸음마 시작하듯 천천히, 그리고 조심스럽게 다가갔습니다.

"자, 고향이 화천인 사람 손 들어봅시다. 하나, 둘, 셋!"
"좋아하는 아이돌이 엑소(EXO)다. 하나, 둘, 셋!"

"난 태양의 후예를 봤다. 하나, 둘, 셋!"

그 외에도 ▲공동주택에 산다 ▲혈액형이 O형이다 ▲계절 중에 겨울이 가장 좋다 등 여러 가지 측면에서 공통점을 찾아보았습니다. 오븐에 음식을 하기 전 오븐을 예열해야 목적에 맞는 요리가 완성되듯 선생님이 지치거나 포기하지 않으면 토론이 일상이 되어 감을 믿으며 열심을 내봅니다. 이것이 바로 토론의 힘이 아닐까요?

그림책과 토론의 만남

저는 좋아하는 그림책을 더 많은 사람들과 나누는데 관심이 많습니다. 그 전에는 그림책 읽기에 집중했지만, 최근에는 그림책 독서 토론에도 관심을 쏟고 있습니다. 「그림책을 활용한 독서 토론」워크북 개발을 위해 매월 2회 스터디를 하면서 그림책 독서 토론이 더 가까워졌습니다. 독서 토론이라니 거창하지만 사실은 책을 더 잘 이해하고, 자신의 머리로 생각하는 활동입니다. 이런 그림책 독서 토론 교육이 학교에서, 도서관에서, 그리고 집에서 이뤄지면 참 좋겠다는 생각이 듭니다.

초등학교 3, 4학년만 되어도 연꽃 발상 기법 활동지로 내용을 정리하고 핵심 낱말 찾기, 핵심 낱말 빙고 등의 활동을 하면 그림책 내용을 잘 이해합니다. 간단한 찬반 토론 형식인 경우에는 두 마음 토론 같은 연극 기법을 활용한 토론을 해봅니다. 그림 4~6장으로 이야기를 만들 때도 있고, 둥글게 모여 앉아 말로 이야기를 다시 만들기를 즐길 때가 있습니다. 똑같은 그림책을 갖고도 참여하는 학생의 연령이나 성향, 독서력에 따라 다른 토론 방법을 씁니다. 책 표지 다시 만들기, 말풍선으로 이야기 만들기, 등장인물에게 별명 지어주기 등 여러 가지 독서 후 활동과 접목하면 학생들은 재미를 느끼면서 활동에 몰입합니다. 독서 활동에서 재미를 느껴야 호기심이 생기고, 책을 자주 펼치게 되어 결국 독서력과 학습 능력이 향상됩니다. 그림책은 그 자체가 재미있는 책이니, 여러 독서 활동에 활용하면 좋습니다. 또 분량이 많지 않아 짧은 수업 시간에 활용하기도 편리합니다. 그림책에 토론을 덧입히면 재미와 교육적 효과를 동시에 얻습니다.

그림책 독서 토론은 모든 세대에게 쉽게 접근할 수 있는 방법입니다. 안내자가 그림책에 대한 이해가 깊다면 더 좋습니다. 그러나 그림책에 대한 조예가 깊지 않다 하더라도 토론 수업으로 진행한다면 학습자가 그 공백을 메워줄 겁니다. 저는 할머니와 어린 손주가 그림책을 사이에 놓고 이야기를 나누고, 사춘기 아들과 아버지가 같은 책으로 토론하는 상상을 해봅니다. 그림책은 세대를 아우르는 묘한 매력이 있으니 불가능한 상상만은 아닐 겁니다.

제 주변에는 말 잘하는 사람, 성격이 외향적인 사람, 언변이 화려한 사람이 있습니다. 그렇다면 토론 능력은 타고 나는 것일까요? 제 생각에는 토론 능력은 타고나는 것이 아니라 만들어지는 것 같습니다. 물론 어릴 때는 타고나는 영역이 영향력이 크겠지만, 점점 성장하면서는 교육의 힘이 크게 작동합니다.

미국의 44대 대통령 버락 오바마는 중학교 때부터 체계적으로 스피치와 토론을 연습했다고 합니다. 오바마 대통령, 미국의 대표적인 여성정치인이었던 올브라이트 전 국무장관, 『다빈치 코드』를 쓴 작가 댄 브라운, 위키피디아를 설립한 래리 생어 등은 모두 리버럴 아츠 칼리지(Liberal Arts College) 출신입니다. 애플의 창업자인 스티브 잡스는 리버럴 아츠 칼리지인 리즈 대학에 입학했다가 중퇴했습니다. 리버럴 아츠 칼리지의 전공은 인문학 또는 교양입니다. 인류가 쌓아놓은 문학, 역사, 철학 등을 공부하는 것이 바로 이 대학의 교육과정입니다. 앞서 언급한 사람들은 리버럴 아츠 칼리지에서 책을 읽고 토론하며 4년을 보냈습니다. 단순히 논리적 스피치만 연습한 것이 아니라, 수많은 책을 함께 읽으며 생각을 확장했습니다. 토론을 통해 생각을 정리하고, 다른 사람과 화합하며 의견을 모으는 자세를 익혔습니다. 저는 이런 생각을 해봅니다. 그 사람들도 그림책 독서 토론으로 출발한 것은 아니었을까.

불통의 시대를 살아가면서 누군가를 탓하고 힘들어하는 요즈음, 토론의 힘을 다시 생각합니다. 다른 사람의 감정과 생각을 고려하면서도 자신의 생각과 감정을 솔직하게 이야기할 수 있는 힘. 그리고 더 나아가 진실에 가까워지고, 문제를 해결해 나가는 힘은 바로 토론으로 길러집니다. 저는 오늘도 그림책과 토론이 즐겁게 어우러지는 수업을 꿈꿉니다.

▲ 그림책에서 핵심 낱말을 찾아 글을 쓰는 활동을 하고 있는 어린이. 모든 핵심 낱말을 한 번 이상 사용하는 것이 관건이다.

▲ 6장 그림으로 이야기 다시 만들기. 원작에 등장하는
◀ 그림 6장을 이용하여 모둠별로 이야기를 바꿔 쓰는 활동이다.

20장 토론수업 커리큘럼 짜기

김 현 정

토론교육이 민주시민으로 살아가는데 꼭 필요하다는 생각으로 몇 해 전에 토론교육에 뛰어들었다.
청소년 토론교육의 일환으로 원주 알짬 아카데미를 만들었다.
지역아동센터와 춘천흥사단 등에서 토론교육을 추진했다.
현재 강원대학교 등에서 교육사회학을 강의하고 있고 춘천흥사단 부대표를 맡고 있다.

우리 아이들 한번 시켜보자

흥사단 '알짬' 아카데미의 시작은 어느 지인의 작은 부탁에서 비롯되었습니다. 내 나이 마흔이 되던 해 나는 다니던 직장을 그만두고 공부를 시작했습니다. '불혹'의 나이에도 내내 가슴을 설레게 하던 사회학 공부의 '유혹'을 떨쳐버릴 수 없었기 때문이었습니다. 그렇게 시작된 교육사회학 전공의 박사과정. '늦게 배운 도둑이 날 새는 줄 모른다.'는 옛말처럼 공부에 푹 빠져있는 나에게 함께 수학하던 선생님이 자녀의 논술지도를 부탁해 왔습니다.

논술지도라…. 때마침 맞닥뜨린 기회에 논술에 관해 알아보고자 논술 관련 책을 살피고 그 분야의 흐름과 정보를 수집하였습니다. 논술 관련 정보는 차고도 넘쳤습니다. 이러한 흐름은 아마도 그 당시가 대입논술고사 실시로 논술에 대한 수요가 급증하고 있었기 때문입니다.

'달이차면 기울듯' 차고 넘치는 자료를 보며 들었던 생각 두 가지는 논술에 관한 열기가 시들해질 것이란 것과 '텍스트의 시대에서 말의 시대'로 변화하는 시점에 의사소통 능력과 관련된 토의·토론이 강조될 것이라는 확신이 들었습니다. 이러한 확신은 새롭게 시작한 공부를 통해 알게 된 미래사회의 변화에 근거한 것이었습니다.

사회학을 전공한 나로서는 토론식 수업이 가져다주는 '선 공부 후 토론'의 장점을 몸소 체험하고 있었습니다. 이러한 '선 공부 후 토론'의 장점은 정보화 시대에 자신이 필요로 하는 공신력 있는 정보를 찾고 선별해 내어 자신의 것으로 만들고 토론에 적용해 보는 과정을 온전히 경험할 수 있는 바로 자기주도 학습 과정이라는 겁니다. 또한 '네 동생은 왜 저렇게 말을 잘하냐?'는 주변사람들의 질문에 '어려서부터 아빠가 참새고기를 많이 먹여서 그렇다고' 답변한 언니의 말에서처럼 말에 관해서는 스스로 '한 말 한다'는 자신감이 있어 시대의 흐름에 발맞춰 토론 수업 안을 만들어 보겠다는 결심이 섰습니다.

논술 열기가 시들해질 것이라는 나의 예상은 역시나 그러했습니다. 족집게 강사가 집어준 논제와 내용을 달달 외워 치러진 논술시험은 사교육 억제 정책과 맞물리면서 그 실효성을 두고 비중이 축소되었고 이에 따라 논술 열기 역시 점점 시들해져 갔습니다. 부탁한 지인 자녀의 논술지도는 성사되지 않았지만 나는 이왕 시간을 내어 살펴본 일을 수업계획서 작성으로 마무리 지었습니다. 그리고 실전편을 계획하는 과정에서 스멀스멀 올라오는 실천의지를 다지는 자리를 마련했습니다.

평소 친하게 지내는 사람들 특히, 공교육 교사이면서 학부모인 지인들과 함께하는 자리를 만들어 수업계획에 대한 의견을 물었습니다. 그 자리에서 이구동성에 가깝게 터져 나온 말이 '우리 애들 시켜보자.' 이렇게 첫 번째 토론 팀이 만들어졌습니다. 또한 그 자리에서 토론을 위한 팀원 수와 같이 동일 연령으로 6명, 적정한 수업료 얼마 등이 일사천리로 정해졌습니다. 얼마 후 그 자리에 참석했지만 연령이 달라 함께하지 못한 교사이면서 학부모인 지인이 본인의 자녀와 같은 학년 학부모들을 소개했고, 처음으로 낯선 학부모들 앞에서 수업의 필요성과 방법 등을 비교적 긴 시간을 할애하여 설명하는 시간을 가졌습니다. 이렇게 두 번째 토론 팀이 만들어졌습니다.

수다 그 이상도 이하도 아닌 수업, 다시!

야심차게 시작한 수업, 참여한 학생들과 대면하면서 그야말로 '야심 이었구나'를 깨닫는데 그리 오랜 시간이 걸리지 않았습니다. 다양한 매체 때문인지 요즘 아이들이 아는 것도 많고 말도 참 잘한다는 생각을 하기 쉽습니다. 하지만 하나의 주제를 두고 일정한 시간동안 깊이 있게 자신의 생각을 표현하고 나누는 데에는 분명한 어려움이 있었습니다. 가장 핵심적인 문제는 학생들 스스로 학습하고 학습한 내용을 자기 것으로 만들어 내지 못한다는 점과 이렇게 형성된 얕은 배경지식 이었습니다. 토론 수업은 그저 수다 그 이상도 이하도 아니었습니다.

이러한 문제는 언론보도와 같이 OECD 국가 중 '실질 문해력이 꼴찌'라는 우리나라 문해력 성적표에 대한 그대로의 반영이었습니다. 책읽기에 부족한 실제적 시간과 마음의 여유를 가질 수 없는 정서적 시간부족, 이러한 시간부족 현상의 원인이 되는 과도한 학습 부담. 내 마음에 이끌려 선택한 것이 아닌 필독서들. 그것을 읽고 나면 또 무언가를 결과물로 제출해야 하는 강요와 독서에 대해 갖는 부정적 경험. 그리고 무엇보다 배운 내용에 대해 중요한 것을 꼭 집어서 외우라는 교사와 학습지에 제시된 요점 정리로 인해 스스로 무엇을 배우더라도 혹은 글을 읽더라도 요약조차 해낼 수 없는 현실. 학생들을 둘러싼 환경이 그들 스스로의 호기심에서 시작된 지적 갈급과 그것을 알아가는 배움의 기쁨과는 거리가 먼 것이었습니다.

수업계획을 수정하였습니다. 책을 중심으로 말문을 열고 배경지식을 쌓아갈 수 있도록 수업을 재구성하였습니다. 팀으로 이루어지는 수업인 만큼 나를 알고 서로를 알아가는 공감대 형성이 필요했습니다. 그래서 우선 나를 돌아볼 수 있는 두 권의 책을 선정했습니다. 세상에 태어나 행복하게 살아야지. 그렇다면 행복은 무엇이고 어떻게 사는 것이 행복하게 사는 것인가를 나눌 수 있는 행복 관련 책과 아름다운 삶을 가꾸기 위한 현실 밀착형 철학책이었습니다.

다음 단계의 책은, 나를 돌아본 시선을 세상으로 돌릴 수 있는 역사책을 선택했습니다. 학생들이 흥미를 느낄 수 있는 소재를 역사적으로 다루면서 역사에 대한 다양한 시각 즉 암기의 역사가 아닌 그 속에 '사람이 살고 있었다'는 정서적 이해를 바탕으로 한 책을 선정하였습니다.

역사책 다음은 논리에 관한 책이었습니다. 논리 책 역시 학생들이 흥미를 가질 만한 소재로 구성된 책이었습니다. 학생들이 논리적 사고훈련이 되어 있지 않아 이 부분은 책의 난이도를 낮추어도 내용을 이해하는데 어려움이 있었습니다.

다음으로, 나와 세상을 살펴본 후 자신이 살아갈 여러 분야의 미래를 들여다보고 자신의 호기심을 기반으로 진로를 탐색해 볼 수 있는 미래사회 관련 책을 선정하였습니다. 학생들과 함께 읽어나가는 책 중 그들이 가장 좋아하는 단계이기도 했습니다.

끝으로 미래사회가 던져준 많은 과제를 해결하는데 지혜를 얻을 수 있는 오래된 미래인 고전이었습니다. 다양한 분야의 사상가와 그들이 살았던 시대를 조명해 볼 수 있는 책을 선정했습니다. 특히 이 부분의 책 선정이 가장 어려웠고 그 어려움은 지금도 진행 중입니다. 다만 학생들과 '사람과 세상을 사랑한 오래된 스승님'들의 열정적 삶에 공감하는 정도의 목표를 가지고 진행하고 있습니다.

수업방식은 전반적으로 시간이 갈수록 학생들의 참여를 확대하고 의사소통을 증진시킬 수 있도록 구성했습니다. 이러한 내용을 간략하게 표로서 정리해 보았습니다.

이밖에 팀원들이 서로 친숙해지고 자유롭고 즐거운 분위기가 형성되면 2주 간격으로 자신이 읽고 싶은 책, 드라마, 음악 등 무엇이든지 감상하고 감상평을 정리하여 발표합니다. 1주일에 한 번 만나 수업이 진행되므로 감상문 작성의 2번 중 1번은 반드시 책으로

흥사단 알짬 아카데미의 토론 주제와 수업방식

주제	내 용	수 업 방 식
행복	- 행복이란 무엇인가? - 행복하려면 어떻게 살아야 할까?	- 질문이 있는 책을 선택, 소주제별로 학생이 진행하고 싶은 단원을 정하고, 진행자가 다른 학생들에게 차례로 내용 요약을 시키고 질문을 중심으로 서로의 생각과 경험을 나눠 볼 수 있도록 한다.
철학	- 삶을 아름답게 가꾸는 생활 밀착형 철학	- 소주제별로 진행하고 싶은 단원을 정하고 해당 주제의 진행자가 진행 방법을 스스로 계획하여 자유롭게 진행한다.
역사	- 세상에 관심 갖기 - 개인과 사회가 어떻게 관계 맺게 되는가를 분석한다	- 자신이 진행하고 싶은 단원을 정하고 소제목 마다 질문을 만들어 진행한다. - 세계사를 이해하고 학습하는데 무리가 없다고 판단되는 시점에 한국사 공부를 제안하고 받아들여지면 자신의 관심분야의 한국사를 조사하여 발표한다.
논리	- 유머속의 오류 찾기를 통한 논리 수업	- 친구들 앞에 서서 강의 하는 방식으로 진행한다. 강의 시 주요 키워드를 칠판에 제시하고 그것을 중심으로 강의한다. - 강의 내용과 관련된 논제 혹은 더 생각해 보고 싶은 주제를 제시하고 논리적 글쓰기를 한다.
미래	- 미래 관련 2~3권의 책	- 2~3권의 미래 관련 책 중 자신이 읽고 싶은 책을 정하고 그 책을 선택한 학생들과 강의하고 싶은 내용을 분담한다. - 자신이 중요하다고 생각하는 키워드를 중심으로 강의하고 관련 내용이 현 사회에서 어느 정도 확인되는지 혹은 다르게 예측되는 부분을 찾아와 토론을 진행한다. - 학생들의 진로성숙도와 적성과 흥미 등을 검사하고 결과를 분석한다. 교사가 학생에 대해 그간 관찰한 내용을 토대로 검사결과를 종합하여 앞으로 공부하고 싶은
고전 읽기 I	- 철학과 역사 책 4권 진행	- 철학과 역사가 만나는 사회적 상황과 사상가들을 학생들이 선택하여 강의한다. 이해한 내용과 의미 있는 텍스트를 중심으로 강의한다. - 이러한 내용이 현 사회에 던져주는 시사점을 중심으로 토론한다.
고전 읽기 II	- 고등학교 교과서 속의 고전 읽기	- 다양한 사상가 들이 직접 작성한 고전 텍스트들 중 자신이 발표하고 싶은 부분을 정하고 내용을 설명한 뒤 토론주제를 제시하고 토론한다. - 요일을 정해 스마트폰의 단체 토론방에 관심 기사를 올리고 그 기사와 관련된 논평을 함께 올린다. 이중 토론 주제를 정하고 토론한다.

하고 나머지는 자율적으로 선택합니다. 특히 책 선택은 어머니가 선택한 가정에 있는 책이 아니라 학교나 공공 도서관에서 자신이 마음과 손길이 가는 것을 고르고 만화책도 무방합니다. 이렇게 하는 이유는 학생들의 내적 능력과 호기심을 따라가기 위함입니다.

수업에서의 원칙

- 자신의 발언이 수용되고 공동체의 결정에 기여하는 성공경험 갖기

첫 번째 원칙: 학생이 수업에 참여하기 전 학부모·학생과 만나는 별도의 시간을 마련하여 긴 시간 대화를 합니다. 긴 대화의 과정 속에서 소속된 팀 수업의 시작점을 어디 둘 것인지 결정합니다. 대화의 주제는 '어떤 수업이라고 알고 왔는지, 수업에서 얻고자 하는 것이 무엇인지'를 학부모와 학생에게 물어보는 것입니다. 이 과정에서 부모의 요구와 학생의 요구를 파악하고 그들 사이의 간극이나 공동의 목표를 확인합니다. 그러나 대개 자녀를 수업에 참여시키고자 아이의 손을 이끌고 온 학부모의 동기는 명확합니다. 이미 대기업 입사시험이나 교원임용고시 등에서 최종면접으로 토론·토의 방식이 채택되고 있다는 점. 학교 시험에 서술형 방식이 도입되고 있고 이 수업이 '나를 발견하는 수업'으로 진로탐색이 함께 이루어져 변화되는 대학입시전형에 도움을 준다는 점 등이 입소문을 타고 있었기 때문입니다. 그러나 무엇보다 수업의 실수요자인

학생이 무엇을 얻고자 왔는지 혹은 본인은 의지가 없는데 엄마가 가자고 해서 왔다든지 하는 아이의 솔직한 현재의 동기가 수업을 어디에서부터 시작할 것인가를 결정하는데 중요한 사항이 됩니다.

두 번째 원칙: 이 수업이 학생들이 억지로 힘들어 하는 많은 공부에 보태어지는 또 하나의 짐으로 취급받지 않게 하기 위해 수업과 관련된 과제 점검이나 과제 수행을 위한 독려를 학부모가 하지 않습니다. 21세기 공부에서 친구란 '나의 질문을 통해 친구의 사고를 확장시켜 줄 수 있도록 서로 간에 도움을 주는 친구'라는 말이 있습니다. 이러한 의미를 학생들이 수업에서 충분히 경험하고 그런 친구의 기대가 자신의 공부에 동기가 될 수 있도록 하기 위함입니다.

세 번째 원칙: 과제 등 모든 진행사항이 팀원들 간에 '합의'에 의지한다는 것입니다. 처음 아카데미에 입문한 학생들 중 10명 중 9명은 과제를 발표하는 과정에서 머뭇거리며 자신이 해온 과제가 맞는지 교사에게 묻습니다. 그럴 때 항상 하는 교사의 답변은 '이것이 맞나요?'가 아니라 '이것이 맞아요!'라고 주장하며 타당한 근거를 얘기 하는 수업임을 강조합니다. 그래서 작은 것 하나라도 학생들에게 제 자신이 교사로서가 아니라 팀의 한 사람의 의견으로 제안하고 논의하는 과정을 갖습니다. 아무리 교사가 꼭 하고 싶은 제안이라도 학생들이 거절하고 그 이유가 타당하다면 받아들입니다. 또한 토론을 위해 직사각형의 네모난 책상에 둘러 앉아 수업을

할지라도 교사가 중심의 자리에 앉지 않습니다. 이러한 상징은 수업의 주인이 우리 모두라는 권리를 인정함과 동시에 함께 만들어가는 책임을 강조하기 위함입니다. 이처럼 학생들의 자기 결정능력을 증진시키기 위한 경험을 일관성 있게 지속적으로 제공했습니다. 그 결과 이제는 매년마다 한 번씩 알짬아카데미 학생들이 한데 모여 그간 배운 것을 펼쳐 보이는 학술제인 열정캠프에서 모든 프로그램과 진행을 학생들이 만든 자치회에서 학생들의 의견을 받아 기획하고 실행합니다. 그리고 점점 학생들이 참여하는 범위가 넓어질수록 내용은 풍성해지고 즐거운 캠프가 되어간다는 것을 모두 경험적으로 압니다. 무엇보다 알짬아카데미 구성원들은 특히 이 열정캠프에 대한 자부심이 강합니다.

규모에 관계없이 아카데미 내에서 공동의 참여로 진행되는 활동마다 개별 준비도를 비롯한 평가를 팀별로 반드시 하고 그 평가 내용을 다음의 행사에 반드시 반영합니다. 또한 반영된 행사가 누구의 발언 덕분인지 반드시 공지해 학생들의 발언이 실제로 이루어지는 성공경험을 갖게 합니다. 이로써 학생들은 자신의 발언에 대한 책임의식을 갖습니다. 수업도 마찬가지입니다. 학생들이 여행이나 영화를 보자고 제안하고 계획이 서면 실행합니다. 또한 일상적으로도 매 수업마다 오늘 수업을 통해 자신에게 의미 있었던 내용을 정리하고 발표하는 시간을 반드시 갖습니다.

네 번째 원칙: 어느 팀이든 관계없이 수업에 꼭 참여하기 원칙입니다. 학생들의 일상적 경험은 아카데미에서 하고 있는 원칙이나

수업방식과 사뭇 다릅니다. 그러한 이유로 결석을 하고 나면 그간 공들였던 수업에서 보여주었던 주인으로서의 자세가 급격히 원위치 되곤 하는 일이 발생하여 만들어진 원칙입니다. 따라서 수업에 빠지면 다른 곳에서는 대개의 경우 교사가 보강을 하지만 아카데미에서의 결석은 내가 나의 몫을 다하지 못하여 다른 친구에게 피해를 줍니다. 그래서 개인 사정으로 본인이 속한 팀 수업에 참여하지 못하는 경우 다른 팀 수업에 참여해 자신의 과제를 발표하고 다른 팀 친구들 혹은 선배나 후배들의 얘기를 듣고 나눕니다. 이러한 과정은 알짬아카데미라는 공동체 의식과 팀을 벗어나 배우고 익히는 경험을 갖게 합니다. 그래서 더러는 자발적으로 자신의 팀 수업을 참여하고 다른 팀 수업에도 참여하는 상황이 종종 일어나기도 합니다.

다섯 번째 원칙: 한 권이 끝나면 반드시 학부모님들과 그 책을 진행하는 과정에서 일어난 자녀의 변화와 생각을 교류하는 시간을 갖습니다. 특별히 개인적인 문제가 있는 경우는 개별 면담을 요청하고 그렇지 않은 경우 긍정적이든 부정적이든 솔직하게 자녀에 대한 이야기를 나눕니다. 이러한 과정에서 교사의 관점에서 보았던 문제가 학부모와의 대화를 통해 이해되거나 해결되는 경우도 있고, 교사의 관찰이나 조언이 혹은 학부모의 자녀에 대한 정보나 경험이 교사 또는 학부모 서로간의 교육과 양육에 도움을 줍니다.

또한 다른 학부모의 관점에서 내 자녀의 문제를 보고 조언을 듣거나 공통의 경험에 대해 위로를 받으며 동료 학부모 의식을 성숙

시킵니다. 하나의 예로, 학부모 만남 자리에서 사춘기 절정의 자녀를 둔 한 어머니가 자녀와의 갈등을 이야기 하며 지나가는 말로 '친구가 부르지 않으면 나가 운동도 하지 않는다.'고 푸념 섞인 말씀을 하셨습니다. 다음날 수업에 그 팀 학생들이 한 명씩 교실로 들어오며 그 친구에게 '누구야 나랑 운동하자'고 하며 운동하기 제안을 하는 등 학부모들이 협심하여 다른 자녀의 문제를 해결하는데 적극적입니다. 현재 이런 과정에서 대부분의 학부모들이 특별한 이유가 없는 한 모임에 참여하고 대개 2시간이 훌쩍 넘는 시간동안 이야기를 나눕니다.

이렇게 학부모도 자녀도 함께하는 과정에서 한 팀의 친구들끼리 학습적인 면이나 운동, 또래관계에 도움을 받으며 함께 성장해 가고 있습니다. 이것이 이 수업의 가장 중요한 점입니다. 즉, 좋은 친구들과 관계 맺으며 좋은 책 읽고 좋은 얘기와 경험을 함께 나누며 성장해 가는 친구와 선배를 만나 좋은 이웃으로 성장하는 것입니다.

교사의 동굴을 벗어난 흥사단 알짬아카데미 탄생

관심 갖고 알아보고, 이왕지사 알아본 김에 그 결과물로 만들어 보았던 수업계획서가 이 시대를 살아가는 학부모들의 관심꺼리가 될 수 있는지에 대해 알아보고자 마련했던 자리. 그 자리에서 '우리 아이들 시켜보자'며 시작 했던 토론 수업이 일파만파가 되었습니다. 매학기 방학마다 한 팀씩 학부모들의 요구와 필요에 의해 수업을 열었습니다. 방학기간에 수업을 연 이유는 교사도 학생도 여유가 있을 때 집중하여 빠른 시간 안에 친밀해지고 한 팀으로 안정적인 수업을 하기 위해서였습니다.

토론 팀을 이끌어 가는 과정에서 두 가지 정도의 문제가 발생하였습니다. 하나는 학생의 특성이 토론수업과 맞지 않거나 학부모와 그 자녀의 관계가 악화된 상태에서 수업에 참여한 학생들에게서 나타난 문제였습니다. 다른 하나는 교사가 판단하기에 학생의 사고 발달이나 성취 정도가 더 이상 이 수업에 참여하지 않아도 될 정도로 성장한 학생들에 대한 문제였습니다.

고민 끝에 이 두 가지 경우 모두 학생들에게 예의를 갖춰 가방을 싸주기로 했습니다. 이 역시도 학생들과 합의한 결정입니다. 전자의 경우, 학생이 '흥미나 호기심이 더 가는 상황이나 경험을 가져보라'고 권유를 하며 '그러한 것을 찾고 나서도 이 수업이 필요하면 돌아오라'는 말을 잊지 않습니다. 후자인 경우, 가방을 싸주려는 교사의 제안을 학생들이 모두 거절했습니다. 이 학생들에게는 교사 개인의 경험을 넘어선 경험과 자신의 관심과 호기심을 더 확장 시켜줄 안내자가 필요했습니다.

때마침 이러한 고민을 미루지 말고 대안을 적극적으로 모색해야겠다고 결심하게 한 일이 생겼습니다. 몇 년 전 프랑스에서 테러가 발생했고 프랑스에서는 '이슬람에 반대하는 시위'와 '반 이슬람에 반대'하는 시위가 일어났습니다. 당시 이 사건과 관련된 토론과 글쓰기를 하는 과정에서 가장 오랫동안 함께 수업을 한 학생들이 모두 반이슬람 시위에 반대하는 견해를 밝혔고, 그러한 내용을 글로 작성했습니다. 학생들의 한결같은 입장에 갑자기 두려운 마음이 일었습니다. 토론과 토의를 한다고 했지만 학생들을 교사의 경험과 인식의 동굴에 가두어 놓은 것은 아닌지 하는 생각이 들었습니다.

그리하여 모색한 해결방안으로 흥사단 아카데미로의 전환을 제안하고 학생들, 그리고 학부모님들과 충분한 논의의 시간을 갖고 동의를 얻어 2015년 2월 겨울열정캠프에서 알짜배기를 뜻하는 '흥사단 알짬아카데미'를 창단하였습니다. 아카데미 전환 이후 토론동아리는 학생들의 자치 조직 성격이 더욱 강해졌습니다. 그간의 시간만큼 성숙한 선배들의 모습이 좋은 '본'이 되었고 후배들 역시 나날이 발전하는 모습을 보이며 흥사단의 모토인 '나부터 시대가 필요로 하는 인재가 되자'라는 정신에 입각해 사고의 폭과 경험의 폭을 넓혀가고 있습니다. 구체적인 내용으로는 자신이 하고 싶은 공부나 꾸고 있는 꿈을 이룬 분들을 흥사단을 통해 만나는 경험을 갖고 이를 통해 한발 한발 자신의 삶을 아름답게 가꾸어 가고 있습니다.

때로는 알짬아카데미 안에서 구성원들끼리 정서적 위로를 받기도 합니다. 이러한 모습은 사실 첫 번째 팀을 만들 때 당시의 학부모들과 함께 공유했던 생각이기도 합니다. 즉, 이 수업이 쉴 없이 돌아가는 학생들에게 '숨 쉬는 시간'이 되었으면 하는 바람이 있었습니다. 예컨대, 중학교나 고등학교에 올라가 첫 시험을 치루고 나면 수업은 눈물바다가 되기 일쑤입니다. 서슴없이 눈물을 보일 만큼 마음을 터놓을 수 있는 서로의 관계가 위로가 되고 다독임이 되고 의지가 됩니다.

처음 수업을 시작한 아이들이 2016년 가을에 수능을 보았습니다. 후배들이 정성스럽게 작성한 응원메시지와 손 편지에는 알짬을 만들어온 선배들을 향한 존경과 응원, 그리고 사춘기를 온전히 함께한 추억들이 가득했습니다. 외동인 아이들이 많고 개인주의가 팽배한 오늘날 이러한 동생들과 친구들의 응원에 선배들은 힘을 얻지 않을 수가 없습니다. 이러한 교류는 이제 알짬아카데미를 넘어 학생들 스스로 주도가 되어 각 학교에서 토론·토의를 주 내용으로 하는 흥사단 아카데미를 만들어 내고 있습니다. 다른 한편으론 춘천흥사단 내에서 이러한 경험을 살리고 확산시키고자 흥사단이 핵심 사업 중 하나인 토의·토론을 춘천시내 각 학교 흥사단아카데미 지도 내용으로 하고 있습니다.

내 자녀가 읽은 책 함께 읽기 모임

마지막입니다. 수업에 참여하면서 학생들의 주장이 강해지고 자아가 성숙하면서 반드시 거치는 과정이 학부모님들과의 갈등입니다. 대개의 경우 아버지들에게서 '이제 토론 그만 두게 하라'는 말이 나오는 시기가 있습니다. 그러면서 어머님들은 아이가 수업에 대해 점점 이야기를 하지 않고 말문을 닫는다고 심경을 토로하십니다. 어김없이 중학교 2학년이 되면 이러한 상황은 극에 달하고 조금 늦게 자녀를 출산한 학부모님들은 사춘기 자녀와 갱년기 엄마가 벌이는 한판 승부를 생생하게 들려주십니다. 그럼에도 불구하고 알짬 학생들 대개는 이 공동체 안에서 일주일에 두 시간, 하고 싶은 얘기 하며 건강하게 사춘기를 보내고 있습니다. 즉 부정적

정서가 발산되고 긍정적 정서가 경험된다고 할 수 있습니다.

그러나 학부모님들이 인식한 자녀와 빚는 가정에서의 문제는 여전히 남습니다. 그래서 수업을 항상 공개하고 있습니다. 자녀가 이러한 생각을 하고 이러한 대화를 하고 싶어 한다는 것을 학부모님들에게 알려 주기 위해. 수업 공개의 단 한 가지 조건은 본인의 자녀가 동의를 한다면 언제든지 참여할 수 있다는 점입니다. 하지만 본인 자녀의 동의는 무척이나 어렵습니다. 답답해하시는 학부모님들을 보며 대화의 물꼬를 틀 필요가 있다는 생각을 했습니다. 학생들에게 하루 중 부모님과 지내는 시간과 대화내용에 관해 이야기 나누는 시간을 가졌습니다. 시간은 더없이 짧았고 대화 내용의 질은 더 문제였습니다.

학부모님들께 제안을 했습니다. '자녀가 읽는 책 함께 읽기 모임을 하자'고 말입니다. 처음엔 쉽지 않았습니다. 자녀에 대해 이야기 하자면 모두 나오시고, 밥을 먹자고 해도, 등산을 가자고 해도 나오시는 분들이 함께 책을 보자고 하니 모두 선뜻 나서지 않으셨습니다. 시간이 지나고 직장을 가진 어머니들에게 알짬아카데미에 대한 정보가 전달될 무렵 흐지부지하던 모임에 반전이 일어났습니다. 자녀와의 시간 부족 정보 부족에 갈급하던 직장을 가진 어머니들이 이 모임에 적극적으로 참여하기 시작하셨습니다.

학부모 모임을 활성화하기 위해 공을 들인 또 다른 이유는 이 모임을 시작으로 학부모 역량을 지역에 축적하는 모델을 내오고 싶은 개인적 욕심이기도 했습니다. 토론·토의 수업 6년째. 처음 함께한 학생들이 고3, 고2가 되었습니다. 이 학생들이 졸업을 하고 자신의 꿈을 찾아 떠나면 학부모도 졸업입니다.

그러나 학부모님들과 함께한 시간 동안 나는 그 안에서 '저 아이는 어떻게 저렇게 잘 자랐을까?'하고 감탄이 나오는 다양한 자녀교육 및 양육의 모범이 되는 사례를 보았습니다. 이들의 경험이 학부모 졸업으로 사장되는 것이 너무나 안타까웠습니다. 해서 '자녀가 읽는 책 함께 읽기 모임'을 통해 선배 학부모로 동료학부모로 '잘 키운 내 자식 성공 노하우'가 안내되고 전수되기를 바랍니다.

또한 알짬아카데미 학부모님들이 서로의 문제를 공유하며 우리 아이들을 함께 키운 이 소중한 경험이 학부모 역량으로 응축되어 지역 교육 변화에 물꼬가 되기를 바라는 간절한 마음입니다. 이렇듯 나는 늘 '잘 되는 집안'과 '잘 되는 사람'의 이야기에 관심을 갖습니다. 그곳에 우리가 처한 현실의 문제를 풀어나갈 '경험된 노하우'와 '지혜'가 있기 때문입니다.

부록, 진짜는 여기에

이러한 방식의 토의·토론 수업은 춘천시 교육복지투자사업의 일환으로 같은 시기 동안 지역아동센터를 중심으로 이루어졌습니다. 시작 시기는 원주시에서 진행되는 수업과 동시에 시작되었고 대상은 지역아동센터의 학생들이었습니다. 평소 정서적이든 경제적이든 자신이 선택 하지 않는 것에 대해 학생에게 책임을 묻는 방식 즉, 가정배경 등의 격차가 학생들의 발목을 잡는 교육문제가 나의 주된 관심입니다. 해서 잘 되는 교육의 내용과 방법을 이 학생들에게 적용하여 그 격차를 만회하고 메워나가는 일에 많은 공을

들이고 있습니다.

수업은 동일한 책들을 가지고 같은 방식으로 진행하였습니다. 이 수업을 통해 학생들은 변화하였고, 자신의 꿈을 찾아 하고 싶은 공부를 찾아 더욱 지난한 시간을 교사와 함께 했습니다. '진짜는 여기에 있다.' 후에 교육복지투자사업 예산이 없어 사업이 중단된 뒤에도 이 학생들은 주말에 원주까지 오는 열정을 보이며 수업을 함께 하였습니다.

어찌 보면 계층적 차이를 보인다고 할 수 있는 두 집단의 학생들이 서로 어우러지며 좋은 친구가 되었고 이러한 경험을 통해 두 집단의 학생들 모두 '사람에 대한 이해' '세상에 대한 이해'가 한층 더 성숙해 졌습니다. 이 친구들을 생각하면 저절로 입가에 웃음이 번집니다. 바로 행복입니다. 마음이 즐거운 상태. 타인의 성장을 통해 나의 쓸모를 확인한 전적으로 나의 행복한 경험이며 지금도 진행 중입니다.

21장 마을 교사가 되기 위한 6가지 자세

최근 유행하는 속담에 '한 아이를 키우려면 온 마을이 필요하다' 라는 말이 있습니다. 아프리카 속담이라는 이야기, 아메리카 원주민의 속담이라는 이야기도 있는 이 속담은 여러 사람에게 회자되며 퍼져나갔습니다. 이 속담은 아이를 행복하고 건강하게 자라게 하려면 부모의 사랑뿐만 아니라 주변 이웃의 애정과 관심이 필요하다는 뜻입니다. 마을교육공동체, 교육복지사업이 자리를 잡으면서 이 속담도 널리 알려졌습니다. 그 동안 한국 사회에서 아이를 키우는 것은 부모와 학교의 일로 여겼습니다. 부모 중에서 아빠는 주로 직장을 나가 돈을 벌고, 엄마가 집에서 아이를 키우는 역할을 요구받았습니다. 이런 성역할이 깨진 것은 IMF 구제금융 위기 기간(1997년~2000년)이 아닌가 싶습니다. 아니, 성역할만 깨진 것이 아니라 기존의 가족 형태와는 다른 가족 형태가 등장했습니다. 그러나 교육을 학교에 전적으로 의지하는 모습은 더욱 강화되었습니다. 수업에 이어 돌봄까지 초등학교 안으로 들어왔습니다. 학교를 마친 후에는 학원 뺑뺑이를 도느라 해가 넘어간 후에야 집문을 여는 아이들도 많습니다. 우리나라에서는 '한 아이를 키우려면 학교와 사교육이 필요하다'는 상황이 옳다는 생각에 이르니, 조금 씁쓸한 마음이 듭니다.

그런데 이런 현실을 바꾸자는 캠페인이 곳곳에서 펼쳐지고 있습니다. 이름하여 마을교육공동체이고, 마을학교입니다. 이런 흐름이야말로 '한 아이를 키우려면 온 마을이 필요하다'는 말에 부합합니다. 아이를 키우는데 온 마을이 필요하다는 말은 무슨 뜻일까요? 양육이 부모와 학교만의 문제가 아니라 지역사회 등 많은 사람들의 정성과 도움이 있어야 한다는 뜻일 겁니다. 내 아이만을 키우는 것이 아니라, 마을 아이들을 함께 키우는 모습은 어쩌면 '인류의 오래된 모습'이 아닐까요.

마을교육공동체는 '마을학교', '온 마을 학교' 등으로 운영됩니다. 마을이 학교가 되는 마을학교가 있으니 마을교사가 필요합니다. 기존의 교사가 아닌, 마을 사람들이 일종의 교사가 되는 마을교사는 요즈음의 새로운 문화가 아닐까 합니다. 마을에는 제빵사나 미용사, 집배원, 버스 운전사, 시장 상인까지 전문적인 사람들이 많습니다. 약국에서는 일반의약품과 전문의약품에 대한 생생한 배움이 가능합니다. 시장에서는 신선한 채소와 생선, 간단한 간식거리 등을 배울 수 있습니다. 바리스타나 요리사도 있으며, 어딘가에는 스토리텔링 전문가인 할아버지와 할머니도 있습니다.

학교가 마을로 나오고, 마을이 학교가 된 만큼 교육의 울타리가 낮아졌습니다. 마을교사의 역할과 역량이 중요한 만큼 마을교사 되기 위해서는 적절한 자세가 필요합니다. 저는 현재 강원도교육 청이 추진하는 마을선생님으로 활동하고 있습니다. 아직 강원도교 육청이 추진하는 마을교육공동체는 걸음마 단계입니다. 그래서 마을선생님(=마을교사)이 할 일이 많지는 않습니다. 그러나 저는 강원토론교육협동조합의 전신인 강원토론협회의 홍천모임이 추진한 학생토론동아리를 함께 운영한 경험이 있습니다. 현재도 활발하게 운영되는 두 개의 교육협동조합에도 참여하고 있습니다. 이런 경험을 바탕으로 마을교사가 되기 위한 6가지 자세에 대해 한 번 얘기하고자 합니다.

첫 번째 자세, 마을을 사랑하라.

저는 마을교사의 첫 번째 자세로 '마을을 사랑해야 한다.'고 말하고 싶습니다. 제 고향은 지금 살고 있는 강원도 홍천이 아닙니다. 문득 제가 나고 자란 고향을 떠올리면, 사무치게 그립고 행복해집니다. '배우고 자랄 때 이랬더라면 좋았을 걸' 하는 아쉬움이 밀려올 때도 있습니다. 그렇다고 제가 홍천을 사랑하지 않는 것은 아닙니다. 홍천을 제2의 고향으로 여길 만큼 추억이나 경험이 많은 곳입니다.

저는 마을교사로서 지금 살고 있는 마을의 좋은 점과 발전 가능성을 열어놓고 내가 무엇을 할 수 있는지, 무엇을 해야 할지도 생각합니다. 눈과 귀는 급변하는 시대를 향해 열어놓고 아이들을 만나기 위해 노력하고 있습니다. 옛말에 '사람을 낳으면 서울로 보내고 말은 낳으면 제주로 보내라.'는 말이 있지만, 이제 그 말은 흘러 간 옛말입니다. 물론 아직도 물적 자원이나 인적 자원이 넘쳐나고 사회·경제·문화의 중심은 서울을 포함 수도권입니다. 그러다 보니 많은 청소년이 더 나은 기회를 찾아 대도시에 살고 싶어 합니다. 더불어 서울소재 대학에 진학하는 것이 1차적인 삶의 목표인 분위기입니다. 그렇지만 비수도권 지역 인재들이 수도권에만 자리를 잡는다면 비수도권 지역은 변방이자 늙어가는 지역이 됩니다. 물론 학교를 졸업하고 지역으로 돌아오면 되지 않겠냐고 하겠지만, 생활 기반을 옮기기가 그리 쉽지 않음은 다 알고 있습니다. 생활 기반은 단지 직장이 아니라 인적 네트워크이고, 추억입니다. 주변에 알고 지내던 사람과 네트워크를 모두 버리고 다른 지역으로 이주하기란 쉽지 않습니다.

대학을 졸업하고 마을로 돌아오는 것을 낙오자로 여기는 사회 분위기도 걸림돌입니다. 마을에 사는 것을 낙오로 여기지 않으려면 근본적으로는 사회경제적 격차가 줄어들어야 합니다. 그러나 그렇게 근본적인 치유책이 아니더라도, 마을이 살만한 곳이라는 생각을, 서로가 서로를 돕는 네트워크가 있는 곳이라면 지금과는 다를 겁니다. 마을교사가 마을을 사랑해서 아이들을 만난다면 오래도록 마을을 기억하고 언제든 내가 돌아갈 곳으로 여기지 않을까요. 또한 대도시에서 느끼지 못하고, 배우지 못하는 것을 우리 지역과 마을에서 배우고 느끼게 만드는 것도 마을을 사랑하는 방법입니다.

둘째, 내 아이가 아니라 우리 아이를 생각하라

마을교사의 두 번째 자세로 내 아이보다 우리 아이를 생각할 것을 제안합니다. 요즈음 유행하는 '우분투(ubuntu)'라는 말을 알고 있나요? 우분투는 '네가 있기에 내가 있다'는 뜻의 남아프리카 반투어입니다. 우분트는 사람들 사이의 관계와 헌신을 강조한 윤리를 담고 있습니다. 아프리카 부족에 대해 연구 중이던 인류학자가 나뭇가지에 아이들이 좋아할 만한 음식을 걸어 놓고 아이들에게 누구든 가장 먼저 도착한 사람에게만 음식을 주겠다고 제안을 했다고 합니다. 그런데 인류학자의 예상과는 달리 아이들은 각자 뛰어가지 않고 서로 손을 잡고 함께 달려와 모두 함께 음식을 나눠 먹었습니다. 인류학자가 아이들에게 가장 먼저 도착한 사람이 모두 먹을 수 있는데 왜 손을 잡고 함께 왔느냐고 물었더니 아이들에 입에선 우분투(ubuntu)라는 말이 나왔고, 한 아이가 '나머지 다른 아이들이 다 슬픈데 어떻게 한 명만 기분 좋게 먹을 수 있겠어요?'라고 대답했다고 합니다.

이 말은 고 넬슨 만델라 남아공 대통령이 자주 강조해 널리 알려진 말입니다. 여러 주변의 공동체가 더 나아지도록 일하라는 뜻입니다. '더불어 성장하는 길'을 뜻하는 '상생'이라 부를 수 있습니다. 상생의 자세는 리더가 갖춰야 할 덕목이기도 합니다. 사람들은 지금을 '무한 경쟁시대'라고 말합니다. 무한경쟁의 핵심은 승자독식, 우승열패입니다. 그러나 승자독식은 독이 되어 진정한 성장의 발목을 잡고, 승리한 사람조차 지금 가진 행복을 잃고 불행에 빠질까 두려워하며 살게 합니다. 그래서 우리는 '우분투'와 상생에서 더 나은 미래를 위한 관점을 찾습니다. 옆집 아이보다 나은 우리 집 아이를 요구하기보다 이웃과 조화를 이루며 어울려 살아가는 환경이 필요합니다. 이런 것이 바로 보이지 않는 사회적 안전망입니다. 과잉경쟁적인 환경과 협력적인 환경 중 어느 환경에서 자란 사람의 정서가 안정될까요? 이 단순한 물음에 왜 '내 아이'가 아니라, '우리 아이'를 말해야 하는지 설명이 담겨 있습니다.

'나 1등 했어요!'라는 자녀의 말해 '잘 했어 최고야' 보다 '수고했어'라는 말로 격려하면 좋겠습니다. 낮은 등수, 낮은 점수를 받은 아이에게 '결과보다는 너의 노력이 미래에 빛을 낼 거야.' 라고 미래 지향적인 격려를 하는 부모, 교사가 되었으면 합니다.

세 번째, 마을교사로서의 전문성을 갖춰라

저는 마을교사의 자세 세 번째로 전문성을 이야기하고 싶습니다. 마을교사는 마을이라는 공동체 안에서 발굴한다는 특성상 평소 친하게 지내던 이웃집 누구의 엄마, 누구 이모가 교사가 됩니다. 교사의 사전적인 의미를 보면 '주로 초등학교·중학교·고등학교 따위에서, 일정한 자격을 가지고 학생을 가르치는 사람'입니다. 마을교사는 청소년에게 무언가를 교육적으로 나누는 사람임을 의미합니다.

보통 전문성을 말할 때는 세 가지를 언급합니다. 전문성의 3대 영역은 전문적인 지식, 교수방법, 그리고 가치와 철학입니다. 마을교사는 교수방법은 서툴더라도 전문적인 지식과 가치를 갖추고 있어야 합니다. 마을교사에게는 내가 맡은 분야의 전문성, 누군가를 변화시키고 성장하게 하는 능력에 대한 전문성이 필요합니다. 또한 공동체가 함께 나아가도록, 마을을 잘 알고 이해하며 마을을 발전시키려는 마음을 가져야 합니다. 마을교사로서 나의 열정과 자질을 발전시키고, 나의 일에 대한 확신을 갖고 있다면 더 좋습니다. 또한 같이 일하는 사람들과의 교류와 협업에서도 덜 지치고 오래도록 함께 해야 합니다. 뿐만 아니라, 한 명의 아이도 소외되지 않도록, 아이들의 눈높이에 맞는 교육과정에 대한 고민도 항상 해야 합니다. 마을교사는 청소년의 미래와 행복을 위한 사람임을 잊지 않고, 최선을 다하며 전문성을 향상시켜나가야 합니다. 아마도 좋은 마을교사라면 청소년과 함께 성장하는 자신의 모습을 보며 성취감을 느낄 때 지속적이고 왕성한 활동을 더 잘 할 겁니다.

네 번째, 유연한 사고를 가져라

마을교사가 가져야할 네 번째 자세는 유연한 사고입니다. 유연한 사고를 하라는 것은 기존의 생각부터 다양한 방향의 생각까지 인정할 수 있어야 한다는 뜻입니다. 유연한 사고는 자신과 사회가 발전하고 변화하는데 중요한 요건입니다. 사람은 생물학적으로도 늙지만, 사고 역시 고정되고 늙습니다. 그래서 자신의 의견을 옳다고 주장하고, 다른 사람의 의견을 배척하려는 경향이 생길 때도 있습니다. 물론, 대부분의 사람들은 경직된 사고를 하면서도 자신은 열려 있는 사람이라고 주장합니다. 그런데 왜 자녀나 주변 사람들이 입을 다무는 걸까요. 저 역시 이런 모습에서 예외가 아니라는 고백을 해봅니다.

마을교사, 특히 토론으로 마을교사를 하는 분들은 자신의 사고가 경직된 것은 아닌지 점검할 필요가 있습니다. 토론에서 주어진 주제를 보고 어떻게 이해하고 어떤 관점에서 바라볼 것이냐는 중요합니다. 주제를 접하고 유연한 사고로 접근한다면 훨씬 설득력 있게 문제를 해결할 수 있습니다. 현장에서 누군가를 만나다보면 지나치게 독특해서 현실에 맞지 않는 이야기를 하는 사람을 접할 때가 있습니다. 그런 경우에도 마을교사의 사고가 유연하지 못하면 독특한 이야기를 '쓸모없는 이야기'로 치부합니다. '어떻게 그런 생각을 했어요?', '그 이후에는 어떤 일이 일어났을까요?' 등의 호응을 통해 의견이 정교해지거나 현실적이 되도록 마을교사가 대처해야 합니다.

유연한 사고는 창의적 사고와도 관련이 되어 있습니다. 창의적 사고는 후천적 노력에 의해 향상된다고 전문가들은 말합니다. 일상생활에서 주변에 관심을 갖고 관찰하고, 관찰을 통해 뒤집어 보고 비판도 해봄으로써 다양한 생각을 펼쳐나가는 것입니다. 또 발상을 전환하다 보면 실패를 겪기도 하고 주변으로부터 비난이 쏟아지기도 합니다. 그 경험을 토대로 여러 가지 관점에서 의문을 갖고 질문해 나간다면 나와 주변을 변화로 이끌 수 있습니다.

다섯 번째, 봉사와 섬김의 마음을 가져야 한다

다섯 번째 마을교사의 자세는 봉사와 섬김의 마음을 가지는 것입니다. 마을학교를 운영하는 이유에는 아이들을 함께 키우는 것과 더불어 마을의 구성원들의 교육 참여와 관심을 통해 마을도 함께 성장하는 것에 있습니다. 마을학교는 큰 이윤이 나지 않으므로, 당면한 이익만을 생각하면 유지가 어렵습니다.

봉사와 섬김의 마음은 앞서 말한 바와 같이 내 아이 만이 아닌 우리 아이, 우리 지역과 마을을 생각한다면 생길 수 있는 마음이기도 하고, 또 봉사와 섬김의 마음이 있다면 자연스럽게 우리 아이로 키우게 됩니다. 이렇듯 다른 사람들을 배려하고 이해하려는 마음은 어떤 조직과 공동체에서는 필요조건입니다. 특히 마을교사는 재능기부나 최소한의 비용 정도만 받고 참여하고 있으니 애초에 봉사와 섬김의 마음이 없다면 지속적으로 활동하기가 어렵습니다. 이런 현실에서 최고의 전문성을 갖추었다 하더라도 시간을 쪼개 활동해야 하는 마을교사가 되기는 그렇게 쉽지 않습니다.

생업에 지장을 주거나 시간을 쪼개야 하는 마을교사도 처음에는 호의로 참여할 수 있습니다. 그런데, 시간이 많이 지나면서 처음 가졌던 마음을 지키기 어려울지도 모릅니다. 그래서 가치와 철학을 같이 하고, 서로를 격려하는 노력이 필요합니다. 진정한 봉사와 섬김이 마을과 세상에 자리한다면 이 세상은 백만 명씩 촛불을 들지 않아도 되고, 미래를 걱정하며 탐욕을 부리지 않는 곳이 되지 않을까요?

여섯 번째, 가화만사성의 자세가 필요하다

저는 마을교사의 자세 중 마지막으로 가화만사성의 자세가 필요하다고 봅니다. 앞서 언급했지만, 마을교육공동체는 평소 잘 알고 지낸 사람들이 각자 말고, 함께 하자는 데서 출발했습니다. 마을교사는 사실상 생활권이 같습니다. 그래서 필요한 자세 중 하나가 가화만사성입니다. 집안이 화목하면 모든 일이 잘 이뤄진다는 뜻의 '가화만사성'이 마을교사와 무슨 관계가 있을까요. 마을교사는 익명의 대상이 아니라, 자신과 마주쳤거나 앞으로 마주칠 사람과 함께 활동하는 사람입니다. 홍천처럼 작은 사회에서는 한 집 건너면 서로를 다 압니다. 이런 상황에서 내 집안이 평안하지 않으면, 마을교사로서의 권위를 갖기가 쉽지 않습니다.

가정이 화목하지 않으면 아무리 전문적이고 창의적인 사고를 가졌다 하더라도 주변으로부터 인정받지 못합니다. 오래 전, 우리 집 아이가 초등학교 2학년 때의 일입니다. 같은 학교 학부모들을 대상으로 학부모 교육을 해달라는 학교의 요청이 있었습니다. 고민을 하던 중에 학부모 교육 출강에 대해 남편과 의논을 했습니다. 남편은 '내가 아이를 잘 키우고 좋은 학부모가 되라고 강의를 한다면 우리 아이, 나 자신도 그것을 먼저 실천해야 할 테고, 주변에서 우리가 그렇게 잘 살아가고 있는지 지켜보는데 괜찮겠냐.'고 부정적인 반응을 보였습니다. 저는 학교의 요청을 받아들여 강의를 하고 싶은 마음도 있었지만 남편의 말이 머리에 박혀 내내 부담이 되었습니다. 그래서 결국 학교 측의 학부모 교육 출강 제안을 거절했습니다. 이렇듯 마을교사는 주변의 본보기가 되어야 합니다. 면적이 좁거나 인구수가 작아 마주치기 쉬운 사회일수록 더욱 그렇습니다.

지금은 마을이 사회적 화두인 시대입니다. 앞으로 마을교육공동체는 더욱 큰 의미를 가질 겁니다. 가족에서 학교로, 그리고 다시 마을로 교육을 담당하는 영역이 변하기 때문입니다. 그래서 저는 더 많은 사람들이 마을교사로, 자원봉사자로 이 활동에 참여할 거라 믿습니다.

어른이 되어 생활하면서, 학교에서 배운 것보다 마을과 어른들을 통해 배운 것들이 삶에서 많이 사용됨을 목격합니다. 우리는 이것을 경험이라고도 하고, 삶의 지혜라고 부르기도 합니다. 저는 이러한 경험을 '우리 생각 밑바닥에 흐르는 정서'라고 부르고 싶습니다. 특히 청소년기까지의 경험과 문화는 생활양식이고, 판단의 준거가 됩니다. 나이가 들어서까지 고향 음식을 그리워하고, 어린 시절의 경험을 판단의 기준으로 삼는 것을 보면 사람이 쉽사리 변하지 않는다는 것을 실감합니다. 그래서 저는 우리 지역에서 마을을 매개로 더 좋은 경험과 지혜를 나누는 활동에 이바지하고 싶습니다. 내가 하는 일에 대한 자긍심을 보여주고, 내가 하고 있는 다양한 활동을 경험하게 하고, 내가 하고 있는 일의 가치를 나누는 것이 어른의 역할입니다. 그리고 그 활동을 성공적으로 수행하기 위해서, 저는 마을교사가 되기 위한 6가지 자세를 떠올려 봅니다.

22장 얼렁뚱땅 독서토론

최고봉

독서 토론이 뭐죠?

이제 서울 광화문은 '촛불의 광장'이고, 민주주의의 전당이 되었습니다. 아마 한국을 넘어, 세계 시민혁명의 역사에 기록되리라 생각합니다. 그러나 누군가는 이곳을 교보문고 광화문점이 있는 출판문화의 메카로 기억합니다. 저는 매년 학생들과 이 대형 오프라인 서점을 찾습니다. 학생들은 이곳에서 책이나 음반을 사고, 수다도 떱니다. 제가 서울의 대형 오프라인 서점을 찾는 이유는, 비수도권 지역에서 이런 문화의 광장을 만나기가 무척 어렵기 때문입니다. 대학로에서 연극을, 서울 곳곳에서 뮤지컬을, 예술의 전당한가람미술관이나 서울시립미술관, 국립현대미술관 등에서 미술문화를 만나는 것은 수도권 지역 시민만이 누리는 특별한 혜택입니다. 비수도권 지역에 사는 사람들이 그런 공간을 찾기 위해서는 꽤 큰 결심을 하고 가야 합니다. 특히 집으로 돌아갈 시간을 고려

한다면 그런 공간에 접근할 제약은 더욱 큽니다. 비수도권 지역 사람들이 보기에 교보문고 광화문점은 출판문화 그 자체입니다. 파주출판도시가 생겼기에 독점적인 위상이 낮아졌지만, 그래도 책은 역시 광화문으로 느껴집니다. 그리고 책 자체보다 부러운 것은 독서 문화, 그리고 독서 토론입니다.

돌이켜보면, 독서의 최대 화두는 '함께 읽기'입니다. 얼마 전까지는 혼자 읽기가 주류였는데, 이제는 '함께 읽기'가 핫 이슈입니다. 송승훈 선생님을 비롯한 경기지역 선생님들이 함께 쓴 『함께 읽기는 힘이 세다』는 책도 있을 만큼, 교육계의 주목을 받고 있습니다. 심지어 2015 개정교육과정에는 '한 권 읽기'가 포함되어 이제 공식적으로 학교에서 함께 책을 읽게 되었습니다. 그렇다면, 요즈음 '함께 읽기'에 대해 왜 이렇게까지 관심이 커졌을까요? '함께 읽기'는 독서력을 높이는 좋은 방법이고, 책에 대한 '더불어 넓은 이해'를 기대할 수 있는 방법이기 때문입니다. 다른 한편으로는 독서 토론에도 '함께 읽기'가 굉장히 유용합니다. 함께 읽고 내용을 정리하고, 질문을 만들며, 서평을 쓰는 이 과정이야말로 '함께 읽기'의 진수이기 때문입니다. 그래서 저는 2015 개정교육과정의 좋고 나쁨을 떠나 '한 권 읽기'는 학생들이 독서 토론과 만나는 좋은 계기라고 생각합니다.

그럼 독서 토론은 기존의 여러 방법과 구별되는 또 하나의 토론 방법일까요? 전문가들이 토론방법을 나누는 기준이 다릅니다. 아직 토론은 발전하는 단계라 완전히 합의된 토론방법이 정리되지 않았기 때문입니다. 저는 어떤 분들이 '독서 토론은 토론 방법 중

하나다.'라고 구별하는 경우를 본 적이 있습니다. 또 어떤 분들은 NIE(Newspaper in Education)도 하나의 토론방법으로 분류하기도 하더군요. 저는 NIE가 신문, 인터넷 신문 등의 매체를 매개로 해서 다양한 교육을 하는 방법이라 생각합니다. NIE는 신문을 매개로 수업하는 것이니만큼, 토론과 결합하기 좋습니다.

NIE가 신문을 매개로 이뤄지는 활동이라면, 독서 토론은 '책 읽기'와 토론이 결합된 형태의 교육방법입니다. 독서 토론은 두 명 이상이 참여하는 토론의 형태로 나타납니다. 책을 각자 읽고 토론만 같이 할 수도 있지만, 교육적인 측면에서는 함께 읽기가 가능합니다. 특히 교실이나 학교처럼 여럿이 어울려 생활해야 하는 곳이라면 더욱 그렇습니다. 결론적으로, 저는 독서 토론이란 책을 매개로 협력적 토론, 찬반 토론 등이 결합된 것이라 생각합니다. 책 읽기에도 여러 방법이 있지만, 토론은 더욱 다양합니다. 어떤 토론과 결합하느냐는 역시 안내자의 능력과 토론자의 자세에 달려 있습니다. 주의할 점은 독서에 초점을 맞추느냐, 토론에 초점을 맞추느냐에 따라 목적이 다소 달라진다는 사실입니다. 독서에 초점을 맞추면 토론은 독서를 위한 하나의 방법입니다. 반면, 토론에 초점을 맞추면 독서는 토론을 하기 위한 하나의 과정으로 글과 그림 읽기나 분석 과정이 됩니다. 저는 이 두 가지가 모두 가능하고, 또 서로 교류해야 한다는 입장에 서 있습니다.

독서 토론의 추억

저는 1990년대 중반에 고등학교를 다녔습니다. 시골에서 조금 더 큰 중소도시로 유학을 떠난 저는 고등학교 생활이 너무 힘이 들었습니다. 그 무렵, 고통의 시간과 제 인생을 뒤바꾼 특별한 경험을 합니다. 우연히 고등학생 독서 동아리를 알게 되어 활동을 시작한 겁니다. 요즈음 말로 하자면 청소년 북클럽, 독서 토론 동아리 활동을 한 겁니다. 경북 영주 시내의 4~5개 고등학교 학생들은 매주 토요일에 도서관에 모여 책을 놓고 토론을 했습니다. 요즈음에는 이런 활동을 하나의 대안으로 여기지만, 그 당시만 해도 이런 독서회 활동이 썩 권장되지 않았습니다. 오히려 남녀 학생들이 서로 어울려 연애 스캔들로 이어지지 않을까 선생님들이 우려를 하곤 했습니다. 이런 우려의 시선을 뒤로 하고 우리는 열심히 독서회 활동을 했습니다. 사전에 읽을 책을 정하고, 토론 주제는 모임 당일에 선정해 토론을 진행했습니다. 당시에는 그 동아리의 토론 방법 이름을 몰랐지만, 지금 생각해보면 '이야기식 토론'이었습니다. 그때 사용했던 이야기식 토론은 지금도 널리 사용되는 독서 토론 방법입니다. 그런데, 2~3년 동안 한 번도 바뀜 없이 이야기식 토론을 하니 개인적으로 지겹기도 하고, 변화 욕구가 커졌습니다. 물론 1990년대의 독서 토론이라야 지금과 비교할 수 없을 정도로 단순했으니, 그 동아리만 토론 방법이 단순했던 것은 아니었습니다. 그러나 당시의 독서 경험은 제 인생을 크게 바꾸었습니다. 책을 꼭꼭 씹어 읽는 독서력을 키웠고, 사회를 돌아보는 힘을 가질 수 있었습니다. 당시에 어떤 보수도 받지 않고, 매주 토요일 오후를 동아리에 반납한 분이 계셨습니다. 경북 영주에서 중고등학교 국어 교사로 근무했던 장혜옥 선생님이었습니다. 훗날 전교조 수석부위원장, 전교조 위원장을 역임한 장혜옥 선생님은 그 소중했던 주말 오후를 온전히 학생들과 함께 했습니다. 그런 분들의 애정이 없었다면 독서 토론이 그토록 오랫동안 유지되지는 못했을 것입니다.

요즈음 한국에서 유행하고 있는 독서 토론은 '비경쟁 독서 토론'과 월드카페를 활용한 토론입니다. '비경쟁 독서 토론'은 월드카페를 바탕으로 한국에서 개발된 독서 토론 방법입니다. 질문에 질문이 꼬리를 무는 것이 바로 '비경쟁 독서 토론'의 특징입니다. 월드카페는 여러 사람이 참여하는 대집단 토론으로 매우 유명한 방법입니다. 월드카페로 독서 토론을 하면 편안하게 수다를 떠는 것처럼 이야기할 수 있습니다. 독서 토론에서 두 방법이 유행하는 것은 독서 토론이 바로 학교에서 주로 이뤄지기 때문입니다. 물론 북클럽이나 학부모 토론모임 등에서도 독서 토론을 하지만, 이런 토론은 두런두런 이야기를 하는 모임인 경우가 많습니다. 반면, 학교에서는 여러 사람이 참여하기 때문에 다수의 사람이 즐겁게 참여하면서도 교육적으로 의미있는 '토론 방법'을 필요로 합니다. 20명 내외의 학생, 더 많을 때는 100여 명이 즐겁게, 그리고 의미 있게 토론을 하려면 '어떤 형식'이 필요합니다. 그러니 당연히 학교는 대집단 토론을 적극적으로 수용했습니다.

그렇다고 대집단 토론만이 독서 토론의 의미 있는 방법은 아닙니다. 특히 초등학교에서는 두 방법 외에도 다양한 토론 방법을 활용합니다. 초등학교에서는 독서 토론에 한정하지 않고, 주로 독후활동 위주로 실시합니다. 독후활동은 토론에 초점을 맞추는 것이 아니라, 독서를 좋아할 수 있도록 흥미 위주로 내용 정리-토론-표현하기 등을 하는 방식입니다. 독후활동은 '책을 읽고 난 후 이루어지는 모든 활동'이라는 점에서 독서 토론보다 넓은 개념입니다. 그러나 개별 활동을 제외한 대부분의 독후활동은 두 명 이상이 협의를 해야 한다는 점에서 토론을 포함합니다. 초등 국어 교과서 역시 독서 토론의 다양한 방식을 포함하고 있습니다.

교실에서 독서 토론 나누기

오안초에서는 교실에서 독서 토론을 자주 합니다. 학교도서관에 있는 책을 활용하는 경우가 많지만, 무료로 지원하는 책을 신청해 '함께 읽기'를 한 후에 토론, 글쓰기까지 이어지는 경우도 있습니다. 2016년에는 '역사와 삶 글쓰기대회', '현대차 정몽구재단'이 제공하는 책을 여러 권 지원받았습니다. 공고사항, 인터넷을 잘 살펴보면 이런 지원 프로그램이 생각보다 많습니다. 특히 이런 곳에서는 함께 읽기가 가능하도록 책을 지원하므로 교육활동에 참 도움이 됩니다.

교실에서 독서 토론을 하는 것은 국어 시간이 가장 쉽습니다. 그러나 꼭 국어 시간이 아니어도 교과 연계 독서는 충분히 가능합니다. 초등학교 수업을 예로 들어 보겠습니다. 과학 시간에 열의 전달에 대해 공부하고 있다면『눈사람 아저씨』,『선인장 모텔』등을 읽고 토론하면 좋습니다. 환경 문제에 대해 공부할 때는『북극곰 코다』,『쓰레기통에 숨은 보물을 찾아라!』같은 책을 읽을 수 있습니다. 실과나 창의적 체험활동의 진로 시간에는 진로에 관한 책을 읽고, 사회 시간에『우리나라가 100명의 마을이라면』,『두근두근 한국사』,『쏭내관의 재미있는 한국사 기행』등을 읽는다면 보다 깊은 공부가 가능합니다. 저는 개인적으로 그림책과 단편소설을 많이 이용하는 편입니다. 박지원의 한문소설 번역본과 고전소설을 많이 이용합니다. 일반적으로 독서 토론은 그림책, 인문사회과학 분야의 책으로 실시합니다. 초등학교까지는 그림책과 짧은 동화, 고전소설 등을 많이 활용합니다. 독서 토론의 출발은 누가 뭐라고 해도 책 읽기입니다.

그런데 책을 읽기만 하고 그냥 넘어가면 어떨까요? 특히 혼자 읽고 그것으로 끝낸다면 아쉬움이 많이 남습니다. 물론, 그렇게 해서라도 책을 좋아한다면, 길게 봐서 긍정적입니다. 그러나 책을 읽고 끝내면 당장 내용 파악에서부터 문제가 생깁니다. 사람은 누구나 착각을 하고, 이해하지 못하는 부분이 있는데, 혼자 넘어가면 사실적 읽기부터 어려울 수 있습니다. 문학 작품이라면 해석에 따라 다른 판단을 할 수도 있고요. 그래서 여럿이 모여 내용을 정리하고, 핵심을 찾고, 토론하는 과정이 필요합니다. 이것을 수업 시간에 교실에서 한다면 더욱 좋을 겁니다.

저는 교실에서 독서 토론을 할 때 수용적 글 읽기, 사실적 글 읽기를 강조하는 편입니다. 아무래도 초등학교에서 독서 토론을 하다 보니, 내용 이해를 잘 못하는 학생들을 자주 만납니다. 이런 학생들은 글은 읽는데 내용을 이해하지 못하는 경우가 많습니다. 그래서 저는 간단한 그림책을 이용해 읽기 활동을 한 후 만다라트나 연꽃발상기법으로 줄거리나 내용을 파악할 시간을 마련합니다. 짝이나 모둠별로 질문을 만들고, 서로 대답하는 시간도 갖습니다. 핵심 낱말을 찾고, 그 핵심 낱말로 글을 쓰거나 핵심 낱말 빙고를 하는 것도 제가 좋아하는 활동입니다. 월드카페나 비경쟁 독서 토론으로 깊이 있는 토론을 하는 활동, 그 후 핵심 낱말 중 하나로 한 줄 글쓰기도 즐겨합니다.

이런 독서 토론을 통한 저의 기대는 크게 두 가지입니다. 가장 중요한 것은 재미있어서 또 책을 읽고, 독서 토론을 하고 싶도록 즐겁게 활동하는 부분입니다. 아무리 좋은 활동도 참여자가 외면하면 효과가 없기 마련입니다. 저는 교실에서 독서 토론을 할 때, 이 즐거움을 외면하면 길게 갈 수 없다고 여깁니다. 또 다른 것은 책을 깊이 읽기, 넓게 읽기입니다. 책에는 누군가의 사상과 감정이 글과 그림으로 담겨 있습니다. 아무리 짧은 그림책에도 그것은 들어 있기 마련입니다. 그런데 책을 온전히, 깊게 읽지 않는다면 누군가의 사상과 감정을 읽어낼 수 없습니다. 저는 이 깊이를 질문 만들기와 답하기, 다양한 토론을 통해 접근하게 합니다. 여러 가지 토론 방법은 책에 가까이 다가가게 한다는 점에서 의미가 있습니다. 여러 명의 학생을 만나는 수업에서 교사의 수업 방법은 매우 중요합니다. 좋은 교사가 되기 위한 핵심 조건 중 하나가 바로 수업을 잘하는 것이니까요. 물론 그에 앞서 독서 토론을 안내하는 교사나 강사는 학습자를 사랑하고, 존중하는 자세와 함께 책에 대한 조예가 반드시 필요합니다.

도서관에서 만난 저자

2016년 9월의 마지막 날. 홍천에 자리한 오안초등학교에 반가운

손님이 찾아왔습니다.『우리나라가 100명의 마을이라면』,『두근두근 한국사』등 여러 권의 책을 펴냈고, 초등학교 사회 교과서 집필에도 참여한 배성호 선생님이었습니다. 밤 10시까지 이뤄진 독서 토론 행사의 제목은 '토론하는 도서관'. 학교도서관은 단지 책을 읽고, 대출하고, 반납하는 공간이 아니라 문화의 전당이 되어야 한다는 주장을 하는 분들이 많습니다. 요즈음은 여러 도서관이 많이 생겨 학교도서관이 가진 의미가 조금 달라졌지만, 그래도 학생들이 접하기 가장 좋은 도서관은 역시 학교에 있습니다.

때마침 배성호 선생님은 얼마 전에『우리가 박물관을 바꿨어요!』라는 책을 펴냈습니다. 학생들은 따끈한 새 책까지 포함해 총 일곱 종류의 책을 읽고, 저자와의 대화를 했습니다. 특강이 아니라, 저자와의 대화로 계획한 것은 특강은 자칫 지루해지고, 학생들의 흥미를 떨어뜨리기 때문이었습니다. 또한 질문을 하려면 책을 다 읽어야 하고, 인용해서 질문을 만드는 과정에서 생각하는 힘을 키울 수 있을 것이라 기대도 했습니다. 오안초 학생들은 미리 배성호 선생님의 책을 읽고 독서 토론을 했으며, 사전에 질문을 만들었습니다.

저자와의 대화에 앞서 학생들은 우드락으로 만든 질문판에 각 책별로 질문을 붙였습니다. 많은 학생들은 'Why', 'What', 'How' 등을 이용해 질문을 만들었습니다. 이 질문 만들기는 하브루타 교육에서 매우 중요하게 생각하는 것이지만, 저자와의 대화에서도 아주 중요한 과정입니다. 저자와의 대화는 토크쇼 형식으로 이뤄졌습니다. 사회는 질문을 가장 잘 만든 오안초 6학년 백○○ 학생이 맡았습니다. 먼저 초청 저자인 배성호 선생님을 소개하고, 선생님이 준비한 주제 강연을 15분 정도 들었습니다. 그 후 학생들이 사전에 준비한 질문에 대해 배성호 선생님이 답했습니다. 마지막으로는 '토론하는 도서관'에 참여한 학생들이 즉석 질문을 하고, 배성호 선생님이 대답하는 순서를 가졌습니다. 모든 활동을 종료한 학생들은 밤 늦도록 함께 해준 배성호 선생님께 큰 박수를 보냈습니다. 그리고 배성호 선생님의 책과 선생님이 집필한 6학년 2학기 사회 교과서 해당 단원을 더욱 깊이 있게 읽었습니다.

이러한 활동에서 가장 중요한 것은 참여자들이 주제 도서를 모두 읽어야 한다는 점입니다. 저자와의 대화가 의미가 있으려면, 저자와 참여자가 공감대를 형성하고 있어야 합니다. 독서 행사로서 '저자와의 대화'는 당연히 주제 도서를 중심에 놓고 이뤄질 수밖에 없습니다. 조금 고통스럽더라도 주제 도서를 모두 읽으려면 참여자의 독서력을 고려해야만 합니다. 그것은 행사 기획자 또는 교사의 안목이 무엇보다 중요합니다.

진짜 대화 형식으로 '저자와의 대화'를 운영한다면 사회자가 능숙하게 토크쇼 형식을 이끌 능력을 갖추고 있어야 한다는 점도 고려해야 합니다. 학교라면, 교사가 많이 개입하지 않아야 더 큰 의미가 있습니다. '저자와의 대화'는 생방송 같아서 예상치 못한 사건이 많이 발생합니다. 따라서 사회자가 시나리오에만 의존하는 경우 낭패를 볼 수 있습니다. 보통 학교에서는 이런 위험을 회피하기 위해 교사가 사회를 보거나 저자 특강 형식으로 행사를 운영하는 경우가 많습니다. 그러나 저는 녹화방송 또는 결말이 정해진 것보다는 생방송에 가까운 '저자와의 대화'를 추천하고 싶습니다. 그리고 비록 혼란이 있더라도, 생방송이라는 기회를 참여자에게 부여해야 한다는 자세입니다. 실수하더라도, 더디 가더라도 살아 생동하는 환경에 자주 노출되어야 실력이 쌓이기 때문입니다.

지난 10월 중순에 강원도교육청과 춘천초등독서교육협의회는 '강원 초등인문학 독서 토론 캠프'라는 행사를 개최했습니다. 강원지역 곳곳에서 100여 명의 학생들이 참여한 이 행사는 두 권의 주제 도서 -『소리 질러, 운동장』과『스무 고개 탐정과 마술사』- 를 읽고 책놀이와 독서 토론을 하고, 저자와의 만남을 하는 행사였습니다. 그런데 이날 저자와의 만남은 1시간 30분 가량의 '저자 특강' 형식으로 운영되었습니다. 다행히 두 분은 강의 경력이 많고, 강의력도 무척 높았습니다. 두 저자 분이 초등학생의 눈높이에 맞게 강의를 해주서 비교적 무난하게 활동을 마칠 수 있었습니다. 그런데 저는 '저자 특강과 함께 자유로운 형식의 저자와의 대화가 이뤄졌으면 더 좋았을 것 같다.'는 생각을 해봤습니다. 책 저자의 특강도 만나기 어렵지만, 독자의 입장에서 저자에게 책이나 저자의 경험에 관해 질문하는 기회를 갖는다는 것은 무척 특별하기 때문입니다.

강원도교육청은 2017년부터 학교 연계 독서 토론을 강화한다는 계획을 발표했습니다. 전문 강사를 학교에 파견해 학교와 연계한 독서 토론을 지원합니다. 현재 모든 교사가 독서 토론에 익숙하지 않다는 점을 고려한 것으로 보입니다. 저는 전문 강사 분들이 이 프로그램을 통해 초·중·고에 적합한 주제 도서를 선정하고, 교사와 협력하여 독서 토론을 진행한다면 학교에 큰 도움이 될 것으로 생각합니다. 더 나아가 일회성 교육이 아니라, 장기적인 독서 교육과 독서 토론으로 발전한다면 학생들의 독서력 향상과 책을 가까이 하는 문화 형성을 기대할 수 있지 않을까요.

독서 토론의 미래

독서 토론은 아주 오래 전에 형성된 토론의 전형입니다. 석가모니, 예수, 소크라테스, 공자 등 여러 현인의 생각과 지혜가 문자로 기록된 이후 독서 토론은 토론의 주요한 흐름이 되었습니다. 다만, 과거의 독서 토론에서는 책에 담긴 저자의 핵심을 이해하는 것이 중요했다면, 지금은 토론자의 생각과 해석이 중요해졌습니다. 그래서 저는 비유와 상징이 풍부한 그림책을 독서 토론에 널리 활용하고 있습니다. 아무래도 비유와 상징은 해석의 여지가 넓기 때문에 자유롭고 창의적인 토론이 가능합니다. 초등교사라는 제 직업도 그림책에 대한 접근을 쉽게 합니다. 학교 도서관에는 유치원 또래부터 어른까지 좋아할 많은 그림책이 있습니다. 이 그림책은 독서 토론의 중요한 자양분입니다. 그런데 독서 토론을 할 때 학교 도서관에 복본의 책이 많지 않다는 아쉬움이 있습니다. 과거에는 도서 구입 예산이 부족해서 여러 권의 책을 사지 않고, 다양한 책을 한 권씩 샀습니다. 다행히 최근에는 학교 도서관이 단지 책을 대여-반납하는 공간이 아니라, 독서교육의 중요한 공간이라는 인식이 확산되며 복본의 책을 갖춘 경우가 많아졌습니다. 이런 점에서 볼 때, 제가 2013년부터 4년간 근무한 홍천 오안초등학교 도서관도 매우 훌륭합니다. 너무나도 훌륭한 책과 복본이 갖춰져 있고, 좌식으로 설계되어 이용하기가 참 편리했습니다. 그곳에서 저는 학생들과 여러 가지 독서 토론을 원 없이 해보았습니다.

독서력을 향상시키려면 여러 종류의 책을 접해야 합니다. 문학, 역사, 철학 같은 인문학 책도 있고, 사회과학이나 예술, 언어에 관한 책도 있습니다. 그림책을 잘 읽는 사람도 역사나 가벼운 사회과학 책은 굉장히 어려워하는 경우가 있습니다. 인문학 책을 잘 읽는 독자도 기술과학 책에는 머리를 싸매는 경우가 한 둘이 아닙니다. 저는 이것을 일종의 독서 편식 때문이라 여깁니다. 책을 잘 읽으려면 독자에게 충분한 경험과 배경지식이 필요합니다. 그런데 특정 분야에서는 이런 경험과 배경지식이 쌓여도 다른 분야에는 그렇지 않은 경우가 있습니다. 그래서 우리는 다양한 갈래의 책을 읽고 토론해 봐야 합니다.

교육적인 의미에서 독서 토론의 기초는 학교지만, 학교가 그 모든 것을 수행하기는 어려워 보입니다. 제한된 시간에 교육과정을 운영해야 하니, 독서 토론을 늘리면 다른 부분이 줄어듭니다. 교과 연계 독서로 어느 정도 문제를 줄일 수 있지만, 이것만으로 충분한 독서 시간을 확보하기는 쉽지 않습니다. 그래서 저는 독서 토론이 확산되기 위해서는 학교 밖, 그러니까 가정과 지역사회의 역할이 필요하다고 생각합니다. 왜 책을 꼭 학교에서 봐야 할까요? 책이 있는 공간이라면 책 읽기와 독서 토론이 모두 가능하지 않을까요?

도서관이나 청소년수련관 등을 갖춘 지역사회라면 그 역할을 더욱 크게 확장해야 합니다. 청소년 독서 동아리도 만들고, 그곳에서 토론을 하면 어떨까요? 꼭 독서 토론을 청소년에 한정할 필요는 없습니다. 도서관을 찾는 많은 성인들, 특히 교양을 쌓거나 자녀교육에 관심이 많은 성인이라면 독서 토론에 참여하기 쉽습니다. 관건은 '독서 토론을 안내할 길잡이가 충분한가?'입니다. 이 부분은 지역교육청과 시·군청 등 기관이 나서야 할 사안입니다. 책 읽는 시민, 자기 머리로 생각하는 시민, 합리적인 토론을 하는 시민을 만나는 것은 결코 학교의 몫만은 아니니 말입니다.

4부

부 록

2017 재미있는 독서 토론을 위한 추천 그림책

1. 초등학교

최고봉(홍촌 내촌초 교사)

책 표지	책 제목	글쓴이/출판사	비 고
	눈사람 아저씨	레이먼드 브리그스 (마루벌)	누구나 겨울에 꿈꿔봤을 법한, 살아 움직이는 눈사람이 등장하는 동화 같은 그림책. 글자가 없고, 파스텔톤의 색이 눈에 들어오는 특별한 그림책이다.
	북극곰 코다	이루리 (북극곰)	멸종위기에 처한 북극곰은 우리의 영원한 상상력의 보고이다. 사냥꾼 보바가 북극곰을 사냥하기 위해 찾는 것은 까만 코. 위기에 처함 엄마 북극곰과 아기 북극곰 코다는 어떻게 대처할까.
	도선관에 간 사자	미셸 누드슨 (웅진주니어)	사자도 도서관 규칙을 지키면 이용할 수 있다. 사자를 등장시켜 도서관 규칙을 소개하지만, 다른 한 편으로 사자는 누군가를 상징하는 비유적 동물이다.
	학교 안 갈 거야	토니 로스 (베틀북)	학교를 처음으로 갈 때의 기분, 학교를 처음 다녀온 후 느낌이 담긴 책이다. 학교를 매일 가야 한다는 것을 모르는 아이와, 아이를 학교에 보낼 때의 부모 마음이 잘 담겨 있다.
	더 커다란 대포들	후타미 마사나오 (한림출판사)	임금님과 여우의 대포이야기를 그린 이 책은 아이들에게 전쟁의 무의미함과 평화의 소중함을 알려준다. 전쟁의 원리로 반전평화의 정신을 담고 있다.
	내 동생 싸게 팔아요	임정자 (아이세움)	말썽꾸러기 동생을 시장에 팔러가는 '짱짱이'의 이야기를 담았다. 팔아버리고 싶을 정도로 얄밉다가도, 예쁘고 사랑스러운 존재인 동생을 향한 언니, 누나나 오빠, 형의 마음이 들어 있다. 익살맞은 그림도 곁들어 읽는 재미는 물론, 보는 즐거움을 안겨준다.

책 표지	책 제목	글쓴이/출판사	비 고
	폭설	존 로코 (다림)	작가 존 로코가 어린 시절에 겪은 경험을 바탕으로 한 그림책이다. 폭설로 인해 일주일 동안 고립된 한 마을에서 주인공 꼬마는 눈을 보고 기뻐하다가 두려움과 걱정이 생기고, 용기를 내어 사람들을 돕는다.
	프레드릭	레오 리오니 (시공주니어)	교과서를 통해 개미와 베짱이를 배운 사람들은 이 책을 꼭 다시 읽어야 한다. 저자는 시인 들쥐를 통해 자기의 색깔과 주장을 가지고 살아가는 방법을 이야기한다. 이 책에서는 콜라주 기법을 이용하여 부드럽고 밝고 따뜻한 색채와 단순한 선으로 절제미를 살려냈다.
	우체부 아저씨와 비밀편지	앨런 앨버그 (미래아이)	우체부 아저씨가 아기돼지 삼형제, 헨젤과 그레텔, 신데렐라 등 6가지 이야기의 등장인물에게 편지를 전하며 벌어지는 일을 담았다. 후속편으로 『우체부 아저씨와 크리스마스』가 있다.
	돼지책	앤서니 브라운 (웅진주니어)	엄마의 존재와 가족 내 역할을 다시 묻는 그림책이다. 아빠도, 아이들도 행복한데 엄마는 행복하지 않은 가족. 엄마는 맞벌이를 하면서 집안일을 모두 한다. 어느 날 엄마가 집을 나가고, 집안은 엉망이 된다.
	친구를 모두 잃어버리는 방법	낸시 칼슨 (보물창고)	『친구를 모두 잃어버리는 방법』은 제목에서도 나타나듯, 역설적으로 주제를 드러낸 그림책이다. 이기적이고 고집불통인 주인공들을 통해 친구 관계에서 중요한 것이 무엇인지를 깨닫게 될 것이다.
	우리 할아버지	존 버닝햄 (비룡소)	같은 공간에서 이야기를 나누고 있지만 할아버지는 손주의 상상력을 따라갈 수 없다. 할아버지를 그리워하는 마음이 깊이 담긴 그림책. 영국을 대표하는 이야기 작가인 존 버닝햄의 작품이다.
	아랫집 윗집 사이에	최명숙 (고래뱃속)	『아랫집 윗집 사이에』는 층간소음을 다룬 그림책이다. 아파트로 이사 간 남매는 생일을 맞아 친구들을 잔뜩 불러 파티를 연다. 신나게 놀고 있는데 아랫집 할아버지가 찾아와 호통을 쳐서 파티는 엉망진창이 되고 아이들은 울상이 된다.

책 표지	책 제목	글쓴이/출판사	비 고
	전쟁을 평화로 바꾸는 방법	루이즈 암스트롱 (평화를 품은책)	크게는 전쟁이지만, 사소하게는 다툼으로 볼 수 있다. 학교폭력 예방을 위한 그림책으로도 활용할 수 있다.
	안돼	마르타 알테스 (북극곰)	강아지를 키웠다면 누구나 경험해 보았을 것 같은 에피소드가 펼쳐진다. 강아지는 선의로 좋은 일을 하는데, 사람들은 '안돼'라고 소리친다.

2. 중학교

책 표지	책 제목	글쓴이/출판사	비 고
	샌지와 빵집 주인	로빈 자네스 (비룡소)	샌지는 빵집에서 흘러나오는 맛있는 빵 냄새를 혹혹 들이마셨다. 검고 딱 딱한 빵, 따뜻하고 달콤한 빵, 바삭 바삭한 과자. 샌지는 이 냄새를 모두 들이 마셨다. 그런데 어느 날 저녁 빵집 주인이 빵 냄새 값을 내라고 해서 재판관을 찾아가는데…
	작은 집 이야기	버지니아 리 버튼 (시공주니어)	화요일 저녁 8시 즈음, 이상한 일이 일어난다. 공상의 대가,꿈과 상상력의 작가가 보여주는 화요일 밤의 기막힌 풍경이 그려져 있다. 어린이들은 이 이야기의 쾌활함과 풍부한 상상력, 그리고 교훈과는 거리가 먼 즐거운 환상이 있다.
	이상한 화요일	데이비드 위스너 (비룡소)	『친구를 모두 잃어버리는 방법』은 제목에서도 나타나듯, 역설적으로 주제를 드러낸 그림책이다. 이기적이고 고집불통인 주인공들을 통해 친구 관계에서 중요한 것이 무엇인지를 깨닫게 될 것이다.
	행복한 미술관	앤서니 브라운 (웅진닷컴)	어느 해 엄마의 생일날, 엄마는 온 가족이 함께 미술관 구경을 가자고 제안한다. 미술관 가는 길은 그리 신나지 않고, 빼곡히 걸린 옛날 그림들은 지루하게만 보인다. 하지만 하나씩 그림에 담긴 이야기를 찾아보고, 서로의 느낌과 생각, 추억을 나누는데…
	리디아의 정원	사라 스튜어트 (시공주니어)	1935년 세계 대공황기가 배경이다. 아버지의 실직과 경제적 어려움으로 집을 떠나 외삼촌네 집에 맡겨진 리디아의 이야기이다. 리디아가 빵가게 일을 도우면서 정원을 꾸미는 이야기. 정원은 희망이자, 가족 간의 사랑이자, 지역 환경운동이다.

책 표지	책 제목	글쓴이/출판사	비 고
	내 마음의 보물상자	메리 바 (동신사)	알츠하이머를 앓고 있는 할아버지를 지켜보는 손자의 이야기. 사랑하는 가족에 대한 일상의 기억을 전부 잃어버리는 슬픔을 '보물 상자'를 통해 간결하고 아름답게 표현하고 있다.
	행복한 청소부	모니카 페트 (풀빛)	길거리 표지판을 청소하는 독일 청소부에 관한 그림책. 청소부는 삶의 의미, 교양으로 다양한 음악가의 노래와 작가의 작품을 공부하는데…
	머나먼 여행	에런 베커 (웅진주니어)	글씨가 하나도 없는 그림책. 그림으로만 된 그림책을 펼치다보면 하나의 판타지 여행을 하게 된다.
	텅 빈 냉장고	가에탕 도레뮈스 (한솔수북)	아파트 맨 아래층에 사는 앙드레이 할아버지는 어느 날 밤, 배고픈 나머지, 당근 세 개를 가지고 윗층에 사는 나빌 아저씨를 찾아간다. "우리 함께 먹을까요?" 하고 말을 건네면서. 그렇게 위로 올라가며 어떤 음식을 만들어 먹을지 함께 고민한다.
	윌리의 신기한 모험	앤서니 브라운 (웅진주니어)	앤서니 브라운의 대표 캐릭터 '윌리' 시리즈로, 책 속으로 모험을 떠난 윌리의 이야기이다. 앤서니 브라운이 엄선한 고전 명작 10편이 소개된다. 고전 명작 속의 장면을 패러디한 그림을 통해 어린이들의 상상력을 불러일으킵니다.

3. 고등학교

책 표지	책 제목	글쓴이/출판사	비 고
	위험한 책	존 라이트 (천 개의 바람)	도서관 지하 서고에 감춰있는 위험한 책. 이 책은 도시에서 볼 수 없는 꽃에 관한 내용이 담겨 있다. 어두운 밤에 이불을 뒤집어 쓰고 몰래 이 책을 본 후 고물상에서 씨앗을 구해 심은 주인공.
	씨애틀 추장	수잔 제퍼스 (한마당)	『시애틀 추장』은 인간과 자연이 원래 한 몸이란 아메리카 인디언의 오랜 믿음을 담고 있다. 100년도 훨씬 전에 어떤 인디언 추장이 했던 절박한 말과 메시지를 이야기 속에 고스란히 담아냈다. 끔찍하게 변한 자연을 보여줌으로써 '자연파괴'를 그만둬야 한다고 경고한다.

책 표지	책 제목	글쓴이/출판사	비고
	낱말공장나라	아네스 드 레스트라드 (세용출판)	낱말공장에서 생산하는 낱말을 돈을 주고 사야 말을 할 수 있는 나라에서 벌어지는 일. 바겐세일, 낱말 수집 등을 통해서도 낱말을 구할 수 있다. 좋아하는 사람에게 전하는 아껴놓았던 세 단어는 무엇일까?
	할머니의 기억은 어디로 갔을까?	멤 폭스 (키득키득)	알츠하이머에 걸린 '낸시 앨리슨 델라코트 쿠퍼'라는 할머니와 어리지만 당차고 씩씩한 '윌프리드 고든 맥도널드 파트리지'라는 소년의 따스하고 유쾌한 우정을 담아낸 그림책이다. 소설가 조경란이 번역했다.
	마법의 가면	스테판 세르방 (불광출판사)	아이의 다채로운 마음 변화를 '변신 가면'이라는 환상적인 장치를 통해 보여 준다. 하고 싶은 대로 마음껏 장난치고 화를 냈다가도, 친구와 엄마 아빠와의 갈등 때문에 이내 후회하고, 누군가가 보내는 따뜻한 관심 속에서 일상으로 되돌아오는 아이의 마음이 세련된 그림과 아름다운 이야기 속에 녹아 있다.
	행복을 나르는 버스	맷 데 라 페냐 (비룡소)	할머니와 어린 손자 시제이가 버스를 타고 마지막 정류장까지 가는 동안 다채로운 이웃의 모습을 마주하며 진정한 행복이 무엇인지 깨달아 가는 이야기이다. 어린 손자의 난처한 질문에 온화한 미소로 재치 있게 응답하는 할머니의 지혜는 깊은 깨달음을 준다.
	괴물들이 사는 나라	모리스 샌닥 (시공주니어)	어느 날 밤 늑대 옷을 입고 장난치던 맥스는 엄마에게 벌을 받아 방에 갇힌다. 맥스가 자기 방에서 벌을 받는데 글쎄 방이 밀림과 강으로 변한다. 맥스는 배를 타고 괴물들의 나라로 가서 괴물들을 제압하고 즐겁고 행복하게 놀았다. 그러다가 맛있는 음식냄새를 맡고는 다시 배를 타고 돌아온다.
	제랄다와 거인	토미 웅거러 (비룡소)	사람을 잡아먹는 거인이 살았다. 깊은 골짜기에 사는 농부와 어린 딸 제랄다만이 사실을 모른다. 어느 날, 거인은 혼자 장에 물건을 팔러 가는 제랄다를 잡아먹으려다가 바위에서 미끄러져 정신을 잃고 쓰러지고 마는데…. 그림에 많은 상징과 반전이 있는 것이 특징이다.
	세 강도	토미 웅거러 (시공주니어)	강도들이 마차를 습격하는데 털 것이라고는 여자아이 뿐이다. 강도들은 아이를 소굴로 데려가서 정성껏 보살핀다. 그리고 이 아이처럼 갈 곳 없는 아이들을 데려다가 친 아버지처럼 돌본다.

토론 용어 사전

정리 : 최고봉

6단 논법 |

영국 출신의 철학자 스티브 툴민(S. Toulmin)1958년에 케임브리지 대학 박사 학위 논문 「논술의 활용」에서 제시한 논리적 글쓰기 방식. 6단계는 '안건 → 결론 → 이유 → 설명(근거) → 반대 → 정리'이다. 논술 이외에도 토론에서 적극 수용되고 있다. 초등학교 저학년은 4단계까지, 고학년 이상은 6단계로 연습하면 설득력이 있는 글쓰기나 말하기가 가능하다고 보고 있다.

가치관 경매 |

가치를 경매 방식으로 구입하는 활동. 가치관 경매는 일반적인 경매와 달리 정직, 용기, 관용 등 가치관을 상품으로 경매 활동을 한다. 각 모둠에 일정한 금액을 나누어 준 후, 가치관 경매 전략을 수립하게 한다. 모둠별로 구입하고 싶은 가치와 가격을 사전에 정하도록 한 후 옥션식 경매를 한다. 가치관을 구입하여 모둠이 어떻게 변하게 되었는지 이야기를 나누는 상담적 활동이다.

가치수직선 토론 |

수직선 위에 가치에 대한 찬성, 반대 입장의 정도가 나타나도록 표시하고 토론하는 방법. 찬성과 반대에도 강도 차이가 있음을 보여주는 토론 방법이다. 초등학교에서는 음의 정수를 배우지 않으므로 0부터 시작하여 5나 10까지 표현하고, 중.고등학교에서는 음의 정수부터 나타내어 '-5'부터 '+5'까지 나타내는 경우가 많다.

공통점 찾기 |

모둠원 모두에게 해당하는 공통점을 10가지 내외로 찾는 활동. 처음 모둠 활동을 할 때 서로를 이해하고, 의견을 조율하는 능력을 키우기 위해 실시한다. 마음 열기 활동으로 토론 이외에도 집단상담 등에 활용한다. 일반적으로 눈에 잘 드러나는 공통점에서 시작하여 눈에 잘 드러나지 않는 공통점을 찾는 방식으로 확장된다.

광고 만들기 |

이미지와 글쓰기를 결합한 형식의 방법. 주로 짝과 함께 다른 사람의 마음을 움직이는 광고를 만든다. A4용지에 인쇄된 이미지나 신문, 잡지 광고를 이용하여 간단한 광고 카피를 쓰는 활동이다. 펼쳐진 여러 개의 이미지 중 하나를 골라 주제에 맞는 광고 카피와 글을 몇 문장 이내로 쓰면 된다. 연관된 활동으로 광고 분석하기가 있다.

그림으로 이야기 다시 만들기 |

독후활동, 독서 토론의 한 갈래인 이야기 다시 만들기의 한 방법. 그림책이나 인문, 사회학 책에 수록된 그림 5~6장의 순서와 내용을 바꿔 이야기를 다시 만든다. 원작과 다르게 인물, 사건, 배경 등을 바꾸고 모둠원과 함께 이야기를 만들어 완성도 높게 구성하는 것이 핵심이다. 그림책을 활용한 독서 토론에서 널리 사용한다.

두 마음 토론 |

찬성과 반대 양측이 판결자(나)를 설득하는 연극적 요소가 강한 토론방법. '천사와 악마'라고도 부른다. 가톨릭에서 성자를 추대할 때 사용하는 방법과 맞닿아 있다. 가톨릭에서는 성자 추대 시 추기경 중 한 명이 '악마의 대변인'이 되고, 나머지가 성자 추대 찬성 측에서 검증을 한다. '1:1 토론'이 원칙이지만, 다수 대 다수로 할 수도 있다. 찬반토론의 기초가 되는 토론 방법이다.

만다라트 |

브레인 스토밍과 마인드맵이 결합된 형식의 생각 정리방법. 1980년대에 일본의 그래픽 디자이너가 개발한 후 회의, 독서 토론, 계획 수립 등 다양한 상황에 활용하고 있다. 1개의 대주제 아래에 8개의 소주제, 64개의 하위 요소를 적어 체계적으로 정리할 수 있다. 학교에서는 학습한 내용 정리, 책 줄거리 정리 등 모둠별 토론에 널리 활용한다. 만다라트를 간소화한 연꽃발상 활동(1개의 대주제, 4개의 소주제, 16개의 하위 요소)도 만다라트의 범주에 포함한다.

만장일치 토론 |

다수결이 아니라 토론자 전원의 만장일치로 입장을 결정하는 토론방법. 양자택일을 하거나 순서를 나열하는 두 가지 방식이 있다. 순서를 나열할 때에도 정답이 있는 만장일치 토론과 정답이 없는 토론으로 구분할 수 있다. 이미 조사된 결과가 있거나, 통계를 활용할 경우 정답이 있는 만장일치 토론이 가능하다.

모서리 토론 |

선택지가 있는(제한하는 질문에 해당하는) 토론방법. 일반적으로 건물에는 네 개의 모서리가 있으므로, 선택지를 네 가지 제시한다. 같은 입장을 가진 사람들이 각 모서리에 앉아 정보를 교환한 후 정리된 결과를 발표하고 질의한다. 토론 과정에서 다양한 정보 교환이 이뤄지므로 심화된 토론이나 글쓰기를 할 때 사전 활동으로 자주 쓰인다.

모의법정 토론 |

형사재판을 하듯 역할극 형식으로 이뤄지는 토론방법. 찬반토론의 기원이 재판, 법정 토론이므로 참가자들이 역할을 나눠 배심원을 설득하게 된다. 연극처럼 대본이나 시나리오가 있되, 결론은 열려 있는 경우가 많다. 배심원이 유죄, 무죄를 판결하게 되므로 검사 측과 변호인 측이 치열한 법리 다툼을 벌인다.

분류하기 |

사회자가 제시하는 항목을 모둠별로 기준을 세워 분류하는 토론 활동. 일관된 기준을 마련하여 각 항목을 분류하고, 기준 제목을 정하는 것이 활동 내용이다. 제시된 각 항목을 임의로 분류하거나 사회자의 요청에 따라 몇 개로 특정해서 분류할 수 있다. 토론으로 분류하기는 포스트잇을 이용하는 브레인 라이팅, 월드카페 등의 기초가 된다.

빈 칸 채우기 |

빈 칸에 비유적인 표현을 넣고, 그 이유를 설명하는 활동. 용어 정의, 나만의 사전 만들기 등의 활동에 이용된다. 예컨대, '용서란 ○○이다.'처럼 빈 칸에 적절한 낱말을 넣고, 그 이유를 설명한다. 각 낱말의 사전적 정의를 넣는 것이 아니라, 자신만의 표현이 돋보이도록 비유적인 표현을 사용하는 것이 핵심이다. 『가치어 사전』 등의 단행본이 이 방식을 따랐고, 도덕 교과서 등에 자주 등장한다.

브레인 라이팅(brain writing) |

자신의 생각을 말하지 않고 종이나 메모지(포스트잇) 등에 쓰는 방법. 발언력이 높은 소수가 주도하는 브레인 스토밍의 단점을 보완하기 위해 등장했다. 독일식과 미국식 등 두 가지 갈래가 있는데, 기업은 독일식을 많이 활용하고 교실에서는 미국식을 선호한다. 미국시 브레인 라이팅은 포스트잇에 생각을 적고, 분류하기를 한다.

세 단어로 말하기

사람을 대표하는 세 가지 낱말을 활용해 사람을 소개하는 방법. 자신을 소개하는 것이 아니라, 마주하는 상대방을 소개해야 한다. 따라서 상대방이 스스로를 소개하는 세 단어를 기록하고, 부연 설명을 기억해서 다른 사람 앞에서 소개한다. 토론에 꼭 필요한 듣기

능력과 주의집중력 향상을 위해 사용하는 방법이다.

원탁 토론 |

발언시간과 발언기회의 평등을 강조한 토론의 한 형식. 원형으로 된 탁자에 앉아 발언권의 평등을 기하기 때문에 원탁 토론이라는 이름이 붙었다. 베트남 평화회담을 계기로 고안되었고, 이후 시민사회에서 널리 사용한다. 8명 내외의 토론자가 참여하고, 토론자가 모두 다른 입장을 가질 수 있다. 주제에 대해 다양한 목소리를 낼 수 있어 민주시민교육에 널리 활용되고 있다.

위시 리스트 토론 |

희망 목록을 작성한 후 이를 세 개의 영역으로 구분하는 토론 방법. 희망 목록을 6가지, 9가지, 12가지 등 3의 배수로 작성한 후 '반드시 들어줄 것', '들어줄 수도 있고, 안 들어줄 수도 있는 것', '절대 안 들어줄 것' - 또는 '매우 중요한 것', '중요한 것', '중요하지 않은 것'-으로 다시 분류한다. 상담활동에서 사용하는 등 상담과 대화를 위한 요소가 강하다. 상담에서 널리 사용하는 '항아리 진단 기법'과 같은 원리이다.

찬반토론 |

형식과 절차에 따라 찬반으로 나뉘어 이뤄지는 토론. 전통적인 의미의 토론으로 디베이트, 찬반대립토론, 대립토론으로도 불린다. 토론자가 주제에 대해 찬성과 반대 입장으로 동수로 나뉘어 자신과 상대방의 논리를 검증하는 방식이다. 세부적으로는 초등찬반토론, 교차조사토론, 의회식 토론, 링컨-더글러스식 토론, 칼 퍼포 토론, 퍼블릭 포럼 디베이트 등으로 나뉜다. 주로 승패를 결정하는 토론 대회에서 사용한다.

창문열기 |

공통점 찾기를 활용하여 문제를 해결하는 토론방법. 창문 모양으로 된 활동지를 이용하기 때문에 '창문 열기'라는 이름이 붙었다. 모두의 공통점을 몇 개 이상 찾아, 공통점을 활용해 의사결정을 한다. 주로 모둠이름을 정하기 등 마음을 열고 문제를 해결하는 데 사용한다. 협동학습 등에서 널리 활용하고 있다.

피라미드 토론 |

두 명에서부터 시작하여 의사결정에 참여하는 모둠의 규모가 커지면서 일정한 개수의 의견을 선택하는 토론 방법. 진행자가 주제를 공개하면 토론자가 메모지나 포스트잇에 자신의 생각을 기록한 후 토론을 시작한다. 예컨대, '무인도에 갈 때 가져갈 물건 세 개'라는 토론 주제가 있다면 각 자 세 개의 물건을 포스트잇 세 장에 쓴다. 1:1 토론을 할 때에 양측 합쳐 여섯 개의 의견 중 세 개를 선택하고, 나머지 세 개는 버린다. '1:1 토론→2:2 토론→4:4 토론'으로 규모가 커진다. 8명이 넘으면 토론에 참여하지 않는 사람이 생겨 보통 8명까지만 피라미드 토론을 하고, 토론 결과를 확인 후 전체가 스티커 투표로 의사를 결정한다. 모두가 의사결정에 참여하는 합리적, 민주적 의사결정 방법이다.

프로젝트 토론 |

진행자가 제시하는 당면 문제를 모둠원의 협력을 통해 해결하는 토론방법. 예컨대, '수학여행 계획을 수립하라'는 문제와 함께 기간, 인원, 장소 비용 등의 조건을 충족하여 문제를 해결하면 된다. 이 토론은 모둠원의 협력과 문제해결능력에 주목하므로 과정과 결과를 모두 본다. 통계활용 포스터 제작 등도 일종의 프로젝트 토론이라 할 수 있다.

하브루타(Havruta) |

유대인식 토론 중에서도 '짝토론'을 일컫는 토론 방법. 유대인식 토론에서 짝을 지어 질문하고 대화하고 토론하고 논쟁하는 것이다. '헤브루타(Hevruta)'라고 부르기도 한다. 강사와 모든 토론자가 참여하는 전체 토론은 '쉬우르(Shiur)'라고 부른다. 성서, 탈무드 등을 놓고 서로 생각을 주고받으면 개념이나 입장이 명료해진다. 질문 만들기 등도 하브루타에서 중요하게 다루는 방법이다.

하얀 거짓말 |

진실과 거짓을 섞어 자신을 소개하는 방법. 처음 만나는 사람과 모둠별로 하면 부담 없이 접근하고, 상대방을 이해할 수 있다. 세 개의 진실과 하나의 거짓처럼 4지선다로 자신을 설명하는 문제를 출제 후, 다른 사람에게 읽어주면 상대방이 거짓을 찾는다. 자연스럽게 자신을 개방하고, 어느 정도 개방할 것인지 스스로 결정하므로 마음 열기 활동에 좋다.

한 줄 글쓰기 |

각자가 주제에 대한 한 문장의 글을 써서 순서를 바꿔 문단이나 글을 완성하는 토론방법. 각자 한 문장을 쓴 후 순서만 바꿔 글을 완성하는 방식과 협동학습에서 널리 사용하는 모둠문장 만들기 방식이 있다. 문장 순서를 바꾸는 과정에서 토론이 이뤄지고, 언어사용능력을 키우는데 효과적이다.

함께 별명 만들기 |

여러 사람이 참여하여 한 사람의 별명을 만드는 활동. 한 사람이 단어를 말하면 그 단어에서 연상되는 새로운 단어를 말하고, 새로운 단어에 또 다른 단어를 말하는 방식으로 꼬리에 꼬리를 무는 별명 만들기이다. 별명을 만들어줄 사람 바로 옆 사람이 외친 단어가 별명이 된다. 별명 만들기의 두 가지 원칙은 1)긍정적인 단어를 사용하고 2)명사로 말하는 것이다. 주로 이름을 불러야 하는 숙박형 공동체 놀이, 집단상담에서 사용된다. 일종의 익명 상태에서 쉽게 마음을 연다는 점에 착안하여 캠프 초반에 실시한다.

협상 토론 |

당면한 문제를 해결하고 합의문을 도출하는 역할극식 토론. 고려시대에 있었던 서희와 거란의 외교담판처럼 서로의 논리를 활용하여 합의문을 도출해야 한다. 합의문 도출에 실패하면 양측 모두 패배한 것으로 간주한다. 합의문은 양측 토론자가 모두 참여하여 계약서 형식으로 작성하고, 토론자 모두의 역할과 이름을 쓰고 서명하여 완성한다. 최근 입사시험 등 기업에서도 널리 사용하는 방법이다.

핵심 낱말 빙고 |

독서 토론 등에서 핵심 낱말을 찾아 빙고를 하는 개인·모둠별 활동 방법. 독후활동에 놀이 형식을 접목하여 쉽고 재미있게 핵심 낱말에 접근할 수 있도록 한다. 일반적으로는 참가자들이 핵심 낱말을 피하는 것을 방지하기 위해 만다라트, 연꽃발상 활동지 등을 먼저 한 후 활동결과에 있는 핵심 낱말만을 사용하도록 한다.

회전목마 토론 |

마치 회전목마처럼 원 형태로 만든 자리를 돌면서 이뤄지는 미니 찬반토론 방법. 안쪽과 바깥에 두 개의 원을 만들고 짧은 찬반토론을 한 후 바깥 원에 앉은 사람이 이동한다. 한 라운드는 3~5분 정도 이뤄지고, 자리를 이동하여 5번 이상 진행하는 편이다. 짧은 시간 안에 찬반토론을 여러 번 할 수 있고, 같은 주장을 반복해서 하므로 입장 정리가 잘 되어 본격적인 찬반토론에 앞서 진행하면 효과적이다. 물레방아가 돌아가는 모양과 비슷하다고 해서 '물레방아 토론', 선풍기 날개가 도는 모양이라고 하여 '선풍기 토론'이라고도 한다

토론의 전사 5 - 학교, 마을과 만나다

초판 1쇄 2017년 3월 20일 발행

지은이 ｜ 곽은숙, 김광진, 김미순, 김소연, 김현숙, 김현정, 김희녀, 남수희, 박희자,
심성희, 안경희, 유희정, 이광옥, 이승은, 이재한, 전경애, 정다은, 최고봉

기획 및 편집 ｜ 박세희, 유덕열

펴낸곳 ｜ 한결하늘
펴낸이 ｜ 유덕열
출판등록 ｜ 제2015-000012호
주소 ｜ 경기도 안산시 단원구 선삼로4길 11 (101호)
전화 ｜ (031) 8044-2869 **팩스** ｜ (031) 8084-2860
이메일 ｜ ydyull@hanmail.net

ISBN 979-11-955457-7-3 04370
ISBN 979-11-955457-3-5 (세트)

잘못 만들어진 책은 바꾸어 드립니다.
값은 뒤표지에 있습니다.

이 도서의 국립중앙도서관 출판예정도서목록(CIP)은 서지정보유통지원시스템 홈페이지
(http://seoji.nl.go.kr)와 국가자료공동목록시스템(http://www.nl.go.kr/kolisnet)에서
이용하실 수 있습니다.(CIP제어번호: CIP2017006744)